融合共生

新时代网络文化建设研究

邓海林 —— 著

江苏人民出版社

图书在版编目(CIP)数据

融合共生:新时代网络文化建设研究/邓海林著
. 一南京:江苏人民出版社,2021.8
ISBN 978 - 7 - 214 - 26046 - 8

Ⅰ. ①融… Ⅱ. ①邓… Ⅲ. ①网络文化-建设-研究
-中国 Ⅳ. ①G122

中国版本图书馆 CIP 数据核字(2021)第 063308 号

书　　　名	融合共生:新时代网络文化建设研究
著　　　者	邓海林
责 任 编 辑	陈　颖
装 帧 设 计	曲闵民
责 任 监 制	陈晓明
出 版 发 行	江苏人民出版社
地　　　址	南京市湖南路 1 号 A 楼,邮编:210009
网　　　址	http://www.jspph.com
照　　　排	江苏凤凰制版有限公司
印　　　刷	江苏凤凰通达印刷有限公司
开　　　本	652 毫米×960 毫米　1/16
印　　　张	20.5　插页 3
字　　　数	245 千字
版　　　次	2021 年 8 月第 1 版
印　　　次	2021 年 8 月第 1 次印刷
标 准 书 号	ISBN 978 - 7 - 214 - 26046 - 8
定　　　价	88.00 元

(江苏人民出版社图书凡印装错误可向承印厂调换)

序

　　信息、智能技术是具有开放性、革命性和颠覆性的高新科学技术,它的快速发展和广泛应用正在全方位地改变社会生产和生活方式,拓展人们的实践和认识能力,开辟人类生存、活动和发展的新空间。与之相伴随,人类的文化生产、传播和消费活动也处于深刻的变革之中,整个世界的文化面貌、文化格局和文化秩序正在被彻底地重塑。

　　波澜壮阔的社会信息化、智能化浪潮,不仅为文化建设重筑了坚实的物质基础和新颖的技术基础,而且催生了各种别具一格的文化形态,网络文化、智能文化等就是其中引人注目的存在。网络文化是以网络媒介为载体创造的一种新兴文化形态,它的表现形式复杂、多样且善变,既包括被赋予了新的载体、新的表现形式的各种传统文化形态,更包括运用先进的信息、智能技术手段创造的新兴电子文化。如果我们将之不那么严谨地分类的话,新兴的电子文化中既有大家比较熟悉的网络游戏文化、网络语言文化、博客文化、微博文化、微信文化、视频文化,也有亚文化性质比较明显的黑客文化、粉丝文化、"二次元"文化、"同人女"文化、小清新文化、"御宅"文化、丧文化、佛系文化、情色文化、黑色文化等。由于信息、智能技术的发展不存在所谓的"天花板"，人们文化创造力的提升和实践、探索也没有止境，因而网络文化的发展完全可以用日新月异来形容，其趋势必将是：文化内涵日益丰富，精彩纷呈；文化形式日趋多样，不断生成；不同文化相互借鉴，交相辉映。

生机勃勃、充满活力的网络文化实践，不仅改变了人们的文化观念和世界文化图景，而且令人类文化发展来到了一个新的起点，面临着千载难逢的历史机遇。网络文化是一种全民性——全民创造、全民共享的文化，习惯"沉默"的普通大众获得了农业时代、工业时代做梦都难以想象的文化权力和表达平台，参与、创作、互动的热情空前高涨。无论是文化生产主体、文化传播主体，还是文化消费主体，都出现了过去闻所未闻的多元化、普及化特征。网络文化又是一种"真实虚拟的文化"（culture of real virtuality），一种伸向"可能世界"的"梦幻文化"。人们置身于"另类"且几乎无限的虚拟时空，借助各种虚拟技术和设备，可以亲身经历以往难以想象、匪夷所思的文化情形，获得各种新奇的身心感受和交互体验。网络文化还是一种超时空、跨地域的全球性文化，不仅形成了全球性的文化生产、传播和消费平台，而且有力地促进了多元文化之间的交流、理解和合作。我们完全可以说，在社会信息化、智能化过程中，人类文化活动的空间获得了令人眩晕的拓展，大众文化资源得到了巧夺天工的发掘，社会文化传播拥有了便捷顺畅的渠道，人们的文化创造力得到了空前充分的调动，精神文化需求也得到了前所未有的满足。

当然，数字化的网络时空并非"净土"般的乌托邦，网络文化更是一种尚不成熟、缺乏规制的新兴文化，它对人们熟悉的文化观念、文化生活和文化权利，对社会既有的文化形态、文化秩序和文化治理模式，都在持续不断地提出尖锐的新问题、新挑战。例如，由于经济、技术和"数字鸿沟"，人们从事网络文化活动的机会和能力并不平等，"文化贫富差距"正在被持续拉大,穷国、穷人、弱势群体(老人、妇女等)的文化权利正受到不同程度的损害;在文化市场中,以满足人们感性、直接的需求为主的碎片化、即时性的消费性文化方兴未艾,而原创性的文化生产、文化精品的比例一直比较小;各种边缘性的"亚文化"泛滥,各种不良文化更是屡禁不绝,将网络时空"化"为一个色彩斑斓的"文化大染缸",有意无意地对主流文化、主流价值观构成了巨大冲击;一些人的文化心理日益失衡,非理性、走极端、标新立异、情绪失控成为某些人的"常态",虚拟交往成瘾、网络游戏成瘾、网络购物成瘾等"网络综合征"成为难解的社会难题;人们的文化主体意识空前觉醒,文化价值观矛盾与冲突愈演愈烈,"英语文化"的霸权与文化帝国主义对世界文化生态平衡构成了实质性威胁;由于网络没有中心,没有明确的国家或地区界限,缺乏权威的管理机构,加上网络行为具有数字化、虚拟化、时空压缩化等特点,主权国家、地区的自上而下的文化治理方式面临极大的挑战。

面对网络文化的横空出世、复杂状况和快速发展,面对各种边缘文化、不良文化对主流价值观、正常文化秩序的侵蚀和消解,如何开展切合实际、因势利导、兴利除弊的文化治理,建设充满活力、欣欣向荣、风清气正的文化家园,是时不我待、亟须解决的时代课题。而邓海林博士穷数年之功所著的《融合共生:新时代网络文化建设研究》,正是系统探讨、有效解决这一难题的有益尝试。

邓海林同志曾长期在网络文化建设管理一线工作,自2015年在河海大学马克思主义学院攻读博士学位以来,一直孜孜不倦地在网络文化建设研究领域辛勤耕耘,提出和论证了不少博采众长、守正创新的观点。这部专著即是其在博士学位论文的基础上补充、修改而成的,凝聚着他多年思考网络文化问题的心血,也可以说是他多年对文化建设管理实践的总结。该书选择"新时代"的"网络文化建设"为研究对象,依据马克思主义经典作家的文化理论、中国共产党历代主要领导人的文化建设思想，特别是习近平总书记关于新时代网络文化建设的重要论述，围绕网络文化"是什么""为什么""怎么办"等内在相关、层层递进的问题，系统梳理了新时代网络文化建设的理论和实践，扼要总结了网络文化建设的成功经验，深入分析了当前中国网络文化建设存在的现实问题及其产生的原因，系统论证了新时代网络文化建设的基本特征、思维方法和实践路径。其目的在于推动"新时代网络文化建设"高质量发展，提升中国网络文化软实力，为实现中华民族伟大复兴的中国梦提供良好的文化条件。

该书基于新时代网络文化发展态势的观察和思考，审慎界定了网络文化的内涵和外延，明确指出了网络文化的意识形态属性，尝试完善了网络文化生产力理论，精心构建了新时代网络文化建设科学思维体系，率先提出了增强网络文化自信与自觉等主张。尤其值得指出的是，该书立足时代的变迁和文化建设规律，坚持"正能量是总要求、管得住是硬道理、用得好是真本事"的总原则，创造性地提出了网络文化治理的系统方略。在邓海林博士看来，新时代网络文化建设的基本逻辑体系中最深层的要素在于价值观建设，强调要主动适应互联网快速发展趋势，用社会主义核心价值观引领网络文化建设的供给、传播、服务、治理等各环节。通过分析新时代网络文化建设的现实镜像与内在悖结，邓海林博士冷静地意识到，囿于网络文化建设理念、手段、平台、体制机制等，新时代网络文化建设还处于临时、被动应付的专项治理阶段，提出应该从公共理性出发，强化网络文化的制度建设，由以往的"外在秩序"构建转向"人心秩序"构建。同时，结合文化物态、制度、行为和心态四层次理论，邓海林博士创造性地建构了一个多层次的网络文化治理体系：在物态文化层，以"自主研发"增强网络空间治理技术支撑能力，构筑坚实可靠的物质文化；在制度文化层，加快推进网络空间法治化建设，构筑良法之治的制度文化;在行为文化层,引导规范网络行为方式和行为习惯,构筑健康理性的行为文化;在心态文化层,以核心价值观引领网络空间治理全过程,构筑健康向上的心态文化。这一系统而有针对性的治理体系,为新时代加强网络文化治理提供了一个全新的维度,开创了网络文化治理的新视域、新路径和新境界。

当然,网络文化建设是一个"新事物",网络文化治理就没有现成的模式和方法,因而关于网络文化的理论研究和建设实践远没有"终结",而是"一直在路上"。这个高新科技发展与文化、文明创建交相辉映的时代,这个日新月异、众说纷纭、缺乏规制的新兴领域,呼唤我们进一步解放思想,更新观念,采取一系列既具开创性又具针对性的有效举措。也正因为此,我真诚地希望,邓海林博士的这部探索之作能够引起社会各界的关注和讨论,能够激发有识之士的争鸣和共鸣,将信息、智能时代的网络文化研究推进到一个全新的高度;同时,也期待更多的各界精锐投身网络文化建设,实质性地提升网络文化生产力水平,共同开创新时代新文化精彩纷呈、欣欣向荣的盛世局面。

孙伟平

(中国社科院哲学研究所原副所长,中国价值哲学学会会长,

上海大学特聘教授、博士生导师)

2021 年 3 月 23 日

目　录

绪　论

习近平总书记在党的十九大报告中指出,"文化兴则国运兴,文化强则国运强。没有高度的文化自信,没有文化的繁荣兴盛,就没有中华民族伟大复兴",提出"坚持中国特色社会主义文化发展道路,激发全民族文化创新创造活力,建设社会主义文化强国",强调要"加强互联网内容建设,建立网络综合治理体系,营造清朗的网络空间。落实意识形态责任制,加强阵地建设和管理"。① 党的十九届五中全会从战略和全局高度对文化建设进行了规划和设计,明确提出 2035 年建成文化强国。中国特色社会主义进入新时代,面对网络文化成为中国特色社会主义文化重要组成部分这一历史变化,以习近平同志为核心的党中央立足新发展阶段,贯彻新发展理念,构建新发展格局,围绕文化强国和网络强国两大战略目标,大力开展新时代网络文化建设,系统回答了新时代网络文化"是什么""为什么""怎么办"这一重大时代课题,提出了一系列富有时代性和民族性的新思想、新观点、新论断、新要求,探寻了新时代网络文化

① 习近平:《决胜全面建成小康社会　夺取新时代中国特色社会主义伟大胜利——在中国共产党第十九次全国代表大会上的报告》,北京:人民出版社 2017 年版,第 41—42 页。

建设的运行规律,阐述了新时代网络文化建设应始终遵循的方向和原则,明确了新时代网络文化建设的历史使命,充分彰显了文化自信,为中华民族伟大复兴提供有力的思想保证、强大的精神力量、丰润的道德滋养和坚实的文化条件。对于这一重大时代课题,亟须展开深入研究。

一、选题缘由与研究意义

开展对新时代网络文化建设的研究,以期为实现中华民族伟大复兴的中国梦提供良好的文化条件,既是基于对时代课题的热切回应,也是基于对现实热点的积极关注。

(一) 选题缘由

首先,新时代网络文化建设是中国特色社会主义文化建设的重要组成部分。当前,中国特色社会主义进入了新时代,这是我国发展新的历史方位,也是我们开展网络文化建设首先要深刻认识和准确把握的基本前提。随着网络信息技术的快速发展和日益普及,网络文化已成为人类文化发展的新形态。新时代网络文化是中国特色社会主义文化的重要组成部分。加强新时代网络文化建设,坚持不忘本来、吸收外来、面向未来,大力发展民族的科学的大众的网络文化,对于进一步坚定文化自信,为实现中华民族伟大复兴中国梦提供有力的思想保证、强大的精神力量、丰润的道德滋养和坚实的文化条件具有十分重要的现实意义。

其次,习近平总书记关于新时代网络文化建设的重要论述是习近平新时代中国特色社会主义思想的重要内容。党的十八大以来,以习近平同志为核心的党中央高度重视网络文化建设,从党和国家事业发展全局的战略高度,深刻阐述了新时代加强网络文化建设的重大意义、战略目标、重要举措、管理体制和基本要求,对加强和改进网络文化建设作出了一系列重大部署,从国际和国内、历史和现实、理论和实践的结合上全面回答了新时代网络文化"是什么""为什么""怎么办"这一重大时代问题,提出了一系列富有创见的新思想、新观点、新论断、新要求,形成了一套完整的、系统的、科学的网络文化建设思想体系。这套思想理论体系是习近平新时代中国特色社会主义思想的重要组成部分,是当代中国的马克思主义,是 21 世纪马克思主义的集中体现,是开展新时代网络文化建设的指导思想,为推进网络文化建设实践提供了强有力的思想引领。

再次,新时代网络文化建设是推进现代国家治理的理性选择。先进网络文化作为社会主义先进文化的重要组成部分,是全体人民团结奋斗的共同思想基础的重要组成部分,为国家治理体系和治理能力现代化提供了保障。同时,由于网络空间具有相对的独立性,体现出独特的运行规律和特点,与现实社会之间纵横交错、共生共存、相互作用,成为人们共同活动的重要空间。然而,现实网络空间治理面临着严峻挑战。从国内来看,当前我国正处于全面深化改革、全面建成小康社会的攻坚阶段,各种社会矛盾多发、频发,社会思潮多元、多样、多变,网上舆论形势十分严峻。网上文化垃圾问题还没有得到根治,低俗的文字、图片、视频时常可见。从国际来看,西方敌对势力利用互联网的渗透攻击不断升级,网络防范难度大。互联网从运用之初,就承载着西方资本主义国家思想渗透重要载体的功能。美国前国务卿奥尔布赖特曾公开宣布:"有了互联网,就有了对付中国的办法。"① 从技术发展趋势来看,随着阅后即焚、弹幕和"三微一端"等互联网新技术、新应用、新载体的广泛普及,网络传播技术的私密性不断增强,网络信息的圈层化日益明显,网络文化的治理

---

① 转引自《呼唤互联网的美好时代》,《北京日报》2014 年 11 月 21 日。

难度持续加大。加强新时代网络文化治理,提高网络空间治理能力,既是提高国家治理能力的内在逻辑,也是实现国家治理现代化的必然要求。

最后,新时代网络文化建设是加强和改进思想政治教育的重要途径。网络文化作为基础要素环境,可以分为宏观层面上的网络社会、中观层面上的赛博空间和微观层面上的虚拟活动领域。① 一言以蔽之,网络文化作为一种全新的环境,对思想政治教育工作产生重大影响,提升了思想政治教育工作的实效性。一是网络文化传播广,为思想政治教育工作拓展了广阔的空间。任何网络文化都是全球性散布和全球性接收的,这种无边无际的网络结构,极大拓展了思想政治教育工作的空间,提高了教育覆盖面,为做好网络社会思想政治教育工作创造了前所未有的条件。二是网络文化扩散快,极大提高思想政治教育工作的时效。网络文化的迅速传播,使得"即时文化"已成现实,并且正以分钟为周期更新信息。运用互联网宣传得当,网民可以更快速、更准确地获得所需要的内容,这大大提高了思想政治教育工作的效率。三是网络文化载体的多样性,可进一步增强思想政治教育工作的艺术感染力。互联网技术的日新月异,使网络文化传播方式更加多姿多彩。网上信息传播的多媒体形式,从文字到声音、图片、影像或数据无所不包,这极大丰富了网上信息的表现形式,从而使宣传思想工作更具感染力。四是网络文化的交互性,有利于提高思想政治教育工作的针对性。交互性是网络文化吸引网民的主要方面。网民不再仅仅被动地接受信息,而成为信息的传播者。这种交互式沟通,可吸引人们由传统的被动式接受"灌输"教育变为主动参与思想交流,在思想碰撞的火花中自觉接受真理的感召。同时,我们

---

① 张再兴:《网络思想政治教育研究》,北京:经济科学出版社 2009 年版,第 1 页。

还可根据受众反馈的意见和思想动态,进行有针对性的解答和引导,从而实现思想政治教育工作由传统的单向传播向双向交流拓展,大大提高思想政治教育的实际效果。最后,网络文化作为一种全新的社会环境,主客体关系表现出新的特点和运动规律,对思想政治教育产生了重大影响。比如,网络空间中的主体呈现出虚拟交互、流变交互和界面交互等交互主体性特征,在虚拟交往实践基础上形成了具有主体际性的主客体关系。①

正是基于上述缘由,本书选择"新时代网络文化建设"作为研究对象,围绕网络文化"是什么""为什么""怎么办"这一重大时代课题,系统梳理新时代网络文化建设的理论和实践,总结网络文化建设的成功经验,分析当前我国网络文化建设存在的现实问题及其产生的原因,系统构建新时代网络文化建设实践路径,全力推动新时代网络文化建设高质量发展,以期为实现中华民族伟大复兴的中国梦提供良好的文化条件。

(二) 研究意义

对新时代网络文化建设进行系统研究具有十分重要的理论意义和现实价值。一方面,梳理习近平总书记关于网络文化建设的重要论述对于更加全面系统掌握习近平新时代中国特色社会主义思想,进一步推动马克思主义中国化、时代化、大众化具有重要意义。另一方面,总结新时代网络文化建设的成绩和不足,有利于牢牢把握新时代网络文化建设的一系列方针、原则、任务,遵循新时代网络文化建设规律,始终坚持以习近平总书记关于新时代网络文化建设的重要论述这一科学理论指导新时代网络文化建设实践,高质量推动新时代网络文化建设实践路径的系

---

① 张再兴:《网络思想政治教育研究》,北京:经济科学出版社 2009 年版,第 2 页。

统构建。具体来说主要有以下几点：

首先，有利于从当今世界正在经历百年未有之大变局和中国正处于大有可为的历史机遇期的战略高度，更加深刻认识和准确把握网络文化建设的时代背景。当前，世界多极化、经济全球化、社会信息化、文化多样化深入发展，新兴市场国家和发展中国家快速崛起，日益改变着国际力量对比，全球治理处于关键的变革期。特别是新一轮科技革命和产业变革正在孕育兴起，互联网成为影响世界的重要力量。当今世界，谁掌握了互联网，谁就把握住了时代主动权；谁轻视互联网，谁就会被时代所抛弃。我们必须牢牢把握信息化给中华民族伟大复兴带来的千载难逢的历史机遇，全力做好新时代网络文化建设，不能有任何迟疑、任何懈怠，不能犯历史性错误。

其次，有利于从学习贯彻习近平新时代中国特色社会主义思想的政治高度更加深刻认识和准确把握网络文化建设的根本遵循。党的十九大、十三届全国人大一次会议把习近平新时代中国特色社会主义思想确立为党和国家的指导思想，为党、国家和人民提供了强大的思想力量。习近平新时代中国特色社会主义思想开辟了马克思主义中国化的新境界、开辟了中国特色社会主义的新境界，是指导新时代网络文化建设的强大思想武器，必须更加自觉地用习近平新时代中国特色社会主义思想武装头脑、指导实践、推动工作。

再次，有利于从我国改革开放40多年来特别是党的十八大以来取得的历史性成就和社会主要矛盾发生历史性变化的实践高度，更加深刻认识和准确把握新时代网络文化建设的现实基础。改革开放40多年来特别是党的十八大以来，我国改革开放和社会主义现代化建设取得了伟大成就，国家的面貌、党的面貌、人民的面貌发生了历史性变化，中国共产党的领导和中国特色社会主义制度的制度优势得到越来越广泛的认同,广大干部群众对以习近平同志为核心的党中央衷心拥护、深深爱戴,这是我们开展新时代网络文化建设的优势所在、信心所在、力量所在。同时,也要认识到,当前我国社会主要矛盾已经转化为人民日益增长的美好生活需要和不平衡不充分的发展之间的矛盾,这种关系全局的历史性变化对党和国家各项工作包括新时代网络文化建设提出了许多新的更高要求。

复次,有利于从为"第一个百年"奋斗目标圆满完成和"第二个百年"奋斗目标顺利开启营造良好舆论环境、提供有力思想保证和坚实文化条件的历史高度,更加深刻认识和准确把握新时代网络文化建设的职责使命。当前我们已实现第一个百年奋斗目标,正在意气风发向着全面建成社会主义现代化强国的第二个百年奋斗目标迈进,第二个百年目标标准更高、内涵更丰富、前景更广阔。习近平总书记指出,宣传思想工作的社会条件已大不一样了,我们有些做法过去有效,现在未必有效;有些过去不合时宜,现在却势在必行;有些过去不可逾越,现在则需要突破。要坚持围绕中心、服务大局,找准定位、发挥作用,加强新时代网络文化建设,为党和国家事业发展作出应有贡献,早日实现中华民族伟大复兴。

最后,有利于从全面推进中国特色社会主义建设的时代高度,更加深刻认识和准确把握网络文化建设的时代诉求。"发展社会主义先进文化、广泛凝聚人民精神力量,是国家治理体系和治理能力现代化的深厚支撑。"①马克思主义认识论认为,实践是认识的来源,又是认识的目的。人的一切认识成果,都是为实践服务的。新时代的历史

①《中共中央关于坚持和完善中国特色社会主义制度 推进国家治理体系和治理能力现代化若干重大问题的决定》,《人民日报》2019 年 11 月 6 日。

条件下,网络文化建设作为中国特色社会主义建设的一个重要组成部分,我们怎样看待网络文化、如何发展网络文化、以什么样的方式推进网络文化的发展,网络文化建设的功能和目标是什么等,都是我们需要考虑的问题。这些问题的解决,能够在一定程度上为新时代推进网络文化建设的实践提供指导,为顺利推进中国特色社会主义建设提供坚实的基础。

二、国内外研究现状综述

目前,关于新时代网络文化建设已有不少研究成果。国内外有关新时代网络文化建设的研究成果,不仅体现在期刊论文和报纸上,而且也涉及相关的硕士和博士毕业论文及书籍。不论是何种成果表现形式,都可以从思想理论和建设实践两个维度进行考量分析。

(一) 国内研究现状

自党的十八大以来,随着文化强国和网络强国战略伟大实践加快推进,学术界对新时代网络文化建设进行了深入探讨和研究。

1. 关于新时代网络文化建设思想理论的研究

习近平总书记关于新时代网络文化建设的重要论述是指导新时代网络文化建设的科学理论。从相关编著研究成果来看,主要有以下两个方面。一方面,习近平总书记在地方从政经历的相关书籍。譬如,著作《知之深 爱之切》,主要是介绍习近平同志在河北省正定县工作时,关于正定县的精神文明建设、历史与情怀问题、科学教育文化事业、人才问题和领导方法问题等涉及文化建设的深入认识和初步实践。著作《摆脱贫困》,则是介绍习近平同志在福建省宁德地区工作时,在闽东地区的历史文化和新闻宣传、精神文明、廉政建设以及科教事业等方面的文化建设实践。《干在实处 走在前列——推进浙江新发展的思考与实践》《弘扬"红船精神"走在时代前列》《深刻认识加快建设文化大省的战略意义》《与时俱进的浙江精神》等专著,主要是介绍习近平同志就浙江省文化建设的思考和深入实践,具体包括其对文化本质、建设社会主义先进文化、发展文化事业和文化产业、提高公共文化服务能力的思考及其文化建设所体现的思维方法等。著作《之江新语》,也涉及习近平同志关于文化与经济之间的关系以及具体文化建设等内容的重要论述。

另一方面,党的十八大之后,习近平总书记关于网络文化建设的相关书籍。比如《十八大以来重要文献选编》(上、中、下册)、《论党的宣传思想工作》、《习近平讲故事》、《习近平用典》(第一、第二辑)、《习近平关于社会主义文化建设论述摘编》、《习近平谈治国理政》(第一、第二、第三卷),以及由中共中央宣传部编的《习近平同志系列重要讲话读本》《习近平新时代中国特色社会主义思想学习纲要》《习近平新时代中国特色社会主义思想三十讲》,由人民日报评论部编著的《"四个全面"学习读本》,还有《决胜全面建成小康社会 夺取新时代中国特色社会主义伟大胜利——在中国共产党第十九次全国代表大会上的报告》《习近平在网络安全和信息化工作座谈会上的讲话》单行本,等等。

从相关论文研究成果来看,主要包括以下几方面。第一,关于新时代网络文化建设思想理论的动因研究。2017 年,王艳芝、刘德军提出习近平总书记关于网络文化的重要论述的背景是我国网络的迅速发展现状及其目前存在问题。主要体现在:一是网络的普及度得到提高,网络逐步走向大众化;二是网络的社会监督功能不断增强,成了民意民情得以反映的有效渠道;三是信息安全问题成为网络安全的一大威胁。郝雨、刘凯在 2016 年提出习近平总书记加强网络文化建设的缘由。主要是因为随着互联网的快速发展以及"三微一端"的普遍化,网络越来越成为公众现实生存的虚拟空间。[①] 2014 年,任冠庭提出由于当前网络环境建设意识尚不足、网民整体道德素质还不高、网络法制建设还不完善,所以要加强网络文化环境建设。[②] 石超于 2016 年提出,互联网思维绝不是无源之水、无本之木,而是从世情国情党情出发形成的科学思维方式,具有强烈的现实基础。一方面,网络技术及其应用于中国而言是一把"双刃剑",另一方面,网络时代中共执政能力建设面临新的课题。习近平总书记关于新时代网络文化建设的重要论述主要基于两个理性考量:一是基于互联网的时代影响力,二是基于中国的网络治理的国情。

第二,关于新时代网络文化建设思想理论的内容研究。2017 年,时任千龙网总裁、总编辑黄庭满在对新时代网络文化建设一系列论述作了梳理之后指出,网络文化性质和方向是价值观问题,要弘扬和践行社会主义核心价值观;网络文化根基是民族认同和凝聚问题,要弘扬中华优秀传统文化;网络文化基调和格调是导向问题,要坚持正能量充沛、主旋律高昂;网络文化话语权是影响力问题,要打造融通中外的新概念新范畴新表述、讲好中国故事、构建对外话语体系;在网络空间进行世界文化的交流互鉴是与人类文明共同进步息息相关的;提出关于网络建构的重点工作有网络空间新闻舆论、文艺、哲学社会科学和历史文化工作。2016 年,时任中国政法大学传播法研究中心副主任朱巍认为,习近平总书记在总结我国互联网发展实践和世界互联网发展趋势的基础上,相继

---

① 郝雨、刘凯:《习近平"新网络舆论观"的历史探源及内涵透析》,《新闻与传播研究》2016 年第 9 期,第 16 页。
② 任冠庭:《从法律视角浅析政府如何加强网络文化环境管理》,《法制与社会》2014 年第 1 期,第 200 页。

发表了网络主权论、网络法治与伦理论、网络安全论、网络空间治理方略、网络文化与舆情论、网络技术发展论和网络开放与合作论等相关重要论述。吴现波、李卿于 2016 年提出习近平总书记有十大网络文化治理思想论述,分别为:重要地位论、网络强国论、安全发展论、依法治网论、技术强网论、文化净网论、人才兴网论、网络主权论、开放合作论、命运共同体论。2016 年,王海指出习近平总书记关于网络强国(战略)的重要思想蕴含着尊重网络主权、依法治网、融合发展、开放合作、勇于担当、网络生态、创新发展、以人民为中心等内容。习近平总书记强调网络宣传思想工作的重要地位,把网上舆论工作作为宣传思想工作的重中之重来抓,把围绕中心、服务大局作为基本职责,坚持团结稳定鼓劲、正面宣传为主的方针,根本任务是巩固马克思主义在意识形态领域的指导地位,巩固全党全国人民团结奋斗的共同思想基础。创新途径有理念创新、手段创新、基层创新。重点内容包括:一个"上",即中央的路线、方针、政策、重大工作部署和关于形势的重大分析判断;一个"下",即普通百姓平凡生活当中涌现出来的先进典型和感人事迹。主要原则有党性和人民性相统一的原则,对外开放与维护意识形态安全相统一的原则,坚持继承优良传统与开拓创新相统一的原则,坚持部门负责与全党动手相统一的原则。习近平总书记关于新时代网络文化建设的重要论述包括网络强国论、网络治理论、网络安全论、网络共享论。陈蔚于 2016 年提出习近平网络强国战略思想包含五大支撑力量,即网络技术作支撑、网络文化为基础、信息服务、人才队伍以及国际合作为保障。

第三,关于新时代网络文化建设思想的方法论研究。2018 年,邓海林提出习近平总书记关于网络文化建设的重要论述运用了战略思维、系统思维和创新思维。① 朱巍于 2016 年认为习近平总书记从哲学高度,从辩证法和认识论的角度揭示了新时代网络文化建设中虚拟与现实之间的矛盾和互联网发展的一般规律,辩证地将虚拟与现实、发展与安全、主权与开放、法治与伦理、自由与秩序等因素结合起来。蔡丹、蔡永生在 2014 年认为习近平总书记根据"内容决定形式,形式也可以反作用于内容"这一唯物辩证法原理,提倡网络文化建设形式上的丰富多样。② 王世伟于 2016 年提出,网络安全观运用矛盾分析方法,揭示了网络安全在国家总体安全中作为主要矛盾和矛盾的主要方面及其系统性和关联性特征,习近平总书记一针见血地指出,"没有网络安全就没有国家安全",论述了信息化对网络安全的重要影响以及网络安全对于信息化的驱动作用之间的辩证关系。公方斌于 2016 年提出新时代网络文化建设思想包含着群众史观,比如领导干部与人民群众的关系。习近平总书记关于网络生态安全的重要论述包含了协同思想,提出从生态的、系统的角度提升各作用环节的积极效果。2016 年,孙强提出习近平网络强国战略思想并不是一个空洞的"外壳",而是内涵丰富、内容充实的体系,是目标与内容的统一体。③ 林晓娴在 2017 年提出习近平网络强国战略思想充满了哲学辩证思维,"网络安全与信息化是一体之两翼,驱动之双轮"体现了矛盾的同一性;"没有网络安全就没有国家安全,没有信息化就没有现代化"体现了两点论与重点论的统一。周显信、程金凤在 2016 年提出网络强国目标、技术创新、网络空间治理是互联网思维的重要组成部分,

---

① 邓海林:《深刻把握习近平网络强国战略思想的思维方法》,《群众(思想理论版)》2018 年第 15 期,第 29 页。

② 蔡丹、蔡永生:《马克思主义新闻观视域下的网络文化建设》,《贵州社会科学》2016 年第 5 期,第 129 页。

③ 孙强:《乌镇讲话彰显习近平网络强国战略的思想内核》,《网络空间战略论坛》2016 年第 1 期,第 11 页。

保障网络安全是互联网思维的本质，没有安全，一切都是缘木求鱼、舍本逐末。①

第四，加强新时代网络文化思想研究的有效路径。习近平总书记在论述作为网络文化重要内容之一的网络舆论时，形成新的网络舆论观，主要内容为两个舆论场的关系：互融互通；对待错误意见：宽容＋引导；对待网络"暴民"：惩治＋理治。2019年，陈联俊提出构建网络命运共同体的文化担当。② 2016年，郑昌兴、严明提出习近平总书记关于网络空间治理的一系列重要论述集中体现了新形势下我国网络空间建设发展的新理念新思想新战略，既有网络空间治理的理论依据——网络主权观，又有战略统筹的网络安全观、宏观指导的网络舆论观和目标指向的网络强国观。③ 2016年，王世伟提出习近平总书记关于网络的重要论述包括综合统筹的总体安全观、一体两翼的双轮驱动观、携手应对的合作共赢观、交流互鉴的共享平台观、可管可控的网络清朗观、建章立制的依法治理观、安全保障的有序发展观、尊重互信的网络主权观、民主平等的全球治理观。2015年，于世梁认为习近平总书记把繁荣发展的网络文化作为网络强国的重要标准，并提出加强网络文化建设的三大路径：一是创新改进网上宣传，遵循网络传播规律，弘扬主旋律，激发正能量，大力培育和践行社会主义核心价值观；二是积极推动传统媒体和新兴媒体在内容、渠道、平台、经营、管理等方面的深度融合；三是加强网上媒体管理。2016年，史为磊认为习近平总书记关于网络文化建设的重要论述主要包括网络治理目标论、网络治理原则论、网络治理战略论、网络治理

① 周显信、程金凤：《网络安全：习近平同志互联网思维的战略意蕴》，《毛泽东思想研究》2006年第2期，第81页。
② 陈联俊：《构建网络命运共同体的文化担当》，《中国社会科学报》2019年12月25日。
③ 郑昌兴、严明：《新形势下我国网络空间治理的新理念新思想新战略探析》，《南京政治学院学报》2016年第5期，第59页。

方式论、网络治理动力论、网络治理保障论。

第五，关于新时代网络文化建设思想的特征研究。2015年，胡剑提出习近平总书记关于文化发展的重要论述的特征包括时代性、创新性、与时俱进性、鲜明的中国特色。2017年，岳鹏则提出了习近平总书记关于文化建设的思想的特色包括科学性、开放性和人民性。当然，也有一些学者从不同维度和视角探讨了新时代网络文化建设思想的基本特点。2018年，刘军围绕世界视野、民族追求、人民主体以及发展道路这四个方面，进行了较为深入的探讨。李忠友和穆艳杰则从传统文化与马克思主义相联系的视角，深入探讨了中华优秀传统文化观的特征，包括开放性、时代性以及实践性。

2. 关于新时代网络文化建设实践的研究

互联网在中国发展极为迅速，网络文化建设实践逐渐受到社会的广泛关注，相关的研究也逐渐增多，围绕网络文化建设实践的著作主要有：2002年，孟建、祁林所著的《网络文化论纲》，该书主要介绍了网络社会与网络文化、网络文化精神的辨析、网络传播形态、网络行为与网络主体、网络社区、网络自由与网络民主等内容。[1] 在我国对网络文化的研究中，该书最早且内容较为全面。但是也因为其时间上比较早，所以相对粗浅，主要在网络文化的基本方面有所涉及。在2003年，鲍宗豪在其《网络文化概论》一书中论述了计算机与网络文化、网络文明、网络经济、网络政治、网络伦理、网络法、网络教育以及网络社会八个方面内容。[2] 2003年，黄俊瑛著有《网络文化与大众传播》。该书研究了网络文化与媒介文化的关系以及两者间相互作用所产生的影响，主要围绕信息革

---

① 孟建、祁林：《网络文化论纲》，北京：新华出版社2002年版。
② 鲍宗豪：《网络文化概论》，上海：上海人民出版社2003年版。

命、网络冲击波、大众传媒和混合媒介文化等四个方面内容进行阐述。①
在 2005 年,李纲、王旭辉出版《网络文化》专著。该书从文化的角度探讨
信息网络时代的亚文化现象,就网络价值、网络时代的隐私保护、网络立
法、网络垄断与知识产权保护、网络时代的管理、网络伦理文化的发展状
况与展望等主要问题进行了集中讨论。与以往不同的是,该书不再仅仅
从技术上分析与阐述因互联网所导致的一系列文化和伦理问题,而是在
宏观层面上思考网络文化社会现象。② 2007 年,张品良出版《网络文化
传播:一种后现代的状况》专著,对网络文化传播与大众文化、信息社会
与网络文化传播、后现代思潮与网络文化传播、网络文化传播与消费文
化等方面的特征进行了深入研究,主要从文化研究视角分析考量置身于
后现代语境的文化传播。③ 2007 年,苏振芳在其出版的《网络文化研
究——互联网与青年社会化》一书中,对网络文化与青年的复杂社会关
系进行了探讨。④ 2007 年,覃征等撰写了《网络应用心理学》,从心理学
的角度对网民用网心理进行了细致入微的分析。⑤ 2009 年,宋元林在其
专著《网络文化与人的发展》中,围绕人与文化的互动,就网络文化对人
类社会产生的重大影响进行了分析,深刻剖析了网络文化对人发展的积
极和消极关系效应,从而揭示出人在与网络文化互动中的发展规律
等。⑥ 2009 年,段永朝在《互联网:碎片化生存》一书中,通过对电脑与互
联网的发展史进行深入研究和剖析,提出互联网本质上是"笛卡尔式的"
"玩弄碎片"的。指出网络只不过是"碎片化"和"虚拟化"的虚拟空间,生

① 黄俊瑛:《网络文化与大众传播》,重庆:西南师范大学出版社 2003 年版。
② 李纲、王旭辉:《网络文化》,北京:人民邮电出版社 2005 年版。
③ 张品良:《网络文化传播:一种后现代的状况》,南昌:江西人民出版社 2007 年版。
④ 苏振芳:《网络文化研究——互联网与青年社会化》,北京:社会科学文献出版社 2007 年版。
⑤ 覃征等:《网络应用心理学》,北京:科学出版社 2007 年版。
⑥ 宋元林:《网络文化与人的发展》,北京:人民出版社 2009 年版。

活在其中的网民最终会在这种虚拟空间的变革中失去独立性,从而被技术主宰。[①] 2012 年,皮海兵在《内爆与重塑:网络文化主体性研究》一书中,从主体性出发,深刻提出了网民的异化问题。[②] 2012 年,李文明、吕福玉在《网络文化通论》一书中,围绕网络文化资源、网络文化行为、网络文化心态、网络文化制度、网络文化传播、网络文化批判、网络文化建设、网络文化管理等方面进行详细论述。[③] 2016 年,郑元景在《中国网络文化软实力研究》一书中,紧扣党的十八大报告提出的"文化软实力显著增强"建设目标,结合国内外网络文化软实力理论的研究成果,提出将网络文化软实力建设的基础理论研究和应用理论研究有机融合起来。[④] 2017 年,郭渐强在《网络内容建设的保障机制研究》一书中,围绕网络内容建设保障机制的五个具体方面,即法治保障机制、监管保障机制、教育保障机制、资源保障机制、技术保障机制存在的问题与缺陷进行全面客观分析。在对问题原因进行剖析的基础上,学习国外健全保障机制的经验,提出了健全我国网络内容建设的保障机制的对策建议。[⑤] 2017 年,杨广平在《网络文化与思想政治教育》一书中,提出了网络文化与思想政治教育的相互作用。[⑥] 2019 年,曾静平在《网络文化学》一书中,提出结合中华民族伟大复兴中国梦大主题,创建中国特色网络文化,以互联网平台为主阵地,弘扬中国文化,讲好中国故事,唱响中国好声音。[⑦]

从关于网络文化建设实践研究的论文来看,笔者在 2020 年 2 月以

---

① 段永朝:《互联网:碎片化生存》,北京:中信出版社 2009 年版。
② 皮海兵:《内爆与重塑:网络文化主体性研究》,南宁:广西师范大学出版社 2012 年版。
③ 李文明、吕福玉:《网络文化通论》,北京:人民出版社 2012 年版。
④ 郑元景:《中国网络文化软实力研究》,北京:人民出版社 2016 年版。
⑤ 郭渐强:《网络内容建设的保障机制研究》,北京:人民出版社 2017 年版。
⑥ 杨广平:《网络文化与思想政治教育》,徐州:中国矿业大学出版社 2017 年版。
⑦ 曾静平:《网络文化学》,北京:人民出版社 2019 年版。

"网络文化"为关键词在中国知网上进行检索,找到相关学术期刊论文超过2万余篇。主要内容既有关于网络文化的定义,也有网络文化的特质,还有网络文化现象、网络文化的形成与建设,以及网络文化与传统文化的竞争与消融、网络文化产业与事业、网络文化与文学的关系等。有代表性的有,吴克明从党的领导角度提出要坚持党的领导和管理、法德并举以及不断提高党的治网能力。① 孙兰英提出要抢占文化制高点和优化文化产品。② 吴满意提出要以道路自信、理论自信、制度自信为支撑,以阶段性与整体性、层次性与系统性的有机结合为原则加强网络文化建设。③ 曾令辉提出网络思想政治教育方法的创新发展,既表现为对现实环境下思想政治教育方法的创造性转换和创新性发展,也表现在基于网络空间本质特点,运用跨学科的思维和方法,对相关学科方法的借鉴、移植、再生和创新。④ 需要说明的是,在互联网发展的早些时候,研究者主要是就网络文化建设展开讨论,重点集中于高校网络文化建设的问题上,这与当时的网络文化建设相对比较简单有较大关系。而近几年,特别是党的十八大以来,研究网络文化的内容则愈发深刻,充分表明随着互联网日益普及发展,人们对网络文化的认识更深刻。这也提示笔者,在进行新时代网络文化建设研究时,不但要考虑新时代网络文化建设的学术意义和理论意义,而且要考虑该研究所具有的实际意义和利用价值。

① 吴克明:《网络文化视角下党的执政能力建设》,《当代世界与社会主义》2009年第1期,第155—158页。
② 孙兰英:《网络文化建设和管理思想与高校思想政治教育的创新》,《思想理论教育导刊》2012年第2期,第95—99页。
③ 吴满意:《国内学界网络文化问题研究状况述评》,《电子科技大学学报(社科版)》2016年第2期,第33—38页。
④ 曾令辉:《论网络思想政治教育的方法》,《学校党建与思想教育》2018年第12期,第15—18页。

（二）国外研究现状

1. 国外关于新时代网络文化建设思想理论的研究

通过查找文献资料发现，随着中国国际地位的提升，与新时代网络文化建设思想理论相关研究成果则进一步有所增多。比如，俄罗斯政论家尤里·塔夫罗夫斯基所编著的《习近平：正圆中国梦》，不但介绍了习近平的成长经历和家庭环境，而且阐述了中国精神的核心，譬如爱国主义、中华民族伟大复兴中国梦、儒家思想的当代价值，特别是建设具有中国特色社会主义特征的价值观。美国纽约大学教授熊玠所编著的《习近平时代》一书，在对习近平从政经历进行介绍的基础上，在历史和现实视域下分析了中华民族伟大复兴中国梦，对习近平的文化素养、历史观以及历史文化态度进行了进一步探讨。此外，熊玠教授围绕文化建设面临的现实问题、传统文化的现代转化、中华民族伟大复兴的根基等方面探析习近平把传统文化列入独特战略资源的缘由。另外，熊玠教授还就习近平关于文艺批评以及多元共生、和而不同的文明观和世界观等方面内容进行了探讨。美国专家罗斯·特里尔在其编撰的《习近平复兴中国：历史使命与大国战略》专著中，深入探讨了文化软实力、优秀传统文化、社会主义核心价值观和文化自信等方面内容。

与此同时，与网络文化建设思想的相关国外理论也较多。具有代表性的有早期西方马克思主义文化理论、伯明翰学派的文化理论、法兰克福学派的文化批判理论以及后现代主义文化理论等。在早期西方马克思主义文化理论之中，主要包括卢卡奇的物化理论和阶级意识理论以及葛兰西的文化霸权理论等。以注重大众文化领域为特点的伯明翰学派，重点包括雷蒙德·威廉斯的文化唯物主义思想和霍尔的文化研究范式理论等。法兰克福学派的文化批判理论，对精英意识的文化理解和文化工业开展了批判,重点是以马尔库塞的"爱欲解放论"和弗洛姆的整合主义人性论等为代表。作为一种文化理论的后现代主义,重点是以詹姆逊的晚期资本主义文化理论和鲍德里亚的消费文化、伊格尔顿的文化批判理论等为代表。比较有代表性的有:

一是葛兰西的文化领导权思想。葛兰西首先指认市民社会是实现无产阶级文化领导权的主要场域。葛兰西富有创造性地把市民社会从经济基础中分离出来,并把它归入上层建筑的范畴,赋予市民社会浓郁的意识形态属性。葛兰西强调,资产阶级正是通过市民社会不断向民众进行资产阶级意识形态的渗透,把资产阶级道德观念、价值体系传导给民众,实现民众对资产阶级的政治认同,从而使之成为巩固资产阶级政治统治的重要共识。也正是基于这一点,无产阶级要想推翻资产阶级的统治,实现革命的最终胜利,就要进入市民社会,以无产阶级意识形态对抗资产阶级意识形态,从资产阶级手中夺取意识形态领导权。只有如此,才能打破资产阶级意识形态的统治地位,转而实现社会成员对无产阶级的政治认同,以保证无产阶级革命的胜利。那么,实现这一艰巨任务的主体是谁呢? 葛兰西又创造性地指出,无产阶级文化领导权的凭借力量只能是有机知识分子。葛兰西基于社会功能的角度而非社会分工的角度,阐发了区别于传统知识分子的有机知识分子理论。他认为没有超阶级的知识分子,任何知识分子都与一定的阶级相联系,归属于一定的社会阶级。他们是"文化传播和社会意识形态改造的中坚力量,也是意识形态领导权争夺战中最积极有力的干将"[1]。针对资产阶级的有机知识分子总是在市民社会中宣传资产阶级价值观念,对于无产阶级而

---

[1] 盛立民、李鹏哲:《葛兰西"有机知识分子"理论探究》,《内蒙古大学学报(哲学社会科学版)》2017年第4期,第69页。

言,也要积极培养属于自己阶级的有机知识分子。无产阶级的有机知识分子与先进的社会生产方式相联系,深刻揭露资产阶级意识形态的虚假性以及资本主义生产方式的剥削本质,与资产阶级展开意识形态领域的激烈斗争。

葛兰西进一步阐发了夺取无产阶级文化领导权的现实路径,即展开"阵地战"。葛兰西从意大利无产阶级革命的现实出发,认为意大利不宜像俄国革命一样直接以暴力革命的"运动战"来夺取国家政权,而是应该以迂回的方式展开"阵地战"。这一迂回的方式即是通过在意识形态领域夺取领导权,进而实现无产阶级革命的胜利。当然,葛兰西并没有非此即彼地绝对性区分阵地战和运动战,而是强调两种革命方式的使用应积极适应革命形势的发展。具体而言,在无产阶级夺取市民社会的文化领导权之后,即可以用暴力革命的方式推翻资产阶级统治。而在这一整个过程之中,无产阶级革命运动都需要一个强有力的无产阶级政党的领导,从而把分散的个人意志统一起来形成普遍的整体的意志。这是无产阶级夺取文化领导权的核心领导力量。

二是法兰克福学派的文化工业批判理论。法兰克福学派的霍克海默、阿多诺等首次提出了"文化工业"的概念,旨在通过此概念批判发达工业国家大众文化的商品化、标准化、伪个性化等现象,揭露大众文化是资产阶级欺骗和蒙蔽大众的一种意识形态工具。为了和一般意义的"大众文化"作一区分,并体现资本主义条件下的这种欺骗性和操控性,霍克海默与阿多诺有意把它称为"文化工业"。

一方面,在资本主义条件下,商品被植入文化,即出现大众文化被商品化的现象,从而凸显出大众文化的商品拜物教性质。资本的本性是最大限度地追逐利润,在资本逻辑的驱使之下,文化工业产品表现出明显的利益导向,其使用价值也逐步让位于交换价值。换言之,文化商品的生产者在商品生产的过程中不仅生产出林林总总的商品,同时在这一过程中把商品的消费者也生产了出来。而这些消费者并不真正需要这些文化产品,更多是在一种被操纵、被诱导(比如疯狂的广告宣传)的状态下成为消费者。由此,文化工业产品的生产变成一种"有目的"的活动,逐渐丧失文化产品本身所具有的文化内涵,从而体现出非人性的一面。

另一方面,被严重商品化了的文化产品在其生产过程中又体现出明显的标准化特征。在科学技术的支持以及经济利益的诱导之下,文化产品的大批量生产成为可能。这种大批量生产往往是通过无限的复制来完成的。也正是这种复制和批量生产,使得文化工业产品凸显出标准化、同质化的特征。由此,文化产品的生产就变为一定程式或模式下的生产,从而显得僵化陈旧和落入俗套。阿多诺曾指出:"在文化工业的发展中,不断由文化工业贡献的东西,仍然是永远雷同的伪装;在所有变化的外表下掩藏着一个基本的骨架,这个骨架很少发生变化,就像利润动机本身自从第一次赢得了对于文化的优势以来就没有什么改变一样。"①由此,文化产品就丧失了自身本有的个性,取而代之是一种伪个性。

鉴于此,基于文化工业产品的商品化、标准化和伪个性化等特征,实质上是脱离了现实,成为一种虚假的东西,乃至成为资产阶级进行意识形态控制的工具和手段。事实上,资产阶级也正是通过大量的文化产品来传播和输出资本主义价值观念,这实质上是一种以服务大众、满足大众需求的名义展开的更加隐秘、更加隐晦的意识形态控制方式。

---

① Adorno, T. W. Culture industry reconsidered [A]//The culture industry: selected essays on mass culture[C]. London: Routledge,1991:87.

三是阿尔都塞的意识形态国家机器理论。阿尔都塞在吸收葛兰西、拉康等哲学家思想的基础上,继承和发展马克思的意识形态理论并运用结构主义方法对之进行了重构,他把马克思的国家学说与意识形态思想相结合,阐发了自己关于意识形态国家机器的著名论断。阿尔都塞首先区分了强制性国家机器与意识形态国家机器。马克思的国家学说认为,国家是阶级矛盾不可调和的产物,为了镇压被统治阶级的反抗,统治阶级建立了军队、监狱、警察等暴力机关,以维护统治阶级的政治统治。这些暴力机关即阿尔都塞所言说的强制性的国家机器。以此为基础,阿尔都塞进一步补充马克思的国家学说,在强制性国家机器之外又创造性地论述了意识形态国家机器问题。相比较一元化、统一的强制性国家机器,意识形态国家机器更加零散、多样、相互独立,并以意识形态的方式而非暴力的方式发挥作用。

意识形态国家机器包括什么呢？阿尔都塞开出了一个经验性的清单,包括宗教的、教育的、家庭的、法律的、政治的、工会的、传播的、文化的意识形态国家机器。[①] 而这些分散的意识形态国家机器形式,在资本主义条件下,主要是私人领域的组成部分,带有明显的私人性。以学校为例,资产阶级不仅通过学校来培养具有一技之能的劳动者,还要通过学校培养接受和认同资产阶级意识形态的社会成员,让他们能够按照资产阶级所要求的社会规矩行事,从而达到巩固资产阶级政治统治的目的。由此可以看出,学校不仅仅是一个学习文化知识的地方,而是在资本主义生产关系的再生产过程中发挥着重要的意识形态功能。由此,阿尔都塞进一步指出意识形态国家机器实质上是阶级斗

---

① [法]阿尔都塞:《哲学与政治:阿尔都塞读本》,陈越译,长春:吉林人民出版社2010年版,第281页。

争的战场。正如他所指出："意识形态国家机器也许不只是阶级斗争（往往是表现出激烈形式的阶级斗争）的赌注，还是阶级斗争的场所。"①在这个场所中，资产阶级作为统治阶级进行意识形态传播，并通过这种传播来获取社会成员对资产阶级统治的政治认同。而作为被统治阶级的无产阶级要想推翻资产阶级的剥削统治，不仅要通过革命砸毁资本主义强制性的国家机器，同时也要在意识形态国家机器中展开激烈的阶级斗争，积极传播无产阶级的意识形态和价值理念，以取得无产阶级革命的最终胜利。

2. 国外关于网络文化建设实践的研究

近30年，国外对互联网和网络文化的研究相对比较集中，都是从美国兴起，在西方发达国家中进一步发展，随后再传到我国。围绕网络文化开展研究主要有两个过程：第一阶段兴盛于20世纪后半期，研究聚焦于"流行网络文化"。它是以新闻学渊源为标志，描述性的性质、有限的二元论以及把 Internet 比喻成前沿阵地是其显著特点。以1959年美国人类学家爱德华·霍尔发表的《无声的语言》为例，强调了"文化就是交往，交往也是文化"②。1993年霍华德·莱因戈尔德在《虚拟社区：电子疆域的家园》专著中乐观地提出，因为互联网具有优越的交互性和易用性，所以可以提供无数信息交换管道，加之其去中心化的特点，因此在理论上可以更好地发挥出公共领域的效能。③ 1997年尼古拉·尼葛洛庞帝在《数字化生存》中提出人类新空间的观点，无限带宽从涓涓细流发展

---

① ［法］阿尔都塞：《哲学与政治：阿尔都塞读本》，陈越译，长春：吉林人民出版社2010年版，第284页。

② ［美］爱德华·霍尔：《无声的语言》，何道宽译，北京：北京大学出版社2010年版。

③ Howard Rheingold. *The Virtual Community：Homesteading on the Electronic Frontier*，MA：MIT Press，1993.

为浩浩江河。①

第二阶段在 2000 年以后,研究主要集中在网上互动、数码话语、接触和拒绝互联网、赛博空间的界面设计等领域,而且从多种学科角度研究其相互交叉、相互依赖的关系,具有明显的技术哲学批判意识。其中,比较有代表性的有:2000 年,迈克尔·海姆在《从界面到网络空间:虚拟实在的形而上学》一书中提出,"网络空间是一个由我们的系统所产生的信息和我们反馈到系统中的信息所构成的世界,表现的是一种人工的或再现的世界",要从网络空间和现实空间之间的联系角度去观察分析。②2006 年,安德鲁·基恩在《网民的狂欢:关于互联网弊端的反思》一书中提出,在世界中,网络黑社会、数字盗版、网络"剪贴文化"等网民行为所引发的一系列文化问题,以及这些问题导致的信任危机,提醒我们要积极利用先进科技发展专业主流媒体和主流文化。③ 2010 年,亚当·乔伊森在《网络行为心理学:虚拟世界与真实生活》一书中,从心理学视角出发,全面阐释了网络社会中人的行为,是最早对网络行为心理学的研究,对我们深入理解网络社会中人的行为,充分利用网络并认识虚拟世界与现实生活有重要意义。④ 2012 年,尼古拉斯·卡尔在《浅薄:互联网如何毒化了我们的大脑》一书中提出,在我们与计算机越来越密不可分的过程中,网络如何使人类丧失人性,牺牲人之所以区别于机器的本质属性,指出互联网是我们牺牲深度阅读和深度思考能力的罪魁祸首,认为互联

---

① [美]尼古拉·尼葛洛庞帝:《数字化生存(20 周年纪念版)》,胡泳、范海燕译,北京:电子工业出版社 2007 年版。

② [美]迈克尔·海姆:《从界面到网络空间:虚拟实在的形而上学》,金吾伦、刘钢译,上海:上海科技教育出版社 2000 年版。

③ [美]安德鲁·基恩:《网民的狂欢:关于互联网弊端的反思》,丁德良译,海口:南海出版社 2010年版。

④ [英]亚当·乔伊森:《网络行为心理学:虚拟世界与真实生活脑》,任衍具、魏玲译,北京:商务印书馆 2010 年版。

网导致了网民智力和文化的倒退,信息技术产生了智能伦理的混乱。譬如,"谷歌在把我们变傻吗"和"在我们跟计算机越来越密不可分的过程中,我们越来越多的人生体验通过电脑屏幕上闪烁摇曳、虚无缥缈的符号完成,最大的危险就是我们即将丧失人性,丧失人之所以区别于机器的本质属性"等代表性观点。[①] Greg Elmer、Ganaele Langlois、Fenwick McKelvey 三位作者在合著的 *The Permanent Campaign*,*New Media*,*New Politics*(永恒之战、新媒体、新政治)(2015)一书中强调,相较于传统的公共空间,网络空间有更少的中心节点、更少的关卡限制、更少的议程设定,网络文化建设具有相对的便捷性,从某种程度上而言,互联网改变了传统公共空间的纵向性,有利于形成一个横向性的、充满理性的文化建设领域。[②]

(三)研究评价

针对网络文化建设,中外学者潜心求索,取得颇为丰硕的成果。这为今后就网络文化建设进行更为科学的研究奠定了坚实的学术基础,主要成果体现在以下几个方面:其一,从研究范围上看,范围越来越广。其中不仅涉及网络文化中的物质文化、制度文化,还涉及精神文化;内容既涵盖了政治、经济,也有军事、地理、教育、道德、科技、法律,还有人际交往、思维方式及人的主体性等诸多方面。其二,从研究内容深度上看,表现出由浅到深、由表及里的过程。其中不但体现了对原有文化的继承,而且表现出对网络文化的创新;不但充分估计了其积极作用,而且清醒

---

① [美]尼古拉斯·卡尔:《浅薄:互联网如何毒化了我们的人脑》,刘纯毅译,北京:中信出版社2012年版,扉页。

② Greg Elmer, Ganaele Langlois, Fenwick McKelvey, *The Permanent Campaign*, *New Media*, *New Politics*, New York: Peter Lang Publishing, 2015.

地看到其消极作用；不但对其现实表征进行剖析，而且对其未来趋势进行预测，充分展现出一种学术的宽容性和开放性。其三，从研究的学科和方法看，体现出综合性和跨学科的特点。对网络文化建设的研究不仅涵盖社会学、文化学、传播学、伦理学，也包括经济学、人类学、教育学、心理学等学科。从各种不同学科的角度就网络文化建设进行"解剖式"的理论性研究和应用性研究，已俨然成为趋势。其四，从研究队伍来看，已经由开始的网络爱好者、网络技术专家逐渐拓展到具有较好理论素养、学术素养的专家学者，特别是涌现了一批富有朝气的年轻学者。总体来看，众多的研究成果为开展新时代网络文化建设研究提供了较好的学术基础。

毕竟网络文化建设的历史较短，其发展还处于初级阶段。然而由于网络技术处于迅猛发展、快速迭代的过程中，网络文化的本质、形态、特征、规律以及趋势，都有待于进一步深入研究。不应否认的是，从实际来看，对网络文化建设特别是新时代网络文化建设的研究，还处在起步阶段，存在一些明显不足。

其一，围绕网络文化建设所具有的技术特征的工具性分析比较深入，但真正揭示其社会影响的内容，特别是产生的重要价值的分析并不多；侧重于就"网络"谈网络，忽视其所具有的"文化"特征。随着新时代由"网络为王""技术为王"的特征转变为"内容为王""应用为王"的特征越来越明显，这种研究倾向的弊端也会愈加凸显。

其二，侧重一般意义上的研究而忽视了对中国具体国情的研究。网络文化作为在中外都普遍存在的一种文化形态，由于其具有较为显著的技术性特征，人们很容易把网络文化看作是一种无制度区别、无民族区别、无传统区别、无社会区别的同质文化。如果有区别，也只看作为一种技术程度高低不同的区别。这种无视区别的文化心态，在客观上虽然有利于对国外有关网络文化进行交流互鉴,但却在行为上否认文化的特殊性。离开了中国国情、党情,特别是离开"新时代"这一历史方位,任何抱有文化大同倾向的心态和行为都只会混乱人们的思想,从而产生方向的迷失。

其三,从中国特色社会主义建设和科学社会主义的角度开展网络文化研究还不够。现实中不但缺乏中国特色社会主义网络文化研究的专著,而且围绕某一具体专题开展研究的论文在质和量上也都有待提高。科学社会主义理论的生命力不仅在于已经揭示出社会发展的客观规律,而且更应该在于紧跟人类的社会实践生活,反映和揭示这种生活的本质。网络文化反映了当代人们新的生存方式、实践方式,是一种深刻影响人们思想和行为的文化方式,其理论研究来源于科学社会主义理论、中国特色社会主义理论。我们不能对这一点熟视无睹,不能再囿于原有的视野而自说自话。

其四,从现存为数不多的新时代网络文化建设研究来看,也存在一些不足。这主要表现在缺乏正确的心态,内容上不具有深刻性和精确性。从新时代网络文化建设研究的心态来看,存在两种截然不同的方向。不是对网络时代、互联网带来的一切变化大唱赞歌,就是抓住网络文化的弊端进行竭力攻击,对网络文化带来的冲击忧心忡忡。这种心态遮蔽了研究者客观的价值中立性的视野,使现有研究成果大多局限于分析网络文化对原有生活秩序、文化形态的利弊影响之中,难以从根本上把握住网络文化的精神实质。

其五,研究方法有待完善。具体表现在对网络文化只进行宏大的一般性的叙述和研究,而忽视分析具体的丰富多彩的网络文化行为;过于重视对网络文化行为的基本分析,忽视对网络文化行为主体的内在心理和价值倾向这一更为重要、更能体现其本质和内容的分析;重视对某一阶段的网络行为进行分析，缺乏一种整体的视野、联系的观点，未能从网络文化的产生、发展过程中捕捉网络文化建设的本质、特征及其发展趋势，理论研究的水平跟不上网络文化建设实践。

其六，新时代与网络文化建设的理论对接不够。当前研究在这两个方面虽然有简单的互动需要，但总体上两者存在较为明显的"研究壁垒"。

三、主要内容和创新点

（一）主要内容

深入研究新时代网络文化建设，力求做到系统全面的阐释是本书的初衷。本书在详尽收集习近平总书记关于新时代网络文化建设的重要论述和大量新时代网络文化建设实践素材的同时，充分借鉴学界现有研究成果，分析网络文化的内涵、特点、价值及其对中国经济建设、政治建设、文化建设、社会建设、生态文明建设的影响，探讨了新时代网络文化建设的总体特征及其思维建构，提出了新时代网络文化建设的实践路径，力图为中华民族伟大复兴提供良好的文化条件。具体来说，本选题的研究内容主要包括：

绪论内容主要包括阐释新时代网络文化建设研究的意义，梳理现有新时代网络文化建设的研究成果，说明基本研究方法，介绍研究的创新点和难点，形成新时代网络文化建设的研究框架。

第一章介绍了新时代网络文化建设的理论依据与现实诉求。该章进一步辨析网络文化、新时代网络文化建设等相关概念，深化了相关认识。在此基础上，一方面详尽梳理了新时代网络文化建设的理论依据,从马克思恩格斯的文化理论、列宁的文化理论、中国共产党历代主要领导人的文化建设思想、习近平总书记关于新时代网络文化的重要论述等四个方面加以阐述,特别是对习近平总书记关于新时代网络文化建设的重要论述进行梳理,指出其为新时代网络文化建设的行动指南,从而形成本书的理论基石。另一方面介绍新时代党的网络文化建设相关理论形成的现实诉求,从日新月异的互联网技术、人民日益增长的美好生活需要、应对现代国家治理体系和治理能力现代化等三个方面加以阐释。

第二章阐释了新时代网络文化建设的思想引领和时代价值。该章重点阐述新时代网络文化建设思想的理论价值,指出习近平总书记关于新时代网络文化建设的重要论述为网络文化研究提供了行动指引,增强了网络文化意识形态话语权。从国内来看,这提升了网络文化软实力;从世界范围看,这展示了中国特色社会主义的强大自信,提升了国家话语权,鼓舞了世界社会主义运动的新发展。

第三章分析了新时代网络文化建设的功能定位。该章重点论述新时代网络文化建设的实践价值,从"五位一体"总体布局出发,阐述网络文化对促进经济发展、涵养政治生态建设、巩固文化强国建设、提升社会治理水平、促进生态文明建设等方面的作用。在经济发展方面,从网络文化成为经济发展新引擎、助推传统经济转型升级、融入经济全球化等维度进行论述;在政治生态方面,从网络文化成为政治生态的"最大变量"、政治生态的安全保障、政治生态的现实背景维度进行论述;在文化强国建设方面,从网络文化推动文化事业繁荣、壮大文化产业发展、夯实人才发展基础等维度进行论述;在社会治理方面,从网络文化规范社会治理秩序、创新舆论宣传方式、增强群众路线效能等维度进行论述。鉴于生态文明建设的特殊性,该章把网络文化促进生态文明建设相关内容纳入经济发展之中。

第四章阐释了新时代网络文化建设的鲜明特征和思维方法。该章介绍新时代网络文化建设的空间维度的公共性、发展维度的文化间性、主体维度的技术性、传播维度的规范性和在价值维度的意识形态性。同时总结了构建新时代网络文化建设的科学思维方法的要点,即坚持统揽全局的战略思维、坚持与时俱进的创新思维、坚持对立统一的辩证思维、坚持循规而治的法治思维、坚持居安思危的底线思维。

第五章论述了新时代网络文化建设的实践理路。该章主要从网络文化的内容供给、传播实效、服务机制、治理体系、人才支撑五个维度进行阐释。即把推动先进网络文化产品创作、推进中华优秀传统文化数字化转化、促进文化与互联网技术深度融合作为加强网络文化内容供给的方式;把利用网络拓宽公共文化传播渠道、推进传统媒体与新兴媒体融合发展、提高网络文化国际传播水平作为提升网络文化传播实效的手段;从推进网络安全防控建设、推进网络思想舆论阵地建设、推进网络文化凝聚力建设三个方面健全网络文化的服务机制;从构筑坚实可靠的物质文化、建设良法之治的制度文化、倡导健康理性的行为文化、弘扬积极向上的心态文化等维度完善网络文化的治理体系;在强化网络文化的人才支撑方面,强调健全人才发展机制、培养高素质人才、加强基层人才队伍建设、优化现代人才治理模式。

鉴于江苏是网络文化大省,也是网络文化强省,其网络文化建设具有典型性和代表性。基于此,第六章介绍了新时代江苏网络文化建设的探索,即以"三强三高"为核心,打造文化凝聚力和引领力强、文化事业和产业强、文化人才队伍强的文化强省,努力构筑思想文化建设高地、道德风尚建设高地、文艺精品创作高地,继而从个别上升到一般,力求为优化新时代网络文化建设的有效路径提供一定的启发。

　　第七章是研究结论和展望。该章指出新时代网络文化建设的基本逻辑体系中最深层的要素在于价值观建设,强调要在社会主义核心价值的引领下,以富强、民主、文明、和谐为最高目标,以自由、平等、公正、法治为社会基础,以爱国、敬业、诚信、友善为人本要求,全力推进网络文化建设,增强网络文化建设的自信和自觉。同时,围绕网络空间作为国家治理体系和治理能力现代化的重要领域,指出网络文化的现代化建设必将成为推动国家治理现代化建设的重要引擎。最后,提出新时代网络文化建设要始终坚持以马克思主义为指导,以网络文化生态为依托,以网络文化自觉为中轴,面向现代化、面向世界、面向未来,注重网络文化建设的民族性、科学性、大众化,从技术因素、本土因素、时代因素、国际因素等维度思考和展望网络文化的未来发展方向。

　　本书的研究思路见下页图1。

(二) 重点和难点

　　本书试图对新时代网络文化建设进行全面研究,系统梳理习近平总书记关于新时代网络文化建设的重要论述,力图较好地把握当前网络文化建设的痛点、难点、堵点,积极探寻新时代网络文化建设的一般规律。但是,因为新时代网络文化建设的内容深、范围大、领域广、现象又复杂,都是需要下大力气才能驾驭的。特别网络文化还是一种技术性、隐蔽性、发展变化极快的文化,要想使研究内容不但能跟上网络技术的变化,而且能及时准确把握网络文化建设的影响和发展趋势,着实非常困难。加之由于研究者的时间、自身理论储备等局限性,本书在研究中可能存在几大不足。一是思想政治教育专业学术话语方式还有待进一步提升;二是对于新时代网络文化建设与主流意识形态话语权建设的关系还有待进一步研究;三是逻辑体系有待进一步完善;四是调查与分析深度可

```
┌─────────────────────────────────────────────────────────────┐
│  研究背景  ◄══════════════════════►  文献综述                   │     文献研究
│                                                              │     比较研究
│  网络文化建设     ◄═关联机制═►    中华民族伟大复兴                │     跨学科研究
│  内涵→功能→策略                  思想保证—精神力量—文化条件       │
└─────────────────────────────────────────────────────────────┘
```

新时代网络文化建设研究

理论依据	现实诉求	时代价值	功能定位

马克思、恩格斯、列宁及中国共产党主要领导人相关思想、西方马克思主义研究关于文化工业和意识形态的思想。

技术进步　人民期待　时代要求　行动指引　意识形态话语权　命运共同体　文化软实力　促进经济建设　涵养政治生态　巩固文化强国　提升社会治理　推进生态文明

文献研究
比较研究
历史分析

新时代网络文化建设实践理路

鲜明特征：公共性　文化间性　技术性　规范性　意识形态性

内容供给　传播时效　服务机制　治理体系　人才支撑　实践路径

思维体系：战略思维　创新思维　辩证思维　法治思维　底线思维

跨学科研究
系统研究

新时代江苏网络文化建设的实践个案

文化凝聚力和引领力强　文化事业和产业强　文化人才队伍强

体制机制改革　整体设计　重点环节创新　网络意识形态工作责任制

思想文化建设高地　道德风尚建设高地　文艺精品创作高地

实证研究

结论
增强网络文化自信和自觉　　展望　实现网络文化现代化

归纳总结
文献研究

提出问题　分析问题　解决问题

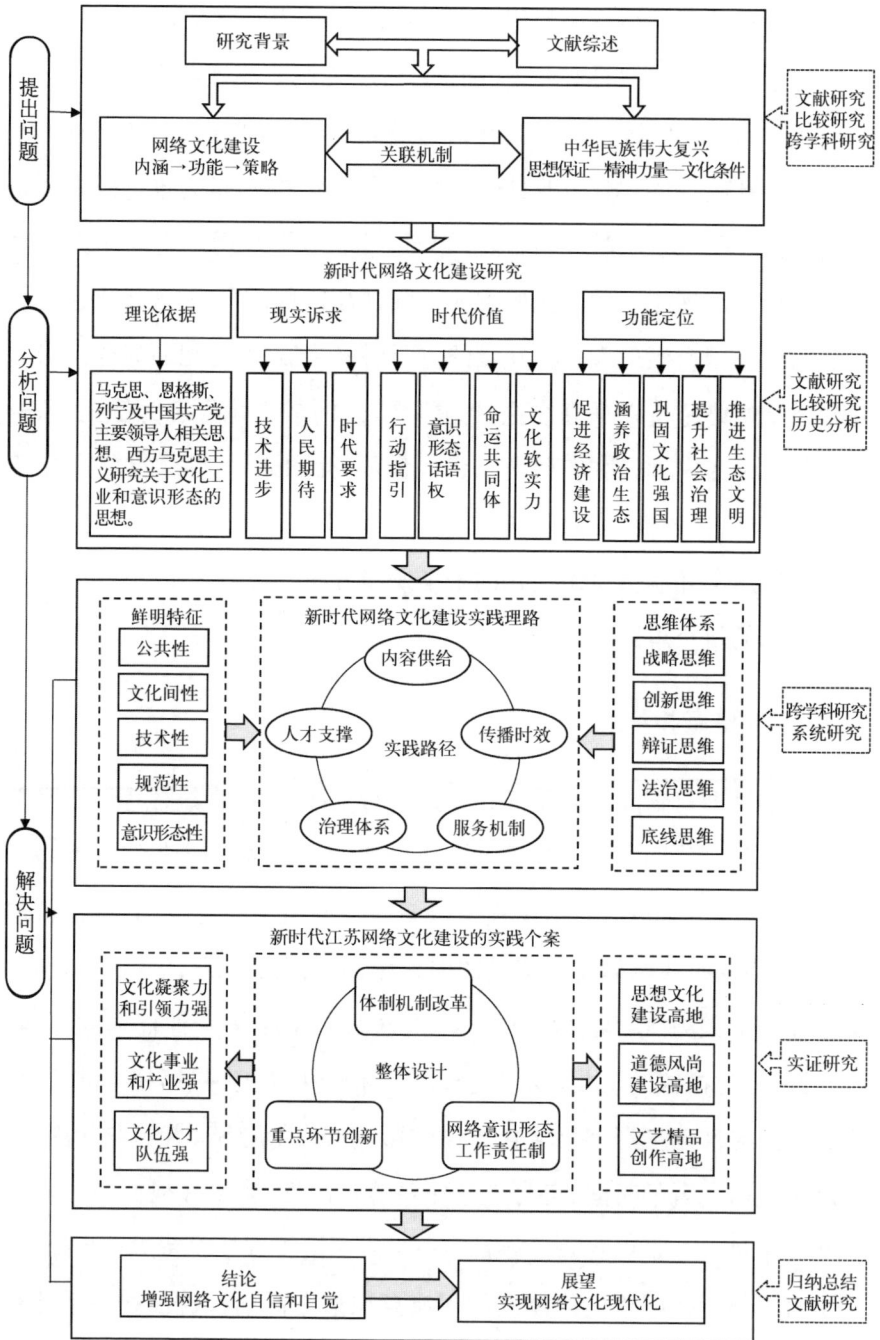

图1　本书研究思路图

能不够；五是对于新时代网络文化建设的学理性阐释还有待进一步深入。这些也是今后研究中需要改进之处。

（三）创新之处

第一，全面探讨了网络文化的制度建设及其治理体系。党的十九届四中全会着重研究了坚持和完善中国特色社会主义制度、推进国家治理体系和治理能力现代化等若干重大问题。网络空间作为国家治理体系和治理能力现代化的重要领域，网络文化的制度建设及其治理体系成为推进国家治理体系和治理能力现代化的重要内容。本书通过分析新时代网络文化建设的现实镜像与内在悖结，指出囿于网络文化建设理念、手段、平台、体制机制等原因，新时代网络文化建设目前还处于临时、被动应付的专项治理阶段，提出从公共理性出发，强化网络文化的制度建设，由以往的"外在秩序"转向"人心秩序"①构建。同时，结合文化物态、制度、行为和心态四层次理论，系统提出网络文化治理体系。即在物态文化层，以"自主研发"增强网络空间治理技术支撑能力，构筑坚实可靠的物质文化；在制度文化层，加快推进网络空间法治化建设，构筑良法之治的制度文化；在行为文化层，引导规范网络行为方式和行为习惯，构筑健康理性的行为文化；在心态文化层，以核心价值观引领网络空间治理全过程，构筑健康向上的心态文化。该治理体系为新时代加强网络文化治理提供了一个全新的维度，开创了网络文化治理的新视域和新境界。

第二，构建新时代网络文化建设科学思维体系。恩格斯曾指出，"一个民族要想站在科学的最高峰，就一刻也不能没有理论思维"②。毛泽

---

① 人心秩序也可以称为"性情气质"，舍勒将它描述为一种体验结构，作为世界的"价值等级秩序"的基石。
②《马克思恩格斯选集》第 3 卷，北京：人民出版社 2012 年版，第 467 页。

东同志曾说过："我们不但要提出任务，而且要解决完成任务的方法问题。我们的任务是过河，但是没有桥或没有船就不能过。不解决桥或船的问题，过河就是一句空话。"①要加强新时代网络文化建设，不仅要总结实践，更要注重网络文化建设的系统思维建构。本书通过分析网络文化建设的鲜明特征，结合文化强国和网络强国战略建设实践，强调坚持统揽全局的战略思维、与时俱进的创新思维、对立统一的辩证思维、循规而治的法治思维和居安思危的底线思维，为把新时代网络文化建设提升到新的高度提供了科学思维方法。

第三，明确指出意识形态性是网络文化建设的根本属性。互联网具有意识形态属性和产业属性，但从根本上讲，意识形态性是网络文化的最本质属性。马克思指出，"统治阶级的思想在每一个时代都是占统治地位的思想"②。事实证明，任何社会的文化在形式和内容上都要受到统治阶级思想的支配和影响，文化的这种意识形态属性又直接决定了社会文化建设必须符合一定阶级、社会主流意识形态的根本要求，发挥出维护意识形态安全的重要作用。网络文化是伴随互联网技术的发展在文化领域中产生的新的文化形态，网络文化建设反映和体现社会文化建设的一般性规律和基本特征。网络文化建设归根结底也是为一定的阶级、社会服务的，主流意识形态总是影响乃至决定着网络文化建设的方向和方式。因此，加强新时代网络文化建设对于建设具有强大凝聚力和引领力的社会主义意识形态具有十分重大的现实意义。

第四，尝试完善网络文化生产力理论。在当今社会，经济与文化的融合已经是一个不争的事实。早在 2000 年，美国经济学家杰里米·里

①《毛泽东选集》第 4 卷，北京：人民出版社 1991 年版，第1440页。
②《马克思恩格斯选集》第 1 卷，北京：人民出版社 1995 年版，第 98 页。

夫金就断言:传统的工业资本主义将结束,以感受和文化作为新的资本与市场的"感受经济"已经开始。后来著名经济学家塞缪尔森提出的"文化经济学"概念为社会大众广泛接受。文化经济化、经济文化化,是当今知识经济的核心内容。网络文化具有一般生产力的特征,比如具备大量高素质的劳动者,在各个领域拥有世界范围内的高新科学技术,利用先进技术和管理方法生产的产品必须符合国家法律和政策、适应市场需求、能够取得良好的经济效益等。在生产关系体系上,人与人之间的交往更多被"人机"关系所替代。基于此,本书尝试完善网络文化生产力理论,在"五位一体"的框架体系中,全面分析了网络文化在经济建设、政治建设、文化建设、社会建设、生态文明建设方面的积极作用。

第五,率先提出增强网络文化自觉的主张。本书从价值观这一网络文化最深层的要素出发,围绕网络文化的特点和文化自觉的内涵,探索提出网络文化自信和自觉的概念与内涵。从我国网络文化建设中价值引领的实际出发,指出增强网络文化自信和自觉,坚持以主流价值观引领网络文化建设的现实冲突,明确提出社会主义核心价值观是我国网络文化建设的价值依归。在此,提出增强网络文化建设的自信和自觉,构建网络文化建设中价值引领的理路,即主动适应互联网快速发展趋势,始终遵循网络文化建设规律,用社会主义核心价值观引领网络文化建设的供给、传播、服务、治理等各环节。此外,提出注重网络文化建设的民族性、科学性、大众化,从技术因素、本土因素、时代因素、国际因素等维度思考和展望网络文化的未来发展方向。

四、研究方法

辩证唯物主义和历史唯物主义既是科学的世界观,又是科学的方法论,是科学的世界观和方法论的有机统一。文化作为社会总体的一个有机组成部分,一方面有相对独立性,另一方面又广泛渗透于社会生活的各个领域。作为反映社会政治经济的文化离不开特定的社会存在和政治经济背景。特定的意识形态、传统的历史文化、现实的生产力发展水平必然反映于文化之中。网络文化作为当代一种新的文化形态,也不例外。因此,本书始终坚持辩证唯物主义和历史唯物主义方法论指导,将之贯穿研究的全过程。辩证唯物主义和历史唯物主义是本书研究的根本方法。除此之外,本书还采用了以下几种具体研究方法:

(一) 文献研究法

网络文化具有一定的传承性,每一个历史阶段的网络文化,都是在继承之前网络文化思想的基础上进行了创新和发展。为了做好各种材料准备,本书在网络文化建设领域开展了广泛的信息筛选工作,广泛搜集党的十八大以来习近平总书记关于新时代网络文化建设的重要论述,以及目前学界围绕这一问题进行研究的成果,形成具有一定意义的研究综述。充分借鉴吸收现有研究成果的精华之处,以及找出现有成果的不足,把握本研究的努力方向,从而夯实专著写作基础。

(二) 跨学科交叉研究法

网络文化建设是一个浩瀚的领域,内容丰富,涵盖面广。研究既涉及了政治学、经济学、社会学、文化学和传播学、法学、伦理学、人类学、教育学、心理学等大学科,又包括网络思想政治教育学、网络哲学、网络文化学、网络产业学、网络经济学、网络统计学等互联网学科的相关知识和研究方法。

（三）比较研究法

所谓比较研究法,就是对不同事物从同一角度进行比较分析,找到这些事物之间的本质联系和区别,或者对同一事物在不同发展阶段表现形式异同的分析,找到决定这种表现形式发展变化的深层次原因。本书考察和梳理新时代网络文化建设所涉及的地位、功能、特征、思维方法、实践路径、战略任务、重点领域等内容,特别是对新时代网络文化建设的内涵、价值和功能的分析,指出网络文化"是什么""为什么""怎么办",做出"好"与"坏"的判断。

（四）历史分析研究法

通过历史考察,用辩证的思维来看待新时代网络文化建设的成就和面临的挑战,并从中提出相应的解决措施,进而推动新时代网络文化建设高质量发展。此外,坚持面向现代化、面向世界、面向未来,立足网络文化建设的民族性、科学性、大众化,从技术因素、本土因素、时代因素、国际因素等维度思考和展望网络文化的未来发展方向。

（五）实证研究法

实证研究法是在价值中立(价值祛除)的条件下,以对经验事实的观察为基础来建立和检验知识性命题的各种方法的总称。所谓价值中立,指的是在研究的过程中,研究者不可以用自己特定的价值标准和主观好恶来影响资料和结论的取舍,从而保证研究的客观性。鉴于江苏是网络文化大省,也是网络文化强省,其网络文化建设具有典型性和代表性。本书以江苏为例展开分析,阐述江苏新时代网络文化建设的实践探索,继而从个别上升到一般,力求为优化新时代网络文化建设的有效路径提供启发。

总之，笔者在写作过程中，始终防止出现研究方法上的三种倾向。首先，防止简单地把西方资本主义网络文化中的概念、观点、理念不加分析地引入到中国特色社会主义网络文化分析中的"话语平移"倾向。其次，防止没有就形形色色的网络文化建设进行深入的、理性的分析和价值判断，陷入现象主义的研究。对网络文化建设素材进行简单堆积，只做初步的分类研究，不是本书的目的。本书紧紧立足于新时代中国特色社会主义这一历史方位，旨在通过考察新时代网络文化建设实践来探索网络文化建设的本质，对新时代网络文化建设的思想理论进行归纳总结。再次，防止截然对立的文化研究思路。新时代网络文化建设与其他形式的文化建设虽然各有其特征，但都一同处于中国特色社会主义文化建设之中，它们在深层内涵上的本质有相通之处。因此，杜绝出现网络文化研究上的割裂主义，坚持整体方法论，既要保持多种网络文化种类的相对独立性和网络文化发展的多样性原则，又要坚持网络文化指导思想的一元论，坚持先进网络文化的主导作用，营造健康向上的网络文化建设环境。

第一章　新时代网络文化建设的理论依据和现实诉求

网络文化是伴随互联网技术的发展和网络空间的形成而出现的一种新的文化形式,是社会文化的一种特殊形态,归根结底是人的社会实践活动的产物。积极推进网络文化建设是时代发展的必然要求,也是推进社会主义文化大发展大繁荣的必然之举。尽管网络文化是一种新型文化,但推进网络文化建设需要正确文化建设理论的指导。深入梳理马克思、恩格斯、列宁等马克思主义经典作家以及中国共产党主要领导人的文化建设思想,对于在新时代背景下把网络文化建设提升到新的水平具有重要的思想指导意义。

一、新时代网络文化建设核心概念的界定

在对新时代网络文化建设的理论依据和现实诉求进行分析之前,需要对一系列核心概念进行梳理和界定。基于本书是对新时代网络文化建设的全面探讨,有必要对"网络文化""文化建设"和"新时代网络文化建设"等核心概念进行厘定,为全面深入阐述新时代网络文化建设奠定基础。

（一）网络文化

1. 网络文化的概念

互联网与文化相结合,产生了网络文化。网络文化是文化的一个子集。[①] 文化,既是一种十分复杂的社会现象,也是一个内涵和外延都很丰富的概念。据统计,有关"文化"的定义,多达400余种。总体上看,大致可以分为三类:第一类是人类学意义上的文化概念,把文化看作是人的一种行为模式;第二类是社会学意义上的文化概念,把文化看作是一定社会历史的生活结构以及反映这一结构的价值体系;第三类是心理学意义上的文化概念,把文化解释为人特有的基本心理状态的社会普遍重要性的表现。

正如文化概念定义的多样化一样,网络文化的定义也呈现多元化的特征。如David Porter提出网络文化是以计算机技术和通信技术为基础,依靠网络产生、形成或者借助网络得到延伸发展的各种文化现象的综合。冯鹏志认为,网络文化是一种"以网络技术为基础,以网上生存为核心内容的新文化形式,它不仅造成人们对以往传统的占主流地位的文化价值规范的反思和检讨,而且也极大地扩充了现代社会中人们文化的深度和范围,并正在塑造出全新的文化价值规范体系"[②]。魏宏森等提出,网络文化"是一种由信息技术和网络技术以及依靠这些新技术形成的全新的社会基础结构带来的人类生产方式、生活方式、工作方式、决策方式、管理方式等各方面的变革,进而引起思维方式和观念变革,引起社会文化发生结构性变革的新文化,是一种融意识文化、行为文化与物质

---

① 杨谷:《网络文化概念辨析》,《光明日报》2007年11月25日。
② 冯鹏志:《延伸的世界:网络文化及其限制》,北京:北京出版社1999年版,第24页。

文化为一体的新文化"①。常国峰指出,"网络文化是以计算机互联网和现代通信技术为基础,以虚拟网络空间为存在形式的现代新型文化形态,这种文化形态是对现代社会经济、政治和社会心理发展状态的反映,也是对现实文化和传统历史文化的再造和继承,网络文化所创造的'虚拟世界'和'现实世界'的文化互动,带来了人的生存方式的深刻变革",从广义上来讲,"网络文化是指借助计算机网络所从事的一切人类创造和交流活动及其衍生的所有产品,包括物质文化、行为文化与精神文化等形式;从狭义上讲,网络文化主要指存在于赛博空间的人类精神文化形态,包括存在于网络空间内的一切人的知识、信息、思想、心理、行为和活动方式等。"②

从网络文化概念的研究可以看出,对网络文化的界定主要有两种切入方法,即从网络的角度看文化和从文化的角度看网络。前者主要从网络的技术性特点切入,强调由技术变革所形成的文化传播方式对传统文化的革命,认为网络文化的特征主要在于技术实现的多媒体性、传播速度的即时性、传播空间的全球性和传播的交互性等方面。后者主要从文化的特性切入,注重网络的思想性特点,强调网络内容构成的文化属性,认为网络文化的特征主要在于存在方式的虚拟性、主体关系的平等性、内容的丰富性和多元性、占有的共享性和组织的无中心性等方面。应该说,网络文化是文化外在形式(网络技术)、文化内在形式(平等性、无中心性等)和文化内容(政治、经济、宗教、哲学、法律等)的综合统一体。单纯强调其中的某个方面都是不妥当的。本书认为,网络文化是以网络技术为支撑的基于信息传递所衍生的所有文化活动及其内涵的价值观念

---

① 魏宏森、刘长洪:《信息高速公路产生的社会影响》,《自然辩证法研究》1997 年第 5 期,第 45 页。
② 常国锋:《网络文化研究》,成都:四川大学出版社 2017 年版,第 11 页。

和文化活动形式的综合体,有广义和狭义之分。广义的网络文化是指借助计算机网络或其他信息产品进行信息沟通、传递等活动而产生形成的经济、政治和社会现象,也就是信息文化。而狭义的网络文化是指基于互联网络、通信网络以及由此派生出来的衍生工具、手段,并以信息传递、资源共享、沟通交流为基本特征的行为方式、思维方式、生活方式及价值观念等。本书倾向于从广义上理解网络文化,认为网络文化是建立在计算机网络技术基础上的精神创造活动及其各种文化现象的总称,主要包括网络舆论、网络教育、网络娱乐、网络生活、网站建设、网络经济等。①

网络文化产生的基础是网络传播。一方面,互联网催生传播模式革命。自互联网诞生以来,不仅带来一场传播革命,而且改变整个世界,从本质上改变了一种信息传播的模式。在历史上,也多次发生媒介革命,例如印刷术的发明是一次载体革命,广播电视的出现是一次形态革命。现在互联网普及,则是一次模式革命,这个模式革命具有几大特点:一是改变和模糊了传者与受者之间的关系。过去在传统媒体时代,谁是传播者,谁是被传播者,关系比较清晰,始终是点到群、一点到多点的传播。而互联网时代是人人传播,是多点到多点的传播。这种通常意义上的传播发展到了互传,也就是各个群体之间、个体之间的传播。二是完全突破了传统意义上的传播时空界限,没有地域,没有国界,随时传播。这跟以往的传统模式相比完全不同。三是互联网上的传播模式覆盖以往所有传统意义上的传播方式。四是互联网融合了各种传播形态和形式,包括视频和直播。以前还可以分报纸、

---

① 邓海林、双传学:《共享视域下的网络文化建设:从问题分析到系统建构》,《南京社会科学》2017年第10期,第69页。

杂志、广播、电视、图片、文字、声音、图像等等,而当下则在互联网上形成了一个大的融合。

另一方面,互联网重塑社会的信息体系。原来整个社会的信息体系是垂直体系。在垂直体系中,具有自上而下的特点,离权力中心越近,掌握的信息和产生的信息就越多;离权力中心越远,掌握的信息和产生的信息就越少。而现在人人都在传播,相对来讲,离权力中心越远产生的信息越多,从而形成了一种倒流。由于社会生产生活是靠信息体系支撑,信息体系从垂直信息体系变成扁平信息体系之后,就会给社会的生产生活带来更多不可预见的因素,会有更多不可预见的事件和行为产生,对社会形态产生作用和影响。从历史上看,当新技术出现的时候,尤其是与信息传播技术相关的新技术出现之后,就会产生一种新的媒介来构成一种新的社会信息体系,而新的社会信息体系会对社会形态产生作用和影响。比如,当前话语权垄断被打破,文化价值多元化,每个人、每个社会组织单位的活动范围得以扩展。特别是从传播的角度来看,一切技术、一切运用是不断向有利于个人传播能力增强的方向上发展,个人自由发挥的空间越来越大。

2. 网络文化的特征

网络文化是全方位的,不仅是一把"双刃剑",更是一个"多面体"。不同的人从不同的角度观察网络文化,都会获得各自不同的见解。正因为如此,对于网络文化的特征,学界也是见仁见智。有的学者认为,网络文化的基本特征是网络文化的开放性、虚拟性、互动性、渗透性、共享性。也有学者认为,网络文化具有虚拟性、开放性、集群性、共享性、多元性、平等性和交互性等特征。这些说法从各自侧面探索网络文化特征。但是作为基本的和本质的特征,应该具有一定的独特性,也就是网络文化所特别具有的,或者说在网络文化中最集中或最突出的反映,最能体现网络文化核心的特征。现有的研究成果表明，可以从技术性、文化思想性和主体性组成的三维度空间，来表达网络文化的三维度12种特征模型(图1-1)。① 其中，技术特征是网络文化建设的基础特征，主体特征是网络文化建设的行动者特征，精神特征体现了网络文化建设主体间性的精神追求，三个维度密切相连、有机统一。

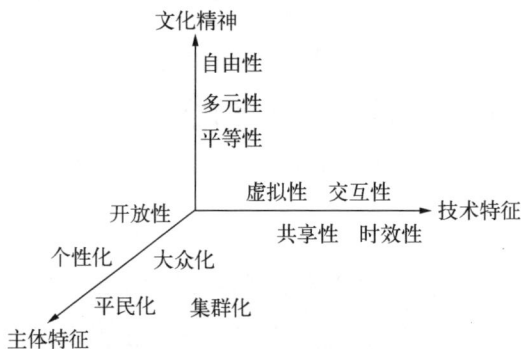

图1-1 网络文化特征三维度模型

第一，网络文化的技术特征。网络文化首先是一种技术文化，是信息技术和网络技术进步催生出的文化。每一次技术的革命性突破，都会推动网络文化新方式新内涵的产生和扩展。可以说，技术特征是网络文化最基本的属性，其他特征都是建立在此基础上的。从技术特征层面观察，网络文化的特性体现的是互联网的特性，最主要的是虚拟性、交互性、共享性和时效性。

一是虚拟性。它产生并依赖于虚拟的"赛博空间"而存在。在网络产生以前，人们一直生活在实体空间。网络产生以后，人们的生存空间发生了变化，"赛博空间"是一个由无数符号组成的虚拟空间，在虚拟空间中每个人都可以尽情表现，许多在物理空间中难以寄托的梦想、行为

① 万峰：《网络文化的内涵和特征分析》，《教育学术月刊》2017年第10期，第62—64页。

可以在虚拟空间中得以实现。在物理空间里人们所建立起来的一整套的准则和习惯被打破,取而代之的是一个全新的网络虚拟世界。人的角色意识在两种不同的空间里进行转换,现实世界表现的有限性与内心世界倾泻的无限性的冲突都会在网络行为中体现出来。

二是交互性。交互性是指人们在网络活动中发送、传播和接收各种信息时表现为互动的操作方式。互联网作为一种崭新的传播媒体,区别于其他传统传播媒体的本质特征,就是交互性。在互联网出现以前,传播媒体的传播交流方式基本上是单向的,互联网改变了这一切。互联网的交互式操作方式表现出多方向、大范围、深层次的特征,使人们的沟通交流方式面临深刻变革。在网络中,每一个网民都不仅是信息资源的消费者,同时又是信息资源的生产者和提供者。人们的信息获取方式由传统的被动式接受,变为主动参与,在沟通碰撞中相互引导,提高了信息的传播效果。

三是共享性。信息和资源的高度共享性是网络文化的又一基本特征。互联网的并行能力很强,它允许在同一时间内对同一信息源进行同主题的多用户访问,基本实现了资源供给与需求的一致性原则,避免了信息资源的浪费,减少了重复建库的时间和经费浪费等问题。共享性使得网络文化在存在特点和表现形式上都具有极大的趋同性,将本属于个别文化区域的资源转变成了所有文化的共同资源。

四是跨时空性。互联网的传播不受时间、地点和空间的限制,信息的收集、资料的查询变得更加快捷和有效。通过网络,人们几乎可以用面对面同步的速度传输文字、声音、图像、视频,且不受印刷、运输、发行等因素的限制,可以在瞬间将信息发送给千家万户,而且用户也可以随时方便、快捷地获取所需信息。

第二,网络文化的精神特征。文化的精神属性体现了文化的价值取向和追求,标识着文化赖以生存发展的本质特征。从网络文化的精神属性观察,网络文化具有开放性、平等性、多元性、自由性。

一是开放性。用户可以自由地访问网络上的各种资源,也可以发表各种言论、上传各种信息。在网络文化中,开放性得到了最深刻而具体的体现。互联网上不同主题网站的 PC 端、移动端基本上都是开放的,任何人都可以根据自己的意愿和需要,获取自己想得到的信息,任意地与世界各地的网民进行联络、交流,自由地访问各种信息资源。各种观点、思想、民族文化在这里都可以找到自己的位置,任何人在任何地点任何时间都可以自由表达其观点,突破了以前任何形态的文化区域性的局限。

二是平等性。信息时代的网络文化,在参与上是垂直的、在交流上是平行的、在关系上是平等的、在选择上是自主的。互联网给每个人的知识、智慧、创造的展现提供了各种平等的机会。例如,你画画得好,歌唱得好,在以前要想展示自己会有很多客观限制条件,而互联网时代,人人都有平等的展示机会。

三是多元性。信息来源的开放性带来了信息内容的多元化。网络上的文化产品没有数量限制,并且兼容各色各类文化产品和价值理念。形形色色的文化样式、价值观念通过高速的网络传递并呈现在大众面前,满足不同品位、不同心理需求的人们的需要。多元性也反映在包容性上,网络文化使人群与人群之间的差异性、独立性、创新性、宽容性得到认同。同时,网络文化使不同文化完全冲破了地域限制和时间限制,不同文化之间得以相互了解和沟通。

四是自由性。网络文化的自由特性体现在人们可以自由参与,自由发表言论,自由表达观点,自由选择行为方式,自由决定价值取向等方面。网络文化求同存异,具有很强的包容性和宽容度。由于网络突破了传统文化的各种限制,它为每一个上网用户提供了一个广阔的自由对话的领域。网络文化不仅增强了不同地域文化和传统文化之间的接触与交流,而且增加了不同文化背景下的个体之间的接触,为个体的异地联系提供了方便。人们在网上可以进行任意主题的、长时间的、多媒体形态的联络,这种文化联系的自由度是前所未有的。

第三,网络文化的主体特征。文化的主体是参与其中的人,网络文化也不例外。从主体特征的角度看,网络文化具有个性化、大众化、平民化和集群化的特征。

一是个性化。文化主体个性化的特征,在网络空间里得到淋漓尽致的体现。网络是虚拟、匿名的,给人们提供了充分展现自己个性的舞台。人们比从前任何时候更加容易接纳众多与众不同的观点,不论有些观点是多么奇异。各种跟帖评论、微信朋友圈、微博、微视频等都是网络文化个性化特征酣畅淋漓的体现。

二是大众化。网络文化的大众化体现在覆盖范围的广泛性和参与受众的广泛性上。网络使用者不分阶层、民族、贫富、老幼、男女等,都可以上网访问。它是一种几乎没有门槛、没有限制的文化交流与沟通载体。每个网民既是文化的生产者、创造者,又是文化的传播者、消费者。对一种观点、一种说法,网民往往会从新的角度提出自己的看法。由于互联网的匿名性和互动性,在网络上淡化、模糊甚至消除了作家与读者、记者、编辑与受众的区别和界限,使人人参与、人人是主角成为可能。

三是平民化。网络文化是"草根文化",有着很强的平民特征。在传统媒介上,普通民众缺少话语权。但在互联网时代,人人都有"麦克风"。人们不再仰视专家和学者,而是将他们的观点与自己掌握的知识进行比较分析,从新的角度提出自己的看法。对于社会热门话题,大到强国富民,小到菜篮民生,普通百姓都可以说三道四,评头论足。网络孕育了无数的"草根"名人。

四是集群化。网络文化呈现出多群体化的文化结构,尤其是在互联网发展到 Web 3.0 阶段,通过即时通信工具、微博、微信朋友圈等,人们在网络空间中建立群组极为方便。即使是某个人自己创建的个性栏目,都有可能会成为喜欢它的网民的群体文化的栖所与代表。网络文化的集群性还体现在多样性和自由选择上,一个人自己可以建自己的 QQ 群和微信群。

3. 网络文化的功能

网络文化的出现,是互联网这一新媒体出现的必然结果,它的功能不容小觑。一是传媒功能。互联网作为第四媒体,在信息传递方面的作用已经超越传统媒体,其实时性和交互性更是传统媒体所无法企及的。网络文化的受众之所以广泛,就是因为网络文化传媒功能存在。较强的传媒功能,使各种文化程度的人,都可以近距离接触网络,充分享受网络文化的富足和平实。

二是娱乐功能。互联网不仅是网民获取信息的重要途径,更是网民休闲娱乐的新方式。网络聊天工具和网络游戏的出现,赋予网络文化极大的娱乐功能,也极大地促进网络文化的发展。大部分人,特别是年轻人上网的直接目的,不再是获取信息,而是聊天交友或者玩网络游戏。数字娱乐时代的到来,让越来越多的年轻人开始用数字产品武装自己,而这些数字产品的获得和更新,大多依赖于互联网。音乐、视频、游戏、动漫等网络娱乐产品的流行,也极大地增强了网络文化的娱乐性。

三是交往功能。交往是人的社会本性,但人的交往方式、交往的时空范围受到交往工具、通信手段的制约。互联网打破了现实生活中的交往障碍,很多网民从素不相识到无话不谈。网络文化是人类 20 世纪最伟大的发明。"它以计算机技术和通信技术的融合为物质基础,以发送、接收信息为核心,以加强沟通为直接目的,影响人类的生活和思维方式,是人类信息交往的最新一次飞跃。"①网络社会是一个普遍交往的社会,存在于网络社会的普遍交往之中,掀开了人类交往史新的一页。网络社会使以往的交往模式发生了深刻的变化,使得世界性普遍交往成为一种现实的可能,也使得"交往"成为现时代的一个主题,成为人和社会的普遍存在方式。正是由于网络社会具有的普遍交往特征,有人甚至认为,当代社会的本质是全球化交往的社会。

四是传承功能。互联网不仅是科学技术,也是一种文化。它对传统文化的生产、流通和传播、接受方式产生深刻影响,促使传统文化生成模式的转型,而且网络自身蕴含着丰富的文化价值意蕴,构成了一种崭新的传承范式。数字图书馆博物馆艺术馆、期刊数据库、读书类网站和频道、思想学术类网站等,存储了大量的文化典籍、当代作品,陈列了大量的珍贵作品。

五是教育功能。任何一种形式的文化,都是以教育人、影响人为己任,网络文化也不例外。网络文化丰富的知识资源和实时的交流方式,可以提高学习者的学习兴趣,改变学习者的学习方式,让学习变成一个快乐的过程。每个人自主选择、自我教育,考验和锻炼着辨别是非、判断真善美的能力。

六是社会动员功能。网上出现了相互串联、组织追星活动的"粉客"族,更有出其不意、一闪即逝聚集活动的"闪客"族,以及一些自发的网上社团,形成了一种新的民间动员方式。特别是社会转型期频发的各类突发事件需要引起高度重视。

七是民意表达汇聚功能。网上表达的民意,主要聚焦于国家发展和

---

① 李钢、王旭辉:《网络文化》,北京:人民邮电出版社 2005 年版,第 16 页。

民生问题，既有期盼和意见建议，也有正当的利益诉求、合理的情绪宣泄，同时，牢骚怪话、偏激情绪也更甚于现实生活。

八是引领经济社会发展功能。互联网作为先进生产力，网络文化在引领传统经济转型升级等方面发挥着重大作用。

在 2020 年抗击新型冠状病毒肺炎期间，从传播疫情相关信息到隔离期间的交流交往再到网络教育和娱乐，以及社会动员、汇聚民意等，无不体现了网络文化的各种功能。

（二）文化建设

文化建设内在地凝结于社会发展的道路之中，是社会发展理论和制度的内在底蕴和精神基础。特别在当今时代，政治、经济等实践活动越是发展，其对精神动力和价值支撑的要求就愈加迫切，文化作为深层底蕴和内在根据所具有的机理性作用就更加凸显，文化建设的意义也就更加突出。

第一，文化建设是建设中国特色社会主义的重要内容。文化建设是党的十八大提出的"五位一体"总体布局的一个重要方面。中华民族数千年来历经磨难仍能团结统一、奋勇前行，这与中华文化蕴含的伟大民族精神凝聚、砥砺、激发着中华民族有极大关系。今天，我国步入了一个需要文化软实力并且要大力提升文化软实力的新时代，我们一定要加强文化建设。世界各国综合国力的竞争表面上看是经济、军事等"硬实力"竞争，其实这种竞争背后还隐藏着深层次的文化和价值观等"软实力"竞争。只有依靠精神文化的引领，一个国家和民族才能不断"化"出文明和谐的未来。

第二，文化建设是激励全党全国人民奋勇前进的精神力量。中国特色社会主义文化是激励着全党全国各族人民奋勇前进的精神标识。"中国优秀传统文化的丰富哲学思想、人文精神、教化思想、道德理念等,可以为人们认识和改造世界提供有益启迪,可以为治国理政提供有益启示,也可以为道德建设提供有益启发。"①激昂向上的革命文化孕育了对理想的坚守、对革命的激情、对献身精神的歌颂。在这样的文化引领下,共产党人和革命先烈挺起了中华民族坚强不屈的精神脊梁,使我们党一直保持旺盛的生命力、汇聚强大的战斗力。社会主义先进文化以马克思主义为指导,引领着社会风尚,教育人民树立和坚持正确的世界观、人生观、价值观、历史观、民族观、国家观、文化观、道德观等,以其蓬勃的生机活力和思想智慧为实现中华民族的伟大复兴提供动力。

第三,中国特色社会主义文化建设是建成社会主义现代化强国的价值观引领。文化影响着一个国家的发展进程,甚至可以改变一个民族的命运。国家的文化软实力体现为先进的文化价值观、深厚的思想积淀、合理的文化结构、强大的文化产业以及世界性的文化交往,它们构成了国家文化的精神引导力、思想凝聚力、主体创造力、结构整合力、产业发展和国际影响力。国家发展、民族振兴,文化的力量不亚于经济,在新的发展历史时期,全球化不断深入发展,科学技术的日新月异实现了文化思想的频繁交融,保证国家安全更加艰巨,对增强国家文化软实力的要求更加紧迫,文化的作用和地位日益凸显并越来越成为世界各国领导人治国理政和谋划发展战略的中心,成为综合国力比拼的重要领域。加强文化建设不仅能够为人们提供正确的方向指引,而且能够通过展示未来社会发展的目标,形成强大的牵引力,凝聚社会成员的个体力量,汇集社会发展的整体合力。努力建设社会主义文化强国,充分反映了党和人民

---

① 习近平:《在纪念孔子诞辰2565周年国际学术研讨会暨国际儒学联合会第五届会员大会开幕会上的讲话》,《光明日报》2014 年 9 月 25 日。

对文化的社会功能、历史作用、内在力量的深刻认知。在新的历史条件下大力加强社会主义文化建设,需要更加积极主动地发掘、铸造、增强文化的力量。

(三) 新时代网络文化建设

中国特色社会主义进入了新时代,"这是中国共产党作出的重大政治论断,是对世界发展大势和我国社会主要矛盾变化的新的准确把握"[①]。习近平总书记强调,"新时代是中国特色社会主义新时代,而不是别的什么新时代"[②]。党的十九大报告中用"三个意味着"清晰地说明了"新时代"的内涵。在新时代进行网络文化建设,需要从"服从"和"服务"两个层面去理解新时代网络文化建设。首先,从网络文化建设的适应性来讲,新时代的网络文化建设是要服从并服务于国家经济社会的发展,要与经济建设、政治建设、社会建设、文化建设、生态文明建设的发展相适应、相结合。其次,从网络文化建设的任务来讲,进行新时代网络文化建设,需要解决新时代所面临的社会主要矛盾。一个社会的主流价值观决定了社会的文化立场和文化取向,社会背景和社会环境决定了文化选择。而社会主要矛盾就是社会背景、社会环境最本质的体现,也决定了社会的主流价值观。新时代我国社会主要矛盾已经转化为人民日益增长的美好生活需要和不平衡不充分的发展之间的矛盾。

新时代网络文化建设就是指在新时代的历史条件下,围绕"人民群众对美好生活的向往"这一目标任务并体现一定价值取向的网络文化发展活动,它在国家、民族和经济社会中具有引领方向、提升思想、强健精

---

① 铁凝:《新时代中国文艺的前进方向》,《世界社会主义研究》2019 年第 2 期,第 88—89 页。
②《习近平新时代中国特色社会主义思想学习纲要》,北京:学习出版社、人民出版社 2019 年版,第 15 页。

神、提高素质、塑造灵魂的作用,有助于增强内在推动力、生命力、创造力、凝聚力、号召力,以及对外的竞争力和影响力。

由于网络文化是互联网时代文化的一种重要形态,网络文化与文化具有同构性。对于新时代网络文化建设的内涵,可以从新时代文化建设中得以窥探。党的十九大报告中指出:"中国特色社会主义文化是激励全党全国各族人民奋勇前进的强大精神力量"[1],"发展中国特色社会主义文化,就是以马克思主义为指导,坚守中华文化立场,立足当代中国现实,结合当今时代条件,发展面向现代化、面向世界、面向未来的,民族的科学的大众的社会主义文化,推动社会主义精神文明和物质文明协调发展。要坚持为人民服务、为社会主义服务,坚持百花齐放、百家争鸣,坚持创造性转化、创新性发展,不断铸就中华文化新辉煌"[2]。

这一论述对科学界定"新时代网络文化建设"有借鉴意义,一定程度上也是对新时代网络文化建设的发展道路作出指引,深刻揭示了新时代网络文化建设的内容、根脉、本源及发展的历史逻辑,明确了传统文化、革命文化和社会主义先进文化一脉相承的关系,是新时代网络文化建设的"风向标"。新时代网络文化建设的指导思想是马克思主义,所以我们必须要旗帜鲜明地反对和抵制各种反马克思主义观点,谨慎区分各种非马克思主义观点。"坚守中华文化立场,就是要坚持新时代网络文化建设与中华优秀传统文化的一脉相承性"。"立足现实"就是要结合当今的时代条件,这是新时代网络文化建设的立足点和着力点。坚持面向现代化、面向世界、面向未来是新时代网络文化建设的遵循方向和本质属性。

---

[1] 习近平:《决胜全面建成小康社会　夺取新时代中国特色社会主义伟大胜利——在中国共产党第十九次全国代表大会上的报告》,北京:人民出版社2017年版,第17页。
[2] 习近平:《决胜全面建成小康社会　夺取新时代中国特色社会主义伟大胜利——在中国共产党第十九次全国代表大会上的报告》,北京:人民出版社2017年版,第41页。

所谓面向现代化,是指我们的网络文化要坚持走中国特色社会主义文化发展道路,与社会主义民主政治和市场经济相适应,与社会主义现代治理体系相协调,从而实现中华民族伟大复兴的中国梦。所谓面向世界,是指坚持文明的多样性,维护各国网络文化的平等地位,相互尊重对方的网络文化,以开放包容的态度对待各国网络文化并与他国网络文化进行交流借鉴,从而滋养和壮大我们自己的网络文化。所谓面向未来,是指我们的网络文化主要是引导人民特别是广大青少年向前看,为着未来的理想而采用历史的、现实的和外国的资源,加以独立创造或者综合集成创造,实现固本开新、别开生面。^① 新时代文化建设的内涵要符合民族的、科学的、大众的"三个属性"。所谓民族的,是指我们要弘扬中国精神,维护中华民族的尊严和国家独立性。所谓科学的,是指以先进的科学理论为指导,弘扬科学思想和科学精神,坚持唯物主义辩证法,反对唯心主义,反对资本主义腐朽观念和封建残余。所谓大众的,是指我们要把文化为人民服务作为天职,满足人民群众对于精神文化的需求。

具体而言,开展新时代网络文化建设要把握好三个重点。一是把习近平总书记关于网络文化建设的重要论述贯彻到网络文化建设各方面。坚持习近平新时代中国特色社会主义思想,特别是习近平总书记关于网络文化建设的重要论述在新时代网络文化建设领域的指导地位,是具体的、现实的,不是抽象的、空洞的,新时代网络文化建设领域的一切环节都要紧紧围绕这一思想来展开、来推进。无论是网络文化的内容供给、传播环节、服务机制、治理方式、人才支撑,都必须坚持和巩固这一思想理论,传播先进文化、弘扬主流价值,确保中国网络文化建设始终沿着正确方向前进。二是总结运用新时代网络文化建设的成功经验。准确把

---

① 汤恒:《文化自信的来源及价值》,《红旗文稿》2017 年第 18 期,第 4—9 页。

握新时代新要求,深化对党的基本理论、基本路线、基本方略的研究,为理论创新创造提供学理支撑。坚持用中国理论阐释中国实践,用中国实践发展中国理论,以网络文化建设实践为中心,加大对新时代网络文化建设重大理论问题、重大现实问题、重大实践经验研究总结的力度,不断增强理论解释力、话语说服力、实践推动力。三是落实网络意识形态工作责任制。建立网络意识形态工作责任制,是加强党对网络意识形态工作全面领导的重大举措。坚持党管网络文化不动摇,压紧压实做好网络意识形态工作的政治责任、领导责任,把网络意识形态工作领导权牢牢掌握在党的手中,不断增强网络意识形态领域的主导权和话语权。互联网阵地是网络意识形态工作的基本依托,要完善阵地建设和管理制度,落实好主管主办和属地管理原则,做到守土有责、守土负责、守土尽责,决不允许出现法外之地、舆论飞地。同时,注意区分政治原则问题、思想认识问题、学术观点问题,坚持具体问题具体分析,是什么问题就解决什么问题,既不能把小事说大、搞"泛政治化",也不能把大事说小,搞"去意识形态化"。

二、新时代网络文化建设的理论依据

新时代网络文化建设是中国特色社会主义文化建设的重要构成部分。我们党关于网络文化建设的相关理论和实践有着深刻的理论渊源和实践背景,它是在互联网时代背景下,对马克思主义文化思想的继承和发展,是对中国特色社会主义文化建设的理论总结和提升。

(一) 马克思、恩格斯的文化建设思想

马克思、恩格斯的经典著作中,很少直接使用"文化"的概念,并没有

对文化思想作出系统而明确的阐述,但这并不意味着文化思想在其思想体系中的缺位。实际上,他们的经典著作中蕴含着丰富而深刻的文化思想。总体来说,马克思、恩格斯在运用和阐释文化的内涵时,基本上有两种倾向。一个是在广义上指认文化包括了物质生产、社会制度和精神生活等内容,甚至经常性地用文明来代指文化;一个是在狭义上把文化理解为精神生产、意识形态和知识体系,在使用时也多以精神生活、意识形态、社会意识等代替文化概念的使用。总体来说,马克思、恩格斯提出和建构了以辩证唯物主义和历史唯物主义为哲学基础的文化思想,真正推动和实现了文化理论范式的革命性变革,从而产生广泛而深远的影响。

1. 辩证唯物主义和历史唯物主义是马克思、恩格斯的文化思想的哲学基础

辩证唯物主义和历史唯物主义的基本原理告诉我们,社会存在决定社会意识。"人们在自己生活的社会生产中发生一定的、必然的、不以他们的意志为转移的关系,即同他们的物质生产力的一定发展阶段相适合的生产关系。这些生产关系的总和构成社会的经济结构,即有法律的和政治的上层建筑竖立其上并有一定的社会意识形态与之相适应的现实基础。物质生活的生产方式制约着整个社会生活、政治生活和精神生活的过程。"①马克思、恩格斯的文化思想的基点是"现实的人",积极关注现实的人的生存环境和实践活动。马克思、恩格斯正是从"现实的人"的实践出发,把文化的产生理解为实践活动的产物,是对现实的人的现实生活过程的精神表达和体现。随着物质生产与生活的变化,精神文化也会随之发生变化。

与此同时,马克思、恩格斯指出,社会意识不是独立存在的,而是具

---

① 《马克思恩格斯选集》第 2 卷,北京:人民出版社 1995 年版,第 32—33 页。

有相对的独立性。物质生产生活对精神文化生产的决定性作用是从归根结底的意义上来理解的,精神文化及其生产获得了独立性外观之后,这种"决定性"作用是要经过诸多中间环节的,并不是总是和精神文化生产发生直接性的联系,这些中间环节不仅包括社会结构、政治生态等等,还包括以往的精神文化观念要素的历史性积累和传承,这也就是为什么在经济落后的国家也会产生先进的精神文化的原因。所以,我们理解这里的"决定性"作用的时候,不要陷入机械主义,不要陷入经济决定论;而是要看到精神文化生产的自有逻辑。同时,精神文化具有能动性作用。精神文化中的社会意识形态及其交互作用,会反作用于经济社会发展。正如恩格斯所指出:"政治、法、哲学、宗教、文学、艺术等等的发展是以经济发展为基础的。但是,它们又都互相作用并对经济基础发生作用。"①具体而言,先进的精神文化可以推动生产力的发展,成为社会变革的先导性力量。反之,就会成为阻碍生产力发展的力量。

2. 文化的意识形态性

从一般性的认知来看,马克思、恩格斯在否定意义上理解和运用意识形态概念。实际上,马克思、恩格斯并不是否定意识形态的客观存在和作用,而是否定那些脱离了客观实践的在头脑中完成了的意识形态,反对的是唯心主义。马克思、恩格斯正是通过对宗教、法哲学、政治经济学、意识形态等的理论批判,在文化层面上发动了对传统历史观、文化史观的彻底批判,进而同唯心主义彻底决裂。他们把德国的唯心主义哲学称为德意志意识形态,是一种虚假的意识。马克思、恩格斯在否定意义上使用意识形态归根结底是对资产阶级意识形态的否定,对唯心主义哲学观的否定。

①《马克思恩格斯选集》第4卷,北京:人民出版社1995年版,第732页。

在今天的意义上来看，马克思、恩格斯对以政治思想、道德、宗教、法律、艺术等（观念的上层建筑）为主要形式的上层建筑的论述，其实就是对意识形态问题的直接指涉。在这个层面上，文化意义上他们并没有否定意识形态的存在。他们对于"思想体系""阶级意识""观念"等概念的表述和运用，其实也就是意识形态式的表述和运用，从而体现出文化的阶级性和意识形态属性。"统治阶级的思想在每一时代都是占统治地位的思想。这就是说，一个阶级是社会上占统治地位的物质力量，同时也是社会上占统治地位的精神力量。支配着物质生产资料的阶级，同时也支配着精神生产的资料，因此，那些没有精神生产资料的人的思想，一般的是隶属于这个阶级的。"①在阶级社会中，占统治地位的精神文化归根结底是统治阶级的精神文化。统治阶级也会借助文化的形式，把自身的阶级意识灌输给社会成员，从而维护自身的根本利益。正如资产阶级的道德、法律、宗教等归根结底是资本主义生产关系和私有制的产物一样，在阶级社会里不存在某种超阶级的文化观念。这便是文化的意识形态属性的根本体现。

3. 文化的本质

一方面，马克思、恩格斯从精神文化生产的意义上阐发对文化本质的理解。人作为有意识的类存在物，通过劳动实践改造客观世界、改造人本身。精神生产是社会实践的结果，是人类特有的认识活动，是意识生产的高级形式。换言之，人类的精神文化是在一定的物质生活条件下形成和发展的，不同的物质生活条件造就了不同特性、不同样态的文化形式。可以说，精神文化是在人的劳动实践中创造出来的，但这种创造又不是随心所欲的，它受制于一定的实践条件。需要按照精神文化发展

---

① 《马克思恩格斯选集》第 1 卷，北京：人民出版社 1995 年版，第 98 页。

的内在逻辑和规律,在继承和批判以往的精神文化资源的基础上,在现有的实践条件下展开具体的文化的创造活动。

另一方面,马克思、恩格斯通过对人的本质的揭示来阐发对文化本质的理解。马克思、恩格斯基于对人与自然关系的考察,认为人的类特性体现为自由自觉的、有意识的活动,从而把人同动物区别开来,从而进一步认为人的本质"在其现实性上,它是一切社会关系的总和"[①]。这种自由自觉的、有意识的活动具体又通过人对客观世界的改造体现出来,即对象化活动。在对象化活动过程中,人会把自我的内在尺度运用到客观对象上去,不断把自身内在的本质力量对象化为外在客观世界,使其能够体现和反映人的内在目的和需求乃至审美标准,这样被创造出来的物也就有了"人"的意义,从而成为文化的物质承载体。在这个过程中,文化的物质形态和精神形态都被创造出来。文化形式一旦被创造出来,又反过来影响人、改变人。正如有学者所指出:"以客体形式存在的文化作用于文化主体并转化为文化主体内在的能力、素质和精神境界,把人的思想、品质、生活方式等提升到较为精深、高尚、完美的程度,从而文化又获得了主体的存在形式。"[②]可见,文化既有客体的存在形式,也有主体的存在形式。这个有机统一的过程就是"人化"和"化人"的有机统一,这种统一归根结底是在"现实的人"改造客观世界和改造自我的主观世界中完成的。这即是文化的本质。

(二) 列宁的文化建设思想

列宁的文化建设思想同样建立在辩证唯物主义和历史唯物主义哲

[①]《马克思恩格斯选集》第 1 卷,北京:人民出版社 1995 年版,第 60 页。
[②] 胡海波:《马克思恩格斯文化观研究》,东北师范大学博士学位论文,2010,第 73 页。

学基础之上。列宁立足于俄国革命以及社会主义建设的实践，继承和发展了马克思恩格斯的文化思想，形成了一个内涵十分丰富、体系比较完整且特色鲜明的文化思想体系。列宁的文化思想植根于无产阶级革命和苏俄社会主义建设实践，不仅具有彻底的批判性特征，还具有博大的包容性；既有理论上的深刻阐发，又体现出战略性、策略性特点，从而为苏俄的社会主义文化建设指明了方向、提供了有效路径。

1. 文化领导权思想

文化领导权思想是列宁文化思想的重要构成部分，始终贯穿其文化思想的始终。列宁强调，无产阶级不仅要建立自己的无产阶级政权，还要全面开展社会主义的经济建设和文化建设。建立政权后的苏维埃要想建立和发展无产阶级文化，就要夺取文化领导权。

第一，哲学是讲究党性的，这一原则在文化领域的运用，要求无产阶级文化必须体现和保证社会主义的发展方向。具体而言，就是要体现无产阶级的政治立场，坚守无产阶级的文化阵地，尤其是要占领和巩固无产阶级的教育阵地。列宁指出，教育机构尤其是学校应该体现无产阶级专政的功能，乃至成为无产阶级专政的工具。学校教育一定要体现政治性，不能对政治不闻不问。教育机构和教育工作者要积极传播党的理论、思想和精神，应该同党和党的思想保持紧密的联系，积极贯彻党的精神；应该把工人群众紧密团结在自己的周围，以共产主义精神教育他们，使其关心共产党员所做的事情。① 只有如此，才能巩固无产阶级教育阵地。与此同时，列宁特别强调要加强对无产阶级自身的教育。文化领导权的实质就是获得意识形态领导权，列宁主张应加强政治宣传，通过外部灌输的方式，促使工人阶级获得自觉的阶级意识，实现对马克思主义

---

① 《列宁专题文集：论社会主义》，北京：人民出版社 2009 年版，第 173—174 页。

政党的政治认同,从而形成统一的价值观。

第二,列宁同时强调坚持党对文化的领导权是国家文化建设必须遵循的根本原则,苏维埃政党真正代表了无产阶级,在文化建设过程中要发挥领导核心的作用,因此要高度重视无产阶级政党对文化的领导和监督工作。具体而言,就是要做好对文学以及党的出版物的领导监督工作,明确其无产阶级性质,使之能够积极维护党的权威并接受党的监督。由此,列宁把文化的党性原则贯彻到实际工作之中。只有如此,才能保证党的出版物不会沦为资本谋取利益的工具,从而牢牢把握国家意识形态的话语权。与此同时,列宁强调文化的党性又是与文化的人民性相统一的,强调文化创造尤其是文学艺术的创造根源于现实生活,要接受现实社会生活的检验。发展文化要依靠人民,同时文化发展成果也要为人民所共享,要善于用积极健康的文艺作品影响群众。总之,国家的文化建设需要以马克思主义为根本指导,在苏维埃政党的领导下建设社会主义新文化。

2. 文化革命和文化建设思想

俄国革命是在经济文化落后的条件下发生的。革命成功后,列宁强调要补上文化革命和文化建设的课。因为社会主义建设绝对不可能建立在落后的经济文化基础之上。列宁对这一点有着十分清醒的认识,所以在革命胜利之初就号召进行社会主义文化建设。否则,就不会有社会主义的最终胜利。列宁首先论述了文化革命与政治、经济变革的辩证关系。他指出政治变革是文化革命的政治前提,同时通过文化革命又可以巩固政治变革的成果;而政治变革和文化革命又可以促进经济变革。基于这种辩证的认识,列宁指出文化建设是社会主义建设的重要组成部分,同时文化建设具有长期性,要循序渐进,不可冒进。在具体策略上,列宁指出:

第一,加强党内文化建设。在经济文化落后的状况之下,一部分干部缺乏政治教养,而人民群众缺乏同不良政治风气作斗争的能力,从而导致党内官僚主义、拖拉作风等问题的出现。由此,加强社会主义文化建设首先就是要加强无产阶级政党内部的文化管理和建设,通过普及科学文化知识,提高党员的文化水平和文化素养,提高党员的思想觉悟,发展党的文化事业,从而维护党的领导核心地位。

第二,加强共产主义道德建设。列宁在《青年团的任务》中使用了"共产主义道德"一词,认为"实现共产主义一代新人"需要加强共产主义道德教育,这是建设社会主义和共产主义的重要思想保证。广大青年需要认真学习马克思主义,善于用人类创造的全部文明成果和知识财富来不断丰富和武装自己的头脑。只有如此,才能培养青年人成为真正的共产主义者。也只有学习和运用好马克思主义这一思想理论武器,用马克思主义世界观来武装人民群众,才能坚定共产主义理想和信念,把青年培育为具有共产主义信仰的一代新人。

第三,大力发展教育事业。文化的落后不仅影响国家的经济建设,还会直接影响国家的民主政治建设。因为人民群众参加国家管理需要一定的文化知识,否则就不具备相应的参与政治的能力。为了改变文化落后的面貌,列宁提出要大力发展教育,通过教育提倡科学、反对迷信,扫除文盲,从而不断提高人民群众的知识文化水平。为了发展好教育,就要努力提高教师队伍整体的地位、待遇和素质,不断增加教育经费的投入,进而建设一支庞大的、有坚定政治信仰的教师队伍,使之成为无产阶级教育事业的生力军,成为苏维埃政权的支柱。

第四,列宁提出来还要辩证地对待文化遗产,继承和发扬进步文化,摒弃反动文化,反对全盘肯定或全盘否定的文化观念。他指出,苏维埃政权虽然摧毁了资本主义,"但仅靠摧毁资本主义,还不能填饱肚子。必须取得资本主义遗留下来的全部文化,用它来建设社会主义。必须取得全部科学、技术、知识和艺术。没有这些,我们就不能建设共产主义社会的生活。"[①]他还指出:"马克思主义这一革命无产阶级思想体系赢得了世界历史性的意义是因为它并没有抛弃资产阶级时代最宝贵的成就,相反的却吸收和改造了两千多年来人类思想和文化发展中一切有价值的东西。"[②]只有全面继承人类创造的所有文明成果,才能真正建设好社会主义文化。由此可见,列宁对文化问题的思考具有极强的自觉性,深刻体现了其文化思想的包容性特征。

(三) 中国共产党历代主要领导人的文化建设思想

1. 毛泽东的文化建设思想

毛泽东不仅重视政治和经济建设,也特别重视社会主义文化建设。在社会主义革命和建设实践过程中,毛泽东从我国国情出发,以马克思主义文化理论为指导,兼收并蓄中西文化,形成了毛泽东的文化建设思想。

第一,民族的科学的大众的新民主主义文化观。毛泽东于 1940 年在《新民主主义论》中提出要建设民族的科学的大众的文化,并特别强调"民族的科学的大众的文化,就是人民大众反帝反封建的文化,就是新民主主义的文化,就是中华民族的新文化"。文化的民族性主张维护中华民族的独立和民族尊严,要结合本民族的特点发展和建设文化,从而形成具有鲜明民族形式和民族风格的新文化;文化的科学性主张破除封建思想和封建迷信,秉持实事求是的科学精神以获取客观真理,从而把真

---

①《列宁全集》第 36 卷,北京:人民出版社 1985 年版,第 48 页。
②《列宁选集》第 4 卷,北京:人民出版社 2012 年版,第 299 页。

理运用到革命和建设实践之中，实现理论与实践的有机统一；文化的大众性主张文化归根结底要服务于人民大众，这种服务大众的文化价值观实质就是一种民主的文化价值观。

第二，文化发展的人民性。在毛泽东的文化建设思想中，他十分强调"为人民服务"的根本立场。他指出，"这种新民主主义的文化是大众的，因而即是民主的"①。新民主主义社会是人民的社会，这种社会的文化也应该是以人民为出发点，站在人民的角度处理问题，为人民服务。这种观念不仅反映了全体工农群众的根本利益，而且以人民为出发点，把他们的生活实践作为"革命文化的无限丰富的源泉"。此外，毛泽东强调，社会主义文化建设要在中国共产党的正确领导下，坚持马克思主义思想为指导，坚持为人民服务，为社会主义现代化建设服务的正确方向。这是马克思主义群众史观在文化领域的贯彻和运用。毛泽东同志特别强调"文艺来源于生活"的观点，指出"人民生活中本来存在着文学艺术原料的矿藏……它们是一切文学艺术的取之不尽、用之不竭的唯一的源泉"②。这要求广大文艺工作者一定要和人民群众保持密切的联系，文化创作要走进群众，扎根人民群众的实际生活，文化生产要满足人民群众的精神文化需求。毛泽东对文化人民性的有关论述，深刻体现了我们党的根本性质，体现了全心全意为人民服务的根本宗旨。

第三，"百花齐放、百家争鸣""古为今用、洋为中用"的文化发展方针。1956年，在中共中央政治局扩大会议上，毛泽东正式提出"百花齐放，百家争鸣"的方针，以指导我国科学文化事业的发展。这一观点在1957年的《关于正确处理人民内部矛盾的问题》中再次得到强调，毛泽

---

① 《毛泽东选集》第 2 卷，北京：人民出版社 1991 年版，第 708 页。
② 《毛泽东选集》第 3 卷，北京：人民出版社 1991 年版，第 860 页。

东指出，"百花齐放、百家争鸣的方针，是促进艺术发展和科学进步的方针，是促进我国的社会主义文化繁荣的方针"。具体来说，就是不同形式、不同风格的文化艺术形式要竞相发展，不同派别、不同观点的学术思想要自由争论、相互交流融合，从而实现文化发展的多样化，呈现出生气勃勃的发展生机，促进社会主义文化的全面发展繁荣。同时，毛泽东在对待中西文化的问题上，还积极主张"古为今用、洋为中用"。一方面，发展中国的新文化不能脱离中国的传统文化，对待中国传统文化既不能全盘肯定也不能全盘否定，而是在批判中继承，在继承中发展。毛泽东还特别指出了两种对待中国传统文化的错误观点：一个是民族虚无主义，一个是保守主义。前者表现为对西方文化的盲目崇拜，从而丧失对自己民族文化的文化信心；后者则是因不善于学习新文化而固步自封、因循守旧。另一方面，在对待西方文化问题上，他主张要善于学习和借鉴西方文化中优秀的部分来发展社会主义文化。他曾形象地指出，对待西方文化就像消化食物一样，分解出精华和糟粕，而不能毫无批判地全部吸收。"百花齐放、百家争鸣""古为今用、洋为中用"的文化发展方针具有深远的意义，为我国社会主义文化建设提供了根本指南。

2. 邓小平的文化建设思想

邓小平的文化建设思想是邓小平理论的重要构成部分，进一步丰富和发展了马克思主义文化思想，体现了解放思想、实事求是的精髓，为中国特色社会主义文化建设和发展指明了方向。

第一，培育社会主义"四有"新人。邓小平继承和发展了马克思主义关于人的自由全面发展的理论，结合中国特色社会主义文化发展的现实要求，提出把人民尤其是广大青年培养成为"有理想，有道德，有文化，有纪律"①的社会主义新人。有理想就是要坚持以马克思主义为指导,具有坚定的共产主义信仰;有道德就是培育共产主义道德,提高人们的道德修养;有文化就是要加强学习,拥有先进的科学文化知识,提高文化修养;有纪律就是遵守国家法律和社会规范,做遵纪守法的好公民。通过培育社会主义"四有"新人,来普遍提高人们的科学文化素质和思想道德素质,改善整个社会的风气,树立社会主义新风尚。

第二,教育发展要坚持"三个面向"。培育"四有"新人根本要靠教育,国家发展更要靠教育。如何发展教育?邓小平提出,"教育要面向现代化,面向世界,面向未来"②。一方面,教育要为社会主义现代化建设服务。我国的社会主义现代化建设离不开人才培养。这需要我们尊重知识、尊重人才,不断改善教育方式和教育内容,努力提高教育水平,以培养更多的高质量、高素质人才。另一方面,教育要放眼国际,体现国际视野,要善于吸收世界文明成果,博采众长,以实现创新发展;要善于向西方发达国家学习,学习其先进的教育方式方法和管理经验,培养出具有世界眼光的人才。与此同时,教育要具有前瞻性。正所谓十年树木,百年树人。教育一定要有领先意识、创新意识,通过制定科学的教育发展规划,不断把我国社会主义教育提升到新的水平。可以说,"三个面向"的提出,为我国教育文化事业的发展提供了行动指南,为制定教育发展战略指明了方向,为推进中国特色社会主义文化建设奠定了基础。

第三,"科技是第一生产力"。建设和实现社会主义现代化,发展科学技术是关键环节。只有不断实现科学技术的发展和创新,才能为社会主义现代化建设提供源源不断的驱动力。邓小平强调:"没有现代科学

---

①《邓小平文选》第3卷,北京:人民出版社1993年版,第110页。
②《邓小平文选》第3卷,北京:人民出版社1993年版,第35页。

技术,就不可能建设现代农业、现代工业、现代国防。没有科学技术的高速发展,也就不可能有国民经济的高速度发展。"①基于此,邓小平提出了"科学技术是第一生产力"②的著名论断,创造性地继承和发展了马克思主义关于科学技术是生产力的基本原理。具体而言,科学技术发展水平是一个国家综合国力的重要表征,是推进经济社会和文化发展的关键力量。邓小平深刻借鉴发达国家经济社会发展的经验,立足中国人口多、底子薄,生产力不发达这样的基本国情,从实践出发,要求积极发展科学技术,是审时度势的重要判断。事实证明,只有领先的科学技术才能在世界竞争中立于不败之地。正是基于这种思想,邓小平把信息产业、通讯业等先进科技的发展作为国家发展的重点任务来抓,提出电子计算机就是先进生产力的代表,要积极开发信息资源,服务于社会主义现代化建设。这都为我国于 20 世纪 90 年代中期成功接入国际互联网及其后续的快速发展奠定了良好的基础和条件。

第四,坚持"两手抓,两手都要硬"。在社会主义建设实践中,如何处理好经济社会建设和文化建设之间的关系是一个重要的问题。邓小平深刻地提出了"两手抓,两手都要硬"的著名论断。改革开放的推进,一方面促进我国经济社会的快速发展,与此同时,人们的价值观念越发多元化,尤其是西方国家资本主义文化也涌入进来,甚至西方敌对势力对我国展开了和平演变的图谋。面对复杂的国际国内形势,在坚持对外开放、发展经济的同时,还要做好其他方面的各项工作。结合不同的工作实践,邓小平在多种场合阐明了要一手抓经济政策、一手打击经济犯罪,一手抓建设、一手抓法制,一手抓改革开放、一手抓惩治贪污腐败等思想

①《邓小平文选》第 2 卷,北京:人民出版社 1994 年版,第 86 页。
②《邓小平文选》第 3 卷,北京:人民出版社 1993 年版,第 274 页。

观点。正是在社会主义实践过程中，邓小平不断拓展和深化关于两手抓的思想，并把"两手抓，两手都要硬"的指导思想贯彻到社会主义建设的各个方面。在关于社会主义文化建设方面，他更加明确地指出："不加强精神文明的建设，物质文明的建设也要受破坏，走弯路。"[①]"我们要建设的社会主义国家，不但要有高度的物质文明，而且要有高度的社会主义精神文明。"[②]由此要求既抓物质文明建设，又要抓社会主义精神文明建设，要学会两条腿走路，要彻底改变以为物质文明建设好了，精神文化自然就建设好了的错误思想和做法；要彻底改变以为经济政治发展了，文化就自然得到发展的庸俗的唯物主义论调。总体来说，邓小平特别强调经济建设、政治建设和文化建设的协调统一关系，强调在经济政治建设的同时，必须加强文化自身的建设。这是邓小平对马克思主义矛盾分析法的正确运用，为我国社会主义文化建设指出了正确发展之路。

3. 江泽民的文化建设思想

江泽民的文化建设思想直接继承、创新和发展了毛泽东、邓小平的文化建设思想，继续丰富和发展了马克思主义的文化建设思想，提出并回答了一系列发展中国特色社会主义先进文化的重要理论和实践问题。

第一，中国共产党要始终代表先进文化的前进方向。江泽民从全面总结党的历史经验和如何适应新形势新任务的要求出发，坚持以发展着的马克思主义指导中国特色社会主义实践，在准确把握世情国情的基础上，提出了"三个代表"重要思想，即中国共产党要始终代表中国先进生产力的发展要求，要始终代表中国先进文化的前进方向，要始终代表中国最广大人民的根本利益。坚持什么样的文化发展方向，建设什么样的

---

① 《邓小平文选》第 3 卷，北京：人民出版社 1993 年版，第 144 页。
② 《邓小平文选》第 2 卷，北京：人民出版社 1994 年版，第 367 页。

文化形态,这是加强和推进中国特色社会主义文化建设的关键。"三个代表"重要思想中关于中国共产党要始终代表先进文化的前进方向即要求党的理论、路线、纲领、政策、方针等,必须全面体现发展要面向现代化、面向世界、面向未来的,民族的科学的大众的社会主义文化的要求,促进全民族思想道德素质和科学文化素质的不断提高,为我国经济发展和社会进步提供精神动力和智力支持。中国共产党既要高举先进文化的旗帜,同时又要代表先进文化的前进方向,这深刻体现了党的根本性质,反映了党的历史使命。而如何发展社会主义先进文化,关键是要加强创新,创新才是建设和发展社会主义先进文化的根本动力。文化创新具体体现为理论创新、科技创新、体制创新、知识创新等诸多方面。在改革开放过程中,只有立足中国特色社会主义实践,不断创新我国的文化体制机制、丰富社会主义文化发展的内容,从而开辟中国气派的文化创新之路,才能实现社会主义文化的大繁荣大发展。

第二,要大力促进科技进步与创新。现时代,文化要素越来越成为提升国家综合国力的关键要素,代表一个国家的软实力。而文化实力在当今时代背景下集中体现为一个国家的科技实力,换言之,以科技为核心的先进的科技文化业已成为先进生产力的代表和体现,对提高综合国力起着重要的作用。江泽民说:"科学技术是第一生产力,而且是先进生产力的集中体现和主要标志。"[1]它会直接影响国家的经济、军事等领域的实力,关系社会主义物质文明建设,同时关系人民群众科学文化素质的提高和生活方式、生活水平的改善,是社会主义精神文明建设的重要基石。江泽民又指出:"现代科学技术正在经历着深刻的革命,大力发展我国科学技术,从总体上逐步缩短同发达国家的差距,努力接近和赶上

---

[1]《江泽民文选》第 3 卷,北京:人民出版社 2006 年版,第 275 页。

世界先进水平，是摆在全党全国各族人民面前的一项紧迫任务。我们要坚持把科学技术放在优先发展的地位，坚持依靠科技进步来提高经济效益和社会效益。"①江泽民高度重视我国的科技进步与创新发展问题，特别强调科学技术是现代社会进步的决定性力量，成为发展先进生产力的主导因素，这需要我们大力实施"科教兴国"战略，努力提高我国的自主创新能力。为此，国家要坚持教育为本的指导方针，把教育摆在经济社会发展的优先位置，培养高质量、高素质科技人才，以不断增强我国的科技创新能力。此外，江泽民还提出了发展网络的方针政策："积极发展，加强管理，趋利避害，为我所用。"②在加强我国自身网络领域发展的同时，也要注重提升在全球网络领域发展中的影响力。抓住时代发展机遇的同时，也要积极应对在信息化发展过程面临的挑战。江泽民从两个方面着手，推动我国信息网络的发展，一方面是积极推进信息网络基础设施方面的建设，另一方面是大力加强信息网络管理方面的建设。在网络管理方面特别提出要注重信息安全和网络安全的保障，并指明了相应的方法和措施，包括要意识到网络安全和网络健康发展的重要性，完善相应的法律法规以规范网络健康发展，以及我国信息网络的发展要国际化，加强国际交流与合作。

第三，繁荣和发展社会主义文化事业和文化产业。繁荣和发展社会主义文化事业是整体推进中国特色社会主义伟大事业的重要组成部分。江泽民高度重视我国的文化事业发展问题，强调要坚持文化建设工作为人民服务、为社会主义服务的"二为"方向以及"百花齐放、百家争鸣"的"双百"方针，指出这是推进我国文化事业发展的基本规律，是建设社会

①《论科学技术》，北京：中央文献出版社 2001 年版，第 3 页。
②《江泽民文选》第 3 卷，北京：人民出版社 2006 年版，第 103 页。

主义先进文化的重要保证。在这一方针的指导下,繁荣和发展社会主义文化事业和文化产业就要促进我国文化市场的健康有序发展。在具体操作过程中,就要"一手抓繁荣、一手抓管理",保证社会主义文化事业和文化产业发展的有序性。一方面要加强文化方面的法律法规建设,建立健全适应社会主义市场经济运行的文化产业经营管理体制和运行机制,来培育和发展开放而又健康、有序的社会主义文化市场。另一方面要使得文化产品能够反映社会主义精神文明建设的优秀成果,创作和传播积极健康的作品,弘扬社会主义主旋律;要坚决杜绝低俗、庸俗的毒害人民群众精神健康的糟粕文化产品。与此同时,发展社会主义文化产业要处理好经济效益和社会效益之间的关系,既要讲究经济效益,但更要讲究社会效益。江泽民就特别指出:"发展各类文化事业和文化产业都要贯彻发展先进文化的要求,始终把社会效益放在首位。"①只有通过多方面的努力,才能繁荣和发展社会主义文化事业和文化产业。而伴随信息化、网络化的发展,江泽民特别强调互联网已成为"一个新的思想文化阵地和思想斗争阵地"②,要充分把网络发展与经济社会发展结合起来,促使互联网更好地"为我们的改革和发展服务,为传播我们的思想文化服务"③,使得互联网"成为传播先进文化的重要阵地"④。

4. 胡锦涛的文化建设思想

在建设中国特色社会主义的实践过程中,胡锦涛逐步形成了自己的文化建设思想,内容涉及社会主义文化建设的方方面面,丰富和发展了马克思主义文化理论,对于实现中国特色社会主义文化的繁荣发展作出

①《十四大以来重要文献选编(上册)》,北京:人民出版社 1996 年版,第 657 页。
②《江泽民文选》第 3 卷,北京:人民出版社 2006 年版,第 94 页。
③《论中国信息技术产业发展》,上海:上海交通大学出版社 2009 年版,第 263 页。
④《江泽民文选》第 3 卷,北京:人民出版社 2006 年版,第 559 页。

重要贡献。

第一，建设社会主义核心价值体系，学习和践行社会主义核心价值观。在党的十六届六中全会上，胡锦涛提出建设"社会主义核心价值体系"这一重大命题。它包括四个方面的基本内容，即马克思主义指导思想、中国特色社会主义共同理想、以爱国主义为核心的民族精神和以改革创新为核心的时代精神、社会主义荣辱观。

党的十七大报告明确指出："社会主义核心价值体系是社会主义意识形态的本质体现。"一是马克思主义是中国共产党的根本指导思想，是社会主义核心价值体系的核心，是我国主流意识形态的内核，决定着中国特色社会主义建设的根本方向和根本性质。这要求我们坚持和巩固马克思主义的根本指导地位，在纷繁复杂的社会思潮中辨明是非，把握根本原则。二是中国特色社会主义是全党全国各族人民团结奋斗的一面旗帜，是把我国建设成为社会主义现代化强国，实现中华民族伟大复兴的根本保证。只有坚定不移地走中国特色社会主义道路，树立中国特色社会主义共同理想，才能实现发展，才能造福人民。要用中国特色社会主义共同理想鼓舞人民、团结人民，不断巩固全党全国各族人民团结奋斗的共同思想基础。三是爱国主义是中华民族的优良传统，体现了中华民族的责任担当和崇高精神。在新的时代背景下，我们要继续弘扬伟大的爱国主义精神，勇担民族复兴的大任；同时，在新的历史时期，也正是中国人民以勇于改革的气魄和精神，谱写了中国改革开放的新篇章，取得了举世瞩目的新成绩。只有把这种民族精神和时代精神相结合，才能继续推进中国特色社会主义伟大实践。四是以"八荣八耻"为基本内容的社会主义荣辱观引领社会风尚，明荣辱、知廉耻，建设风清气正的社会主义文化，奠定社会主义道德基础，建设好中华民族的精神家园。在建设社会主义核心价值体系的基础上，党的十八大又进一步提出和阐发

了社会主义核心价值观的基本内容，即倡导富强、民主、文明、和谐，倡导自由、平等、公正、法治，倡导爱国、敬业、诚信、友善。要求积极培育和践行社会主义核心价值观，牢牢掌握意识形态工作领导权和主导权。

第二，提高国家文化软实力。胡锦涛高度重视国家文化软实力建设，这是保障我国意识形态安全，提升综合国力的必要之举。

一是建设和谐文化。胡锦涛强调，坚持科学发展观，建设社会主义和谐社会。建设和谐社会包含了建设和谐的社会主义文化。胡锦涛指出："和谐文化促进社会和谐，是和谐社会建设的标志、条件和任务。"①和谐文化的建设体现了中国传统文化的基本精神，体现了社会主义文化的先进性要求，是推动中国特色社会主义文化大繁荣大发展的关键。和谐是包含着差异的和谐，建设社会主义和谐文化，一方面要坚持马克思主义的根本指导，建设社会主义核心价值体系；另一方面要促进不同文化之间的交流融合，做到兼容并包、和谐发展。

二是发展文化生产力。在党的十六届四中全会上，胡锦涛提出了"要加快文化生产力的发展"②的重要命题。由此"文化生产力"成为一个重要概念，明确文化是生产力中不可缺少的因素，这是对邓小平"科学技术是第一生产力"思想的进一步发展。这需要通过大力发展文化产业，使之成为我国经济发展的主导性产业。具体来说，需要不断深化我国文化体制改革，提高文化产品的生产和服务水平，积极鼓励文化创新，实现多样化文化资源的有效配置，提高文化发展的社会效益和经济效益。

三是增强文化凝聚力。文化凝聚力和吸引力体现社会成员对本民

---

① 胡锦涛：《在中国文联第八次全国代表大会、中国作协第七次全国代表大会上的讲话》，《人民日报》2006 年 11 月 11 日。
②《十六大以来重要文献选编（下册）》，北京：中央文献出版社 2008 年版，第 372 页。

族文化的自觉认同，体现一个民族在文化上的自尊心与自信心。提升社会主义文化的凝聚力和吸引力，是提高我国文化软实力的重要一环。这需要我们坚持马克思主义指导思想的根本地位不变，用马克思主义中国化的最新成果武装全党、教育人民。这需要我们继承和弘扬中华优秀传统文化，吸收和借鉴人类文明创造的一切优秀文化，使之与中国特色社会主义伟大实践相结合。这需要我们与时俱进、开拓创新，从时代发展和中国特色社会主义发展的现实需要出发，努力做好和推进社会主义先进文化建设。

第三，维护国家文化安全。中国共产党是中国特色社会主义事业的领导核心，建设社会主义先进文化同样要始终坚持党的正确领导。维护社会主义主流意识形态的主导地位，是维护我国文化安全的关键。在社会转型时期，各种社会思潮此起彼伏、相互激荡，互联网的发展更是为多元价值观的传播提供了便利条件。许多非马克思主义思想尤其是反马克思主义思想对主流意识形态构成严重威胁和挑战。在这种时代背景下，更需要我们坚持党对意识形态工作的核心领导作用，把握住社会主义文化建设的根本方向，坚守好社会主义意识形态阵地。

具体来说，我们党要在马克思主义的指导下，把握好社会主义文化建设规律，一是不断加强和改善党对新闻媒体的领导，做好党的宣传思想工作，坚守舆论宣传阵地；二是不断改进党对文化工作的领导，促进文艺事业、民族文化的创新发展；三是不断加强思想政治工作，牢牢把握意识形态工作主导权。面对互联网的快速发展，胡锦涛进一步强调："把握信息化发展的方向、维护国家在网络空间的安全和利益成为信息时代的重大战略课题。"[1]

---

[1]《胡锦涛文选》第 2 卷，北京：人民出版社 2016 年版，第 559 页。

第四,加强网络文化建设。信息网络的快速发展,带动了网络文化的发展,网络文化丰富多彩,有健康的、符合我国主流价值观的网络文化,也有不健康的、威胁我国意识形态发展的网络文化。基于此,胡锦涛强调要充分利用好、管理好、建设好互联网,发挥其传播社会主义先进文化的作用。一方面需要强化网络工作的党性原则,不断加强网络文化管理工作,净化网络环境,积极利用网络技术建设社会主义先进文化;另一方面需要加强网络舆论阵地建设,加强网络舆论引导,唱响网上主旋律,牢牢掌握网络舆论主导权,建设好网上精神文明,从而营造良好的网络精神家园,发挥网络文化对经济社会发展、主流价值观弘扬、满足人民群众生活需求的重要作用,对那些有害和不良的网络文化加以管理,"为全面建设小康社会提供有力的思想保证和舆论支持"[①]。胡锦涛在党的十六届中央政治局第三十八次集体学习时的讲话中明确提出了五点,包括用社会主义核心价值观引领网络文化健康发展、发展网络文化产品和服务丰富人民群众精神文化生活、把握网络文化的正确舆论导向、营造文明健康的网络环境以及注重网络文化对国家文化信息安全的作用。他强调,加强网络文化建设和管理,充分发挥互联网在我国社会主义文化建设中的重要作用,有利于提高全民族的思想道德素质和科学文化素质,有利于扩大宣传思想工作的阵地,有利于扩大社会主义精神文明的辐射力和感染力,有利于增强我国的软实力。

(四) 习近平关于新时代网络文化建设的重要论述

习近平关于新时代网络文化建设的重要论述主要是指党的十八大以来,以习近平同志为核心的党中央紧密结合新的时代条件和实践要

[①]《胡锦涛文选》第 2 卷,北京:人民出版社 2016 年版,第 560 页。

求,在利用好、发展好、治理好互联网实践中取得的重大理论创新成果。习近平总书记高度重视新时代网络文化建设,对加强和改进新时代网络文化建设作出一系列重大部署,从国际和国内、历史和现实、理论和实践结合上全面回答了新时代网络文化"是什么""为什么""怎么办"的重大问题,围绕建设文化强国和网络强国,提出了一系列富有创见的新思想、新观点、新论断、新要求。习近平总书记关于新时代网络文化建设的重要论述,是以马克思主义立场、观点、方法科学分析解决我国网络文化建设问题的重大成果,是习近平新时代中国特色社会主义思想的重要组成部分,是新时代网络文化建设的行动指南,为新时代网络文化建设提供了根本遵循。

1. 文化建设的重要意义

党的十八大以来,习近平总书记在把握文化的本质和功能及文化发展规律的基础上,结合时代背景的变化,深化对文化建设的地位和作用、文化建设的基本原则和方针以及文化建设的具体内容等问题的认识。在文化建设的重要性方面,强调坚持中国特色社会主义文化发展道路,激发全民族文化创新创造活力,建设社会主义文化强国。① 在文化建设的迫切性和必要性方面,主要包括增强文化自信、引领文化前进方向和发展道路的需要、抵御一些错误思潮和观点的消极影响以及进一步解决文化领域中不平衡不充分发展的问题等。在文化建设的基本原则和方针方面,主要包括坚持马克思主义的指导,坚守中华文化立场,坚持"二为"方向和"双百"方针,坚持创造性转化、创新性发展,坚持社会效益放在首位及社会效益和经济效益相统一。在文化建设的新格局方面,主要体现在传承和创新中华优秀传统文化,继承革命基因以及发展革命文化

---

① 《习近平谈治国理政》第 1 卷,北京:外文出版社 2018 年版,第 160 页。

和社会主义先进文化。同时,还体现在主张不同文明交流互鉴共存。在文化建设的主要内容方面,包括突出文化建设的"主心骨"、加强全社会思想道德建设、注重社会主义文艺的发展以及繁荣文化事业和发展文化产业。在其重要措施上,注重教育事业、科技创新和文化人才队伍建设等方面来进一步推动文化发展。总之,推进文化建设需要坚持以马克思主义思想为根本指导,发挥社会主义核心价值观的引领作用,以中华优秀传统文化为文化根基,以社会主义先进文化为发展方向,以深化文化体制改革为根本动力,不断增强文化自信,提升文化软实力,推进中国特色社会主义文化的繁荣发展。同时,针对网络文化建设的重要性,习近平总书记特别强调,当今世界,谁掌握了互联网,谁就把握住了时代主动权;谁轻视互联网,谁就会被时代所抛弃。[1]

2. 网络意识形态工作的极端重要性

习近平总书记提出意识形态工作是一项极端重要的工作。[2] 互联网是意识形态工作的主战场、最前沿。意识形态是人的工作,人在哪里,意识形态工作的重点就应该在哪里。截至 2020 年 12 月,我国网民规模已达到 9.89 亿,居全球第一。互联网日益成为人们特别是年轻一代获取信息的主要途径,网络舆论直接影响人们的思想观念和价值取向。现在,意识形态领域许多新情况新问题往往因网而生、因网而增,许多错误思潮也都以网络为温床生成发酵。在这个舆论斗争的主战场,能否顶得住、打得赢,直接关系我国意识形态安全和政权安全。习近平总书记多次指出,过不了互联网这一关,就过不了长期执政这一关,要确保互联网可管可控。做好意识形态工作,必须坚持正能量是总要求、管得住是赢

---

① 《习近平新时代中国特色社会主义思想学习纲要》,北京:学习出版社、人民出版社 2019 年版,第 151 页。
② 《习近平谈治国理政》第 1 卷,北京:外文出版社 2018 年版,第 153 页。

道理、用得好是真本事,加强互联网建设管理运用,打好网络意识形态攻坚战,推动互联网这个"最大变量"释放"最大正能量"。他强调做好网上舆论工作是一项长期任务,要创新改进网上宣传,运用网络传播规律,弘扬主旋律,激发正能量,大力培育和践行社会主义核心价值观,把握好网上舆论引导的时、度、效,使网络空间清朗起来。要推动融合发展,主动借助新媒体传播优势。① 要运用信息革命成果,推动媒体融合向纵深发展,做大做强主流舆论。特别强调要"加强网络内容建设,做强网上正面宣传,培育积极健康、向上向善的网络文化,用社会主义核心价值观和人类优秀文明成果滋养人心、滋养社会,做到正能量充沛、主旋律高昂,为广大网民特别是青少年营造一个风清气正的网络空间"②。

3. 网络文化总体安全观

习近平总书记指出:"以互联网为代表的信息技术日新月异,引领了社会生产新变革,创造了人类生活新空间,拓展了国家治理新领域,极大提高了人类认识世界、改造世界的能力。"③但是,互联网是把"双刃剑",在推动国家和社会发展的同时也带来了安全风险问题。可以说,在互联网时代,网络空间领域中的网络文化安全直接关系到国家安全,维护网络文化安全是维护国家总体安全的关键所在。习近平总书记多次强调网络安全是整体的而不是割裂的。在互联网信息时代,网络安全对国家安全牵一发而动全身,与许多其他方面的安全都有着紧密关系。网络安全是动态的而不是静态的。随着互联网信息技术日益发展,过去分散独立的网络变得高度关联、互相依赖,网络安全的威胁来源和攻击手段不断变化,那种依靠装几个安全设备和安全软件就想永保安全的想法已不

---

① 《习近平谈治国理政》第 2 卷,北京:外文出版社 2017 年版,第 332—333 页。
② 习近平:《在网络安全和信息化工作座谈会上的讲话》,《人民日报》2016 年 4 月 26 日。
③ 习近平:《在第二届世界互联网大会开幕式上的讲话》,《人民日报》2015 年 12 月 17 日。

合时宜,需要树立"总体安全观",建立动态、综合防护机制。网络安全是开放的而不是封闭的。要不断提高网络安全水平,必须立足开放环境,加强对外交流与合作、互动和博弈,不断吸收先进技术。网络安全是相对的而不是绝对的。绝对的安全是不存在的。要立足基本国情保安全,避免不计成本追求绝对安全,否则不仅会背上沉重负担,更可能顾此失彼。网络安全是共同的而不是孤立的。网络安全为了人民,网络安全靠人民,维护网络安全是全社会共同责任,需要政府、网络安全企业、社会组织、广大网民共同参与,共同构筑网络安全防线。

4. 打造网络文化空间命运共同体

在第二届世界互联网大会的开幕词中,习近平总书记首次提出了"网络空间命运共同体"的新概念。这是在互联网时代背景下对人类命运共同体思想的进一步拓展。习近平总书记指出:"网络空间是人类共同的活动空间,网络空间前途命运应由世界各国共同掌握。各国应该加强沟通、扩大共识、深化合作,共同构建网络空间命运共同体。"①他还提出加快全球网络基础设施建设,促进互联互通;打造网上文化交流共享平台,促进交流互鉴;推动网络经济创新发展,促进共同繁荣;保障网络安全,促进有序发展;构建互联网治理体系,促进公平正义。② 在互联网背景下,基于网络的自由开放性和跨时空性,各类网络问题尤其是网络安全问题已经成为全球性问题,彼此之间形成相互影响、相互依赖的密切关系。面对互联网发展带来的机遇与挑战,需要各个国家和地区、各类团体和组织在遵守共同的互联网规则的基础上加强彼此之间的合作,以发挥"共同体"的力量应对复杂的全球化网络问题,建构平等、开放、合

---

① 习近平:《在第二届世界互联网大会开幕式上的讲话》,《人民日报》2015年12月17日。
②《习近平谈治国理政》第2卷,北京:外文出版社2017年版,第534—535页。

作的全球网络治理体系。在互联网时代，面对各类网络犯罪和网络恐怖主义等问题，没有任何一个国家可以独善其身，这需要彻底摒弃单边主义的做法，旗帜鲜明地反对网络霸权主义（包括网络文化霸权），实现各个国家和地区之间的相互尊重、合作共赢。

5. 网络文化综合治理的组织保障

加强网络文化治理能够为网络文化建设提供良好的网络空间环境。围绕网络文化治理，在党的十九大报告中提出了"建立网络综合治理体系，营造清朗的网络空间"的总体要求①，强调要整合相关机构职能，健全基础管理、内容管理、行业管理以及网络违法犯罪防范和打击等工作联动机制，健全网络突发事件处置机制，形成正面引导和依法管理相结合的网络治理强大合力。强调要提高网络综合治理能力，形成党委领导、政府管理、企业履责、社会监督、网民自律等多主体参与，经济、法律、技术等多种手段相结合的综合治网格局。这都为加强网络文化综合治理、制定各项措施和政策指明了方向。习近平总书记明确指出："网络空间不是'法外之地'……要坚持依法治网、依法办网、依法上网，让互联网在法治轨道上健康运行。同时，要加强网络伦理、网络文明建设，发挥道德教化引导作用，用人类文明优秀成果滋养网络空间、修复网络生态。"②可见，加强网络文化建设既是加强网络空间治理的重要内容，也是提高网络空间治理水平的重要保障。基于此，需要不断完善有关互联网法律法规建设，完善中国特色的互联网法律法规体系。同时，要加强网络伦理道德建设，提高网民的网民媒介素养。此外，还要充分利用先进的信息化、网络化技术手段，加强对

① 习近平：《决胜全面建成小康社会　夺取新时代中国特色社会主义伟大胜利——在中国共产党第十九次全国代表大会上的报告》，北京：人民出版社 2017 年版，第 41—42 页。
② 习近平：《在第二届世界互联网大会开幕式上的讲话》，《人民日报》2015 年 12 月 17 日。

网络信息的监管,切实为打造良好的网络空间生态提供保障。值得注意的是,网络空间治理是一项全球性的复杂课题,还需要国际间的通力合作。习近平总书记就多次向国际社会提出要本着相互尊重和相互信任的原则,通过积极有效的国际合作,共同构建和平、安全、开放、合作的网络空间,建立多边、民主、透明的国际互联网治理体系,该重要主张为国家之间的合作指明了方向。①

三、新时代加强网络文化建设的现实诉求

互联网技术的发展和进步使人们迎来了互联网时代。在互联网时代如何建设社会主义文化成为新的时代课题。我们党深刻把握世情、国情和党情的新变化,准确意识到加强互联网时代的网络文化建设对于整体推进中国特色社会主义文化建设具有深远的现实意义,从而切实加强新时代的网络文化建设。

(一) 技术进步:日新月异的互联网技术

互联网始于 1969 年美国的阿帕网,并逐渐从军用领域走向民用领域。互联网技术的出现和迅猛发展,是人类技术史上的一次革命,对人类社会同样产生深刻而广泛的影响。在这场轰轰烈烈的信息技术革命中,日新月异的互联网技术作为渗透性要素已经广泛渗透进政治、经济、文化、社会、军事等领域。云计算、大数据、区块链、5G 技术的研发和应用,包括物联网、人工智能等前沿性技术的发展,每时每刻都在改变着社会发展的生态。可以看到,现代人类社会几乎所有领域都离不开互联网

---

① 习近平:《弘扬传统友好　谱合作新篇——在巴西国会的演讲》,《人民日报》2014 年 7 月 18 日。

技术的应用和支撑。由此，互联网成为社会创新驱动的先导性力量，成为推动社会生产力发展的巨大力量。可以毫不夸张地说，人类已经进入互联网时代，互联网真正让世界变成了地球村。

在这样一个崭新的技术时代，互联网的发展已经深刻改变了人们的生产和生活方式，同时也深刻改变了人们的思维方式和价值观念。我国自20世纪90年代中期加入国际互联网以来，紧跟时代发展的步伐，互联网技术以前所未有的速度向前发展，并不断从网络大国走向网络强国。"互联网＋"行动计划的实施更是把互联网技术与教育、医疗、金融、交通、环保等领域密切结合起来，大大提高了互联网服务的智慧化和精细化水平，推动了中国经济社会的快速、全面发展。中国互联网络信息中心（CNNIC）发布的第47次《中国互联网络发展状况统计报告》显示：截至2020年12月，我国网民规模已经达到9.89亿，互联网普及率高达70.4％；我国手机网民规模也达到9.86亿，网民使用手机上网的比例则高达99.7％。与此同时，我国在信息领域的新兴技术也取得重要进展。我国量子信息技术、天地通讯、类脑计算、人工智能、超级计算机、工业互联网以及新型互联网接入、神经形态芯片、生物芯片等信息领域的新兴技术都呈现出良好的发展势头。面对互联网技术日新月异的发展，谁能够抢占信息技术创新发展的高地、掌握核心技术，谁就能在激烈的国际竞争和行业竞争中立于不败之地；面对高速流动的网络信息，谁能够在网络信息的生产、传播、消费、利用和管理等环链中占据优势，谁就能把握信息发展的主动权，从而获得更多、更好的发展机遇。这需要我们在发展好互联网技术的基础上，进一步树立和运用好互联网思维，在新一轮科技革命的孕育和兴起过程中把握机遇、迎接挑战。

（二）人民期待：日益增长的美好生活需要

改革开放以来，我国经济社会发展取得了举世瞩目的成就，综合国力和国际地位都得到大幅提升。尤其是党的十八大以来，在以习近平同志为核心的党中央的正确领导下，我们党与时俱进、开拓进取，以大无畏的政治魄力和强烈的责任担当，提出一系列新理念、新思想、新战略，制定并实施了一系列重大方针政策，在经济、政治、文化、社会、生态文明等各个领域取得了全方位的、开创性的成就，促使我国社会发生了深层次的、根本性的变革，推动中国特色社会主义建设进入了新时代。在准确把握世情、国情、党情的基础上，党的十九大报告指出："中国特色社会主义进入新时代，我国社会主要矛盾已经转化为人民日益增长的美好生活需要和不平衡不充分的发展之间的矛盾。"①我们党对我国社会主要矛盾的新概括体现了全心全意为人民服务的根本宗旨，体现了立党为公、执政为民的根本理念。用"人民日益增长的美好生活需要"代替"人民日益增长的物质文化需要"表明了伴随社会的发展和进步，人民群众的现实需要在内容上更多、在层次上更高的现状。

随着生活水平不断提高，人民对美好生活的向往越来越强烈，对包括网络文化在内的精神文化生活的需求越来越突出。人们对文化的需求已从"有没有""能吃饱"转变为"好不好""有营养"。在互联网时代，人民群众的这些要求可以具体表现为为其提供更多更好的互联网产品，营造更安全更清朗的网络空间环境，享受更加丰富多彩的网络生活，乃至通过互联网获取更多的政治参与的机会，等等。总而言之，我们需要让

① 习近平：《决胜全面建成小康社会　夺取新时代中国特色社会主义伟大胜利——在中国共产党第十九次全国代表大会上的报告》，北京：人民出版社2017年版，第42页。

互联网技术更多融入社会生产生活的各个领域,为人民群众的日常生活提供更多便利条件,塑造更加健康向上的网络文化,从而增加人民群众的获得感、幸福感。然而,在考察"人民日益增长的美好生活需要"的同时,我们会看到"不平衡不充分的发展"与之构成的现实矛盾。比如:城乡之间在互联网基础设施建设、信息资源配置等方面还存在"数字鸿沟"问题;由于互联网法律法规制度以及各类管理规范还不够完善,网络空间存在的网络诈骗、网络暴力、网络谣言,由于资本、技术垄断而出现的网络文化霸权等现实问题,都严重影响了人民群众正常的生活。这都要求我们切实做好网络空间治理工作,打造健康向上的网络文化,以不断满足人民群众对美好生活的现实需要。

(三) 时代要求:应对现代国家治理的理性选择

党的十九届四中全会审议通过的《中共中央关于坚持和完善中国特色社会主义制度、推进国家治理体系和治理能力现代化若干重大问题的决定》指出,"发展社会主义先进文化、广泛凝聚人民精神力量,是国家治理体系和治理能力现代化的深厚支撑"[1]。这一重大论断深刻表明了文化在现代国家治理中的支撑作用。网络文化作为社会主义文化的重要组成部分,承担着巩固全体人民团结奋斗共同思想基础的职能,为国家治理体系和治理能力现代化提供保障。同时,网络空间具有自身相对的独立性,体现出独特的运行规律和特点,与现实社会之间纵横交错、共生共存、相互作用,成为人们共同活动的重要空间。加强网络文化治理是新时代实现国家治理现代化的必然要求,提高网络空间治理能力亦是国

---

[1]《中共中央关于坚持和完善中国特色社会主义制度、推进国家治理体系和治理能力现代化若干重大问题的决定》,北京:人民出版社 2019 年版,第 23 页。

家治理体系和治理能力现代化的内在逻辑。

客观地讲,互联网技术是一把"双刃剑",在驱动经济社会快速发展、满足人民群众日益增长的美好生活需要的同时,也内含了许多看得见或看不见的危险,给我们带来了诸多现实挑战。可以说,网络空间的秩序与安全直接影响到我国社会的稳定发展和国家安全。事实上,网络空间安全问题日益突出,已经成为一个国际社会共同面对的全球性问题。解决全球性的网络安全问题,单靠某一个国家是不可能的,它需要各个利益相关方建立合作机制,在相互尊重网络主权的前提下,通过建立多边、民主、透明的国际互联网治理体系,加强彼此之间的交流与合作,形成共同解决问题的制度机制,切实解决国家间互联网发展不平衡、制度规则不健全以及网络空间秩序不合理等现实问题,共同维护好网络空间安全。

事实上,网络空间安全等问题不仅仅是技术性的,还是价值性的。网络空间安全还包括网络文化安全、国家意识形态安全等现实问题。一方面,西方发达国家凭借互联网技术方面的绝对优势,打着互联网自由的名义,对外实施网络霸权主义,对我国进行意识形态渗透,严重威胁我国社会主义主流意识形态安全,并对我国内政构成干涉。另一方面,基于网络空间自身的虚拟性、自由开放性、跨时空性等基本特征,各种社会思潮凭借互联网平台在网络空间中广泛传播,这里既有符合社会主义核心价值观的思想观念,也有严重背离主流意识形态的思想观念;既有正能量的传播,也有负能量的传播;既有价值和意义的建构,也有价值和意义的解构……可以说是鱼龙混杂、泥沙俱下。而一些非马克思主义思想尤其是反马克思主义思想的传播,已经给广大网民尤其是青少年带来负面影响,严重威胁社会主义主流意识形态的权威。习近平总书记特别指出:"网络空间不是'法外之地'……要坚持依法治网、依法办网、依法上网，让互联网在法治轨道上健康运行。同时，要加强网络伦理、网络文明建设，发挥道德教化引导作用，用人类文明优秀成果滋养网络空间、修复网络生态"[1]，明确要求"建立网络综合治理体系，营造清朗的网络空间"[2]。总而言之，与西方发达国家相比，尽管我们在信息资源开发、互联网产业发展尤其是核心技术创新能力等方面还存在现实的差距。但我们必须意识到现实问题的严重性和解决问题的紧迫性，切实处理好信息化发展和网络安全之间的关系，不断提升网络空间治理能力，加强网络空间治理。同时，要繁荣网络空间文化，唱响网上主旋律，掌握意识形态领导权、管理权和话语权，维护好网络空间价值秩序，让网络空间愈发清朗。

面对互联网的跨越式发展及其对我国经济社会发展带来的深层次变革，我们党正是从世情、国情的现实出发，提出要坚定文化自信，大力加强网络文化建设，围绕举旗帜、聚民心、育新人、兴文化、展形象的使命任务，坚持为人民服务、为社会主义服务，坚持百花齐放、百家争鸣，坚持创造性转化、创新性发展，激发全民族文化创造活力，更好地构筑中国精神、中国价值、中国力量。这对于全面推进国家治理体系和治理能力现代化具有重要的理论和实践意义。

---

① 习近平：《在第二届世界互联网大会开幕式上的讲话》，《人民日报》2015 年 12 月 17 日。
② 习近平：《决胜全面建成小康社会　夺取新时代中国特色社会主义伟大胜利——在中国共产党第十九次全国代表大会上的报告》，北京：人民出版社 2017 年版，第 42 页。

第二章　新时代网络文化建设的思想引领和时代价值

"一切划时代体系的真正内容都是由于产生这些体系的那个时期的需要而形成起来的。"①时代是网络文化建设的"母体",以其鲜明的指向性、标志性为一个社会提供行为准则、价值选择、目标航向。新时代网络文化建设特别是习近平总书记关于新时代网络文化建设的重要论述深深扎根于时代,在不断的生成性发展中既为社会提供行动指引、增强意识形态话语权,又因其文化的潜移默化作用,可以增强一个国家、一个民族发展壮大的动力源泉,还可以弘扬文化精神、传承文化思维、发动文化力量、指引文化方向,在构建网络文化命运共同体中承担了重要责任,产生巨大影响。

一、提供网络文化研究行动指引

理论是行动的先导。习近平总书记关于新时代网络文化建设的重要论述反映了人类社会在互联网时代中进行网络文化建设的客观规律,

①《马克思恩格斯文集》第3卷,北京:人民出版社2009年版,第544页。

经受了国内外网络文化建设发展与治理实践的检验，具有强大的现实指导意义，为网络文化建设研究提供了行动指引。

（一）发展马克思主义网络文化理论

"物质生活的生产方式制约着整个社会生活、政治生活和精神生活的过程。不是人们的意识决定人们的存在，相反，是人们的社会存在决定人们的意识。"①对于一个社会来说，生产、生活方式变了，整个社会的精神文化生活也要随之改变。在"无处不网"的时代，开展新时代网络文化建设，体现着生产力和生产关系不断变化发展的要求，大大拓展了马克思主义的文化建设理论。

马克思认为，"思想、观念、意识的生产最初是直接与人们的物质活动、与人们的物质交往、与现实的语言交织在一起的。观念、思维、人们的精神交往在这里还是人们物质关系的直接产物"②。今天，随着社会生产力和交往的发展，人们的文化观念日益广泛，概念和内涵大大拓展，但我们仍旧生活在马克思主义所描绘的时代场景中。从事新时代网络文化建设，正是对马克思主义关于文化建设基本原理、基本理论的继承和创新。具体而言，一是创新发展了马克思主义关于社会实践与文化建设的相互性原理。社会存在决定社会意识，文化是社会实践的产物，是政治经济的最直接反映，又对经济社会发展产生巨大的能动作用。我们从事新时代网络文化建设，正是着眼于不断发展的网络实践，坚持和运用马克思主义立场观点方法审视互联网发展态势和新的舆论环境，使之与时代发展相协调。二是创新发展了马克思主义文化阶级理论。在马

①《马克思恩格斯文集》第4卷，北京：人民出版社2009年版，第15—16页。
②《马克思恩格斯选集》第1卷，北京：人民出版社2012年版，第72页。

克思主义看来,文化是有鲜明的立场指向的,不同的阶级具有不同的文化属性。我们从事网络文化建设,就是让网络插上"红色翅膀",持续汇聚网上网下同心圆的强大力量,不断巩固执政基础,成为执政的"最大正能量"。三是创新发展了马克思主义的文化生成理论。马克思主义认为,万事万物无时无刻不在发生变化,文化是政治经济发展的产物,是社会和历史的现象,同样也理应随着时代的发展而发展、时代的变化而变化。因此,文化也处于不断生成的过程之中,这就是文化发展的规律性。从事网络文化建设,就是把社会实践的最新产物,生动反映在人的思想、观念、意识当中,进而促进社会的文明进步。

(二)明确 21 世纪马克思主义理论建设的着力点

时代是思想之母,实践是理论之源。在党的十九大上,习近平总书记指出,只要我们善于聆听时代声音,勇于坚持真理、修正错误,21 世纪中国的马克思主义一定能够展现出更强大、更有说服力的真理力量。[1]新时代党的网络文化建设思想,正是在广泛而深刻的社会变革中孕育,在宏大而独特的实践创新中扎根,丰富和发展着马克思主义的理论宝库,为马克思主义理论建设提供了方向指引。

马克思主义理论最终要走向大众,实现马克思主义理论的大众化。网络文化事业代表着新的生产力、新的发展方向,应该也能够在实现马克思主义大众化上先行一步,这是新时代网络文化建设在马克思主义理论建设中的着力点、发力点。具体来讲,一方面,要用网络文化的平等性构建起理论宣传普及的大众化。"哪里有思想,哪里就有威力。"越是接

---

[1] 习近平:《决胜全面建成小康社会　夺取新时代中国特色社会主义伟大胜利——在中国共产党第十九次全国代表大会上的报告》,北京:人民出版社 2017 年版,第 26—27 页。

近梦想,越要坚定理想的"主心骨"、筑牢信念的"压舱石",越要坚定不移用马克思主义中国化最新成果武装头脑、明向领航。网络为人们提供了自由而平等的交流方式,拉近了人与人之间交流的方式。这充分表明,我们借助于昂扬向上、激浊扬清的网络文化,可以让亿万大众更好地理解、认同习近平新时代中国特色社会主义思想,这一当代中国马克思主义、21世纪马克思主义。另一方面,要借助网络文化的多元性坚持真理、修正错误。网络文化具有"海纳百川"的气度,它与生俱来的传播能力,就决定了其不是单一的,而是多元的。尤其当前网上林林总总的社会思潮"横空出世",多种价值观"鱼龙混杂"。越是在这个时候,我们从事新时代网络文化建设,就越要肯定并壮大积极、先进因素,反对消极、落后因素,用马克思主义的先进文化弘扬正能量、唱响主旋律。尤其要旗帜鲜明坚持正确政治方向、舆论导向、价值取向,用习近平新时代中国特色社会主义思想团结、凝聚亿万网民,深入开展理想信念教育,深化新时代中国特色社会主义和中华民族伟大复兴中国梦的宣传教育,积极培育和践行社会主义核心价值观,推进网上宣传理念、内容、形式、方法、手段等创新,把握好时度效,构建网上网下同心圆,用马克思主义理论更好凝聚社会共识,巩固全党全国人民团结奋斗的共同思想基础。

(三) 拓宽当代中国网络文化研究的新视界

众所周知,互联网是20世纪最伟大的发明,是影响世界的重要力量。互联网快速发展的影响范围之广、程度之深,是其他科技成果所难以比拟的。当今世界,谁能更好认识和把握信息化大势,谁能更好对网络进行深入细致的研究,谁就能赢得新的全方位综合国力竞争。一言以蔽之,谁掌握了互联网,谁就把握了时代主动权;谁轻视互联网,谁就会被时代所抛弃。得网络者才能得天下。开展新时代网络文化建设,为网络文化研究提供了全新的视角。

这个视角可以从两方面来理解：一方面，从理论发展的角度来看，习近平总书记关于新时代网络文化建设的重要论述是习近平新时代中国特色社会主义思想的重要组成部分，是做好新时代网络文化建设的根本遵循。而开展新时代网络文化建设，是实施网络强国和文化强国战略的应有之义。尤其是在当前，如何定位网络文化建设在党和国家事业全局中的重要地位，如何明确网络文化建设的战略目标，明确其原则要求，明确其基本方法，这些都不是教科书上能找到现成答案的，必须持之以恒地进行理论创新，必须充分运用马克思主义立场观点方法对新时代网络文化建设提出的一系列重大问题进行创造性回答，并长期坚持、不断丰富发展理论。

另一方面，从实践的层面来看，网络文化不是孤立的、单一的文化现象，而是与经济社会发展密切相关。研究网络文化，就打开了文化研究的"多米诺骨牌"。这其中主要有以下几对关系：一是网络文化与经济发展的关系。党的十八届五中全会、"十三五"规划纲要都对实施网络强国战略、"互联网＋"行动计划、大数据战略等作了部署，如何利用文化的力量在推动创新发展、转变经济发展方式、调整经济结构中发挥积极作用，值得研究。二是网络文化与政治生态的关系。如何加强网上正面宣传，旗帜鲜明地坚持正确政治方向、舆论导向、价值取向，用新时代中国特色社会主义思想和党的十九大精神团结、凝聚亿万网民，这些都是亟待解答的现实问题。三是网络文化与文化强国的关系。如何用社会主义核心价值观和人类优秀文明成果滋养人心、滋养社会，做到正能量充沛、主旋律高昂，为广大网民特别是青少年营造一个风清气正的网络空间，是我们要做的灵魂性工程。四是网络文化与社会治理的关系。随着互联网特别是移动互联网发展，社会治理模式正在从单向管理转向双向互动，从线下转向线上线下融合,从单纯的政府监管向更加注重社会协同治理转变,如何适应这种转变,让以人民为中心的发展思想更加熠熠生辉,需要进一步思考。五是网络文化与生态文明建设的关系。即如何运用互联网本身所具有的绿色生态理念推动生态文明建设,以及发挥网络文化在推动经济转型升级过程中的作用,与大自然生态和谐共处乃至于宣传、倡导生态文明建设理念,等等。这一系列重大理论和实践问题,都为我们更好、更加精准地从事网络文化研究提供了目标指引和价值遵循。

二、增强网络文化意识形态话语权

马克思、恩格斯在《德意志意识形态》中曾精辟地指出:"统治阶级的思想在每一时代都是占统治地位的思想。这就是说,一个阶级是社会上占统治地位的物质力量,同时也是社会上占统治地位的精神力量。"[①]习近平总书记说:"意识形态工作是党的一项极端重要的工作。"[②]党的十九大报告进一步指出,"意识形态决定文化前进方向和发展道路"[③]。对于社会主义中国而言,意识形态的阵地不能有任何闪失。从事新时代网络文化建设,就是以充沛的正能量增强意识形态领域话语权、占领意识形态最高点。

(一)增强主流网络文化的凝聚力和引领力

习近平总书记在全国宣传思想工作会议上指出:"要牢牢掌握意识形态工作领导权,建设具有强大凝聚力和引领力的社会主义意识形

---

① 《马克思恩格斯选集》第1卷,北京:人民出版社2012年版,第30页。
② 《习近平谈治国理政》第1卷,北京:外文出版社2018年版,第153页。
③ 习近平:《决胜全面建成小康社会 夺取新时代中国特色社会主义伟大胜利——在中国共产党第十九次全国代表大会上的报告》,北京:人民出版社2017年版,第41页。

态。"①意识形态工作是一项为国家立心、为民族立魂的战略性工程,事关党的前途命运,事关国家长治久安,事关民族凝聚力和向心力。完成好这个战略任务,必须在增强社会主义意识形态凝聚力和引领力上下功夫。

正如前文所述,网络文化具有弱可控性等特点,这是因为其将人与人之间面对面的交流方式固化为以特殊的符号为媒介的网上交流,跨越了地域、身份的阻隔,从而造就出一个个别具特色、新鲜多样的活动世界。在这个空间里,人们无时无刻不受网络文化的影响,每个个体的世界观、人生观、价值观都受其浸染,人们的理想、追求甚至生活方式、工作态度,还有生活的点滴,都予以淋漓尽致地呈现。如同硬币有正反两面一样,网络文化也有积极与落后之分。低俗、庸俗、媚俗的网络文化,会污染整个网络生态,也直接影响着社会的良性循环发展。比如,一段时期以来,我国的文化建设尤其是年轻人的审美文化趣味,夹杂了灰色、消极、沮丧、悲观、焦虑、迷茫、颓废乃至绝望的流行形态和态度,诸如"葛优躺""悲伤蛙""蓝瘦香菇""宅基腐""丧文化"等。现实生活中,也有相当一部分人失去目标和希望,陷入颓废和绝望的泥沼难以自拔,又在以"丧文化"为代表的亚文化冲击中"疲于奔命"地活着,所以,"蓝瘦香菇""宅基腐""丧文化"这些网络热词才会不断出现并形成各种网络亚文化。亚文化通常是对主流文化的颠覆和解构,往往充满叛逆色彩,具有较大的消极性,也是对主流意识形态的挑战。

因此,开展新时代网络文化建设的重点在于培育健康向上的网络主流文化。通过主流网络文化来引导整个网络文化走上健康发展的轨道,是当前必须要做好的历史答卷,也是巩固和壮大社会主义主流意识形态的应有之义。在这个过程中,开展新时代网络文化建设,更大程度增强

---

① 《习近平新时代中国特色社会主义思想三十讲》,北京:学习出版社 2018 年版,第 212 页。

主流网络文化的凝聚力和引领力，要通过处理好网络主流文化与外来文化之间的关系，以及与各种民情民意的关系来实现。从对外来看，不可否认，我国网络文化事业发展时间较短，西方国家可以凭借其技术上的先发优势，有意无意地通过各种途径在互联网上对我国进行文化渗透。从事新时代网络文化建设，对外来文化要大胆取其精华、弃其糟粕，为我所用，在比较借鉴中增强主动性。另外，尤其要旗帜鲜明抵制各种错误思潮，抢占意识形态领域制高点。从对内而言，要处理好主流网络文化与民情民意的关系。一些民粹主义者持续发酵各种热点舆情事件，以此扩大自身的影响力。这种情况一旦泛滥，任由其发展，将极大影响网络文化生态建设，对构建和谐稳定的现实社会有着不利影响。所以，加强新时代网络文化建设，就是在这种对内对外的交流交融交锋中，培养网民的公共理性，增强其明辨是非的能力，防止出现"劣币驱逐良币"的现象，让面对纷繁复杂的网络文化的每一个人不断提高辨别能力，而不能是非不分、良莠不分，进而增强主流意识形态的凝聚力和引领力。

（二）引领复杂多变的舆论生态良性发展

习近平总书记指出，网络空间天朗气清、生态良好，符合人民根本利益。网络空间乌烟瘴气、生态恶化，违背人民根本利益。[①] 网络已改变了中国社会的舆论格局，网络舆论生态治理也越来越成为治国理政的重要内容、领域与影响变量。

当下，中国面临着极为复杂的舆论生态，主要体现在以下几个方面：一是爱国自信、理性平和的心态显著提升。党的十八大以来，以习近平同志为核心的党中央带领亿万人民进行伟大斗争、建设伟大工程、推进

---

① 《习近平谈治国理政》第 2 卷，北京：外文出版社 2017 年版，第 336 页。

伟大事业、实现伟大梦想,解决了许多长期想解决而没有解决的历史难题,办成了许多过去想办而没有办成的大事,推动党和国家事业发生历史性变革,"中国之治"与"西方之乱"形成鲜明对比。中国民众"四个自信"在互联网舆论场得到逐步显现,既有爱国情感的正面表达,民族自尊心与自信心的有力彰显,也有网民媒介素养的不断提升,"等待真相""让新闻飞一会儿"成为网民的底线思维。二是网络不理性和网络暴力并存。长久以来,由于信息的不对称,不少民众对新媒体上的种种谣言往往抱有"宁可信其有"的态度,尤其在一些敏感事件中,由于官方发声不及时,加剧了民众对事实的误解。从近期来看,网上暴力事件不断,从网上恶言恶语到各种人肉搜索,都严重侵害人们的正当合法权益,这与和谐有序的网络环境相差甚远。三是莫名的焦虑感和不信任感相互交织。尤其是社会的飞速发展,各种新情况新问题不断出现,在涉及经济利益、公共安全、教育公平、医药安全、生态环境等话题时,往往触发社会大众的敏感神经,于是网络成为情绪宣泄的场所,"杞人忧天"的焦虑感和不安全感时时充斥网络。如果不能正确加以引导,一些孤立事件和民生问题就极容易通过网络传播演变为舆论事件(图 2-1)。

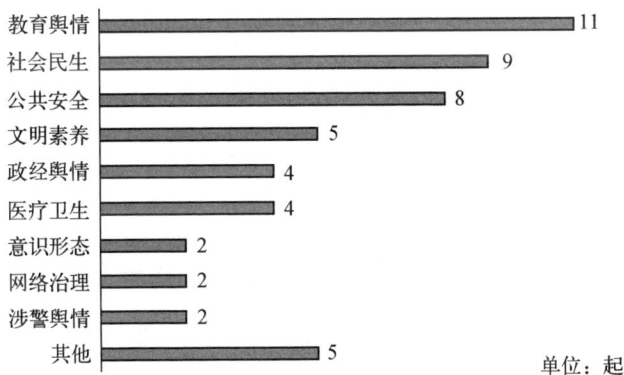

图 2-1　2018 年上半年网络舆情事件分布图

例如，演员范冰冰之前因"逃税门"长时间未露面，部分外媒怀疑她被政府控制，无法发声。"美国之音"报道称，即使范冰冰涉嫌犯罪，她也有法律赋予的权利，而不应"被失踪"100多天。但这部分外媒未显示任何范冰冰被控制的实质性证据，仅凭无中生有的猜测就抹黑中国，使中国的国际形象大为受损。再比如，在涉及中国正面的新闻报道中，部分外媒在报道时"有意无意"加入负面信息或者负面猜测。港珠澳大桥正式通车，部分外媒在报道港珠澳大桥辉煌成就的同时，插入生态保护、腐败、工人权益等问题。除此之外，"BBC中文网"表示，香港人可能不常用它，港珠澳大桥所带来的经济效益可能被高估。《纽约时报》暗讽私家车在大桥全程行驶所需的手续繁复："'既简单又方便'，解说员不太令人信服地说。"这种报道难免会有夸大负面矛盾，故意引导受众忽视中国正面成就之嫌。

面对复杂多变的网络生态，我们从事新时代网络文化建设，就是要引导人们准确把握当前的网络环境，去深入思考新时代弘扬什么，做先进网络文化的"建设者"；清醒感悟新时代鞭挞什么，做先进网络文化建设的"弘扬者"；身体力行实现新时代指引我们达到的目标，做先进网络文化建设的"明白人"，从而传承舆论生态建设中最有理性、最有号召力的精神力量。

（三）壮大事业发展的"最大增量"

习近平总书记在全国宣传思想工作会议上强调，我们必须科学认识网络传播规律，提高建网、用网、管网水平，使互联网这个最大变量变成事业发展的最大增量。互联网已成为意识形态领域斗争的主战场、最前沿，成为宣传思想工作的最大变量。正如习近平总书记所说，"过不了互联网这一关,就过不了长期执政这一关"①。因此,开展新时代网络文化建设直接关系着党的执政地位、执政根基的巩固,关系着"两个一百年"奋斗目标的实现。

壮大事业发展的"正能量",必须在互联网这个关键处下功夫。具体来说,体现在:一是壮大了"人心"的力量。人心齐、泰山移。而今媒体格局、舆论环境、传播方式发生深刻变化,宣传思想工作是做人的工作的,人在哪里,宣传思想工作的重点就应该在哪里。新媒体时代,网上成为凝聚人心的主阵地。开展新时代网络文化建设,传播社会主义核心价值观,就能把人民的思想凝聚起来,不断做强主流舆论、壮大主流价值、塑造主流社会心态,大力唱响主旋律,提振人民群众的精气神。二是壮大了"话语"的力量。语言是思维的外壳,文字是思想的表达。话语表面上涉及的是说什么话、怎么说、以怎样的方式说出来的问题,而其背后则是意识形态的较量、核心价值的抉择,话语权直接关联到价值取向和文化层面的转换和提升。开展新时代网络文化建设,就能把当下的话语体系用网络的语言表达出来,把最能体现时代导向的精神内核凝练出来,在激荡内心、观照未来中抢占话语头筹,展现整个时代最激昂的精神风貌。三是壮大了"安全"的力量。当今时代,网络一方面可以造福社会、造福人民,另一方面也可以被一些人用来危害社会、危害人民。从世界范围看,网络安全威胁和风险日益突出,并日益向政治、经济、文化、社会、生态、国防等领域传导渗透。对此,习近平总书记深刻指出,"没有网络安全就没有国家安全,就没有经济社会稳定运行,广大人民群众利益也难以得到保障"。树立正确的网络安全观,归根结底要靠网络文化来培育、涵养。我们开展新时代网络文化建设,就是科学认识网络传播规律,把

---

① 《习近平谈治国理政》第 1 卷,北京:外文出版社 2018 年版,第 220 页。

"统一思想、凝聚力量"的事业做大、做强，提高互联网建设、运用和管理的能力和水平，使互联网这个"最大变量"变成事业发展的"最大增量"。

三、提升网络文化软实力

网络文化软实力是网络文化建设发展实践中产生形成的文化软实力。对于网络文化软实力构成要素，可以归纳为网络主流意识形态影响力、网络内容产品吸引力、网络舆论引导力和网络文化安全力等四个方面，其中影响力是灵魂，吸引力是根本，引导力是核心，安全力是保障，四者相辅相成、辩证统一。开展新时代网络文化建设，进一步深化了对这四个方面的认识。

（一）深化网络文化建设发展规律的认识

随着互联网技术的迅猛发展和普及，网络文化对人民群众精神文化生活和社会生活的影响日益增强，已成为主流文化的重要组成部分。但我们也看到，进入新时代，我国社会的主要矛盾发生了变化，与之对应的是优秀的网络文化产品生产供给不足，有害及低俗信息屡禁不绝，同时，我们也面临着西方发达国家的网上文化侵袭。这都启示我们，必须深刻把握网络文化建设发展规律，走好网络文化发展之路。

新时代网络文化建设深化了对网络发展内容、网络发展动力、网络发展安全等方面的认识。一是深化了对网络发展内容的认识。无论社会如何发展，做好网上优质产品的内容供给始终是"王道"和"铁律"。开展新时代网络文化建设，有效抵制西方文化霸权，最为关键的是用社会主义核心价值观引领中国特色网络文化建设。社会主义核心价值观是社会主义意识形态的本质体现，是全党和全国各族人民团结奋斗的共同思想基础和精神纽带。党的十八大以来，在推进新时代网络文化建设的实践中，我们毫不动摇加强网上正面宣传，旗帜鲜明坚持正确政治方向、舆论导向、价值取向，用习近平新时代中国特色社会主义思想和党的十九大精神团结、引领、凝聚亿万网民，让主流价值的声音更强劲、更响亮。社会主义核心价值观的支撑作用、互联网精神的驱动作用、党的创新理论的引导作用，在推进网络文化建设中达到了高度统一。二是深化了对网络发展动力的认识。动力就是引擎。面对汹涌澎湃的网络大潮，一方面，我们重点培育一批有影响力、辐射力的大型网络文化载体，让网络文化在传播中国精神、讲好中国故事中起到重要的推动作用，为中国文化走向世界奠定基础。另一方面，我们有效引导舆论，及时甄别网上出现的种种不良信息，防范不负责任的恶意炒作，打击煽风点火、传播极端情绪的行为，在对网民进行积极正确的疏导中，共同营造风清气正、健康向上的网络文化环境。三是深化了对网络发展安全的认识。古往今来，很多技术都是"双刃剑"，既可以造福社会、造福人民，也可以被一些人用来危害社会、危害人民。从世界范围看，网络安全威胁和风险日益突出，并日益向政治、经济、文化、社会、生态、国防等领域传导渗透。互联网空间也不是法外之地。我们开展新时代网络文化建设，就是要树立新型的正确的网络安全观。其中，最为关键的是深入开展网络安全知识技能宣传普及，提高广大人民群众网络安全意识和防护技能，真正做到关口前移，防患于未然。

（二）明确网络文化建设的顶层设计和制度安排

早在党的十七届六中全会通过的《中共中央关于深化文化体制改革推动社会主义文化大发展大繁荣若干重大问题的决定》中就专门提出了"发展健康向上的网络文化"这一时代命题，指出"加强网上思想文化阵地建设，是社会主义文化建设的迫切任务"，并对发展网络文化、加强网络文化管理提出了九项具体任务，这包括网络管理的方针、内容、法制建设、信息保护等。其目的就是要通过社会主义先进文化占领网络阵地，让中国特色社会主义的旗帜在网上高高飘扬。

党的十八大以来，以习近平同志为核心的党中央大力推进网络文化建设，形成一系列顶层制度安排。具体来说，体现在以下几个方面：一个灵魂，即唱响社会主义意识形态的主旋律。这要求唱响网上思想文化的主旋律，更好凝聚社会共识，巩固全党全国人民团结奋斗的共同思想基础。一项战略任务，即通过新时代网络文化建设，充分发挥信息化对经济社会发展的引领作用，自主创新推进文化强国和网络强国建设，为决胜全面建成小康社会、夺取新时代中国特色社会主义伟大胜利、实现中华民族伟大复兴的中国梦作出新的贡献。一项重点内容，就是推进社会主义核心价值观建设，加大优秀传统文化瑰宝和当代文化精品互联网传播的力度，制作适合互联网等新兴媒体传播的精品力作，鼓励网民创作格调健康的网络文化作品，共建亿万国人共有的精神家园。一项技术支持，即加强互联网技术建设，网络文化的发展需要技术的支撑。这其中，要落实关键信息基础设施防护责任，依法严厉打击电信网络诈骗、网络黑客、侵犯公民个人隐私等违法犯罪行为，切断网络犯罪利益链条，持续形成高压打击态势，切实维护广大人民群众的合法权益，特别是未成年人的合法权益。一项保障性工作，即筑牢网络文化绿色发展的安全屏障。从明确提出"没有网络安全就没有国家安全"，到反复强调"牢固树立正确的网络安全观"，再到明确要求"全面贯彻落实总体国家安全观"①，党的十八大以来，我国网络安全保障能力建设得到明显加强，进

①《习近平新时代中国特色社会主义思想三十讲》，北京：学习出版社 2018 年版，第 253 页。

一步巩固了国家网络安全屏障。一项历史性任务,即构建网络空间人类命运共同体。在世界多极化、经济全球化、社会信息化、文化多样化深入发展,互联网在人类文明进步中将发挥更大促进作用的同时,互联网领域发展不平衡、规则不健全、秩序不合理等问题日益凸显。这就要求我们构建网络空间命运共同体,做到"国家利益在哪里,信息化就覆盖到哪里"。

(三) 推动网络强国战略的实施

习近平总书记关于新时代网络文化建设的重要论述,萌发于世情、国情、党情的新变化,形成于党的十八大以来中央在建网、用网、管网方面的实践探索过程,既体现在习近平总书记在不同场合围绕网络空间治理与信息化发展提出的一系列新思想、新观点、新要求中,也体现在党中央的一系列顶层设计与战略布局中。体现着我们党不断运用马克思主义立场观点方法,分析和解决我国互联网发展治理问题的重大成果,凝聚了共产党人顺应时代特征的智慧、胆识和勇气,必将有力推动网络强国战略的实施。

具体来讲,开展新时代网络文化建设对于建设网络强国的作用集中表现在以下几个方面:一是互联网发展成果更多惠及人民。网络强国必须让人民得实惠。以人民为中心的发展思想,是党的十八大以来习近平总书记治国理政的一个显著特质。网络文化建设始终贯彻以人民为中心的发展思想。从远程课堂带领山里娃迈过"数字鸿沟",到寻亲平台帮助失踪儿童回家,从"互联网+"带动创业热潮,到互联网政务"让群众少跑腿"……党的十八大以来,我国积极打造用得上、用得起、用得好的网络文化,亿万人民在共建、共治、共享互联网发展成果上拥有更多获得感、幸福感和安全感。二是网络安全防线不断筑牢,网络空间更加清朗。

网络强国的最基本特征就是网络安全、网上主旋律强劲。为了更加积极有效地推进网络文化建设，其一，强化网络的法制保障。2017年6月1日，网络安全法正式施行。与此同时，国家网络空间安全战略、通信网络安全防护管理办法等配套规章、政策文件相继出台，"网络空间安全学院"在多所大学落地，"网络空间安全"成为一级学科……网络安全防线正在不断筑牢。其二，让网上空间清朗起来，有力抵御各种错误思潮和腐朽价值观。国家相关部门持续开展"净网""剑网""清源""护苗"等系列专项治理行动，网络谣言、网络色情等乱象得到有效整治。比如，2018年以来，国家互联网信息办公室会同公安部、工信部等相关部门，联合整治炒作明星绯闻隐私和娱乐八卦的现象，约谈直播短视频平台，将违规网络主播纳入跨平台禁播黑名单等，对当前社交媒体及网络视频平台上存在的违法违规行为打出一系列"组合重拳"。其三，积极推进全球互联网治理体系变革，贡献"中国方案""中国智慧"。"网络空间命运共同体"是中国网络文化建设的价值理念。正如习近平总书记所指出"互联网发展是无国界、无边界的，发展好、利用好、治理好互联网必须深化网络空间国际合作，携手构建网络空间命运共同体"。在世界互联网会场，中国向世界发出倡议，提出推进全球互联网治理体系变革的中国方案，受到全世界范围内的高度评价和广泛赞誉。

四、促进网络文化命运共同体构建

人类命运共同体指在追求本国利益时兼顾他国合理关切，在谋求本国发展中促进各国共同发展。2018年3月11日，第十三届全国人民代表大会第一次会议通过的宪法修正案，将宪法序言第十二自然段中"发展同各国的外交关系和经济、文化的交流"修改为"发展同各国的外交关系和经济、文化交流，推动构建人类命运共同体"。2018 年 12 月 3 日，"命运共同体"入选 2018 年十大流行语。网络文化命运共同体是中国所倡导的人类命运共同体的重要环节，其中蕴含着独特的中国价值、中国理念。

（一）展示中国特色社会主义文化自信

习近平总书记反复强调，文化自信是更基础、更广泛、更深厚的自信，散发着更基本、更深沉、更持久的力量。树立坚定的文化自信，建设社会主义文化强国是历史赋予中国共产党与中国人民的神圣使命与责任。文化既是灵魂，也是内容。开展新时代网络文化建设，进一步彰显了中国共产党致力于用社会主义先进文化凝心聚力、推动发展的雄心壮志。

网络不再是冰冷冷的空间，而是充满情感归属、人文关怀的栖息地。就新时代网络文化建设而言，坚定的文化自信表现在我们用社会主义先进文化引领网络健康发展。社会主义先进文化是当代中国的新文化，符合全国各族人民的利益要求，理应而且可以承担构建网络空间命运共同体的文化担当。① 那么，这样的文化何以引领网络前进的方向呢？从历史逻辑上来看，新时代的文化是在五千多年悠久厚重的传统文化、近代波澜壮阔的革命文化、改革开放以来日新月异的社会主义先进文化这三股文化势力的交织交融、碰撞整合、筛选提炼中应运而生；从实践逻辑来看，新时代的文化是在紧跟时代脚步、聆听时代声音、回答时代命题中解决人们深层次的思想困惑、心底难题；从价值逻辑来看，新时代的中国文化最大限度地聚合 14 亿中国人民的价值"最大公约数"。

---

① 陈联俊：《构建网络命运共同体的文化担当》，《中国社会科学报》2019 年 12 月 25 日。

但不可否认的是，在互联网时代，坚定文化自信还面临着来自网络的影响和挑战。在这个意义上来讲，坚定文化自信有了新的维度，即网络空间的文化自信。正如曹学娜在《网络文化视域下传统文化的传承与发展》一书中提出，伴随着互联网信息技术的快速发展，网络文化这一新的文化形态迅速兴起，并以一种不可阻挡的趋势融入并影响到人们的生产生活，任何国家、民族唯有接受并积极发展它，任何试图排斥、阻止的举措都是落后和不可取的。[①] 所以，加强新时代网络文化建设、运用和管理，成为坚定文化自信的重中之重。我们党敏锐地捕捉到了这一点，致力于发展健康向上的网络文化，既"比较别人的路"，不妄自菲薄，也不妄自尊大，敢于、善于吸收借鉴世界上其他国家和地区的一切先进文化，为我所用，又"远眺前行的路"，以建设者的心态，孜孜不倦地进行网络文化的创造创新，在"探索性、创新性、引领性"发展中增强文化的民族性、世界性。努力形成一批具有中国作风、中国气派，体现时代精神的网络文化品牌，推动网络文化润物细无声地滋润心灵、陶冶情操、愉悦身心。同时，我们在网上大力培育和弘扬社会主义核心价值观，更好地在多元中立主导、在多样中显共识，在纷纭激荡的社会思潮中，始终"咬定青山不放松"，推动社会主义核心价值观在每个国人心中真信仰、真确立，整个国家的文化自信进一步彰显更深厚、更持久的底蕴。

（二）提升中国在国际社会上的话语权

在当前的网络舆论环境下，有一种现象尤为值得思考，就是一个小小的事件，稍不注意就可能在网络空间引发舆论轩然大波，甚至从虚拟

---

① 曹学娜：《网络文化视域下传统文化的传承与发展》，北京：中共中央党校出版社 2017 年版，第 128 页。

空间走向现实空间,由虚拟情绪发泄演变为现实的"打砸抢",直至造成社会的不稳定。同样,网络带来的影响远不止这些,在国际社会领域,网言网语往往成为国际社会观察中国、认识中国、理解中国的一面多维棱镜。国际话语权的争夺,往往从网络开始,这也是开展新时代网络文化建设的更深层次含义。

话语跟着思想走,思想围着话语转。国际话语权看似是一种权力,但这种权力却不同于发号施令的"硬权力",本质上更偏向于"软权力",通过具有特定价值观念和合法性的话语对听众产生影响力。虽然看似"软",但实际上却入脑入心,产生深远的影响。在万物互联的时代,国际话语权的争夺更多借助于网络世界来传播、来扩散。这是因为在互联网时代,人人皆是传播者,话语权由原来集中于某个权威集团,迅速扩散到代表一定阶层利益的专家、学者、工人,乃至普通大众,由此开启一个多维度传播话语的时代。同时,传播内容的去中心化意味着谁掌握了网络传播规律,谁就能更好地引领话语思潮,抢占话语权的制高点。再从我国社会发展的现实来看,由于历史的原因,中国所处的国际环境和国际地位决定了在过去很长一段时间内都是采取"韬光养晦"的战略,在国际舞台上往往不愿说、不会说,有理说不出,或者说了传不开,甚至国家形象屡屡遭到刻意的丑化。尤其是当今世界,各种思潮跌宕起伏、纷繁复杂,林林总总的话语在网络世界里横空出世。现实的尴尬局面警示我们,要提升中国在网络空间的国际话语权,就应当掌握话语传播规律,及时发声,并且以生动活泼的形式传播出去。开展新时代网络文化建设,是提升国际话语权的有效形式。我们在网上弘扬真善美,传播符合中国理念、中国价值的思想智慧,让更多的人理解并接受"中国方案""中国智慧",使得21世纪马克思主义、当代中国马克思主义展现出蓬勃的生机和活力。同时,我们借助于公众和民间力量的广泛参与,打出了争夺网络空间国际话语权的"组合拳"。

比如,希拉里·克林顿在刚就任国务卿一职时,就曾推出"巧实力"外交,试图通过提升国际话语权来提高美国国际政治的影响力。国际话语权作为一种权力,影响力巨大。如"棱镜门"事件揭露了美国的互联网企业跟情报部门合作,开展了侵犯公民隐私和其他国家的国家安全的大规模网络监听。这样的事情发生在任何其他国家,涉事企业都会受到国际舆论的强烈谴责,并面临破产的风险。但美国强大的国际话语权加上政府与企业之间后来经过精心设计的一系列互动,却能够帮助这些深陷"棱镜门"事件的企业安然脱身。

(三)鼓舞世界社会主义运动的新发展

习近平总书记在党的十九大报告中指出,中国特色社会主义进入新时代,在中华人民共和国发展史上、中华民族发展史上具有重大意义,在世界社会主义发展史上、人类社会发展史上也具有重大意义。[①] 强调中国特色社会主义进入新时代,意味着科学社会主义在 21 世纪的中国焕发出强大生机活力,在世界上高高举起了中国特色社会主义伟大旗帜;意味着中国特色社会主义道路、理论、制度、文化不断发展,拓展了发展中国家走向现代化的途径,给世界上那些既希望加快发展又希望保持自身独立性的国家和民族提供了全新选择,为解决人类问题贡献了中国智慧和中国方案。[②] 当今时代,从国际上来看,马克思主义"悲观论""失败论"、社会主义"终结论"甚嚣尘上。从社会主义国家内部来看,也有不少

[①] 习近平:《决胜全面建成小康社会 夺取新时代中国特色社会主义伟大胜利——在中国共产党第十九次全国代表大会上的报告》,北京:人民出版社 2017 年版,第 12 页。

[②] 习近平:《决胜全面建成小康社会 夺取新时代中国特色社会主义伟大胜利——在中国共产党第十九次全国代表大会上的报告》,北京:人民出版社 2017 年版,第 10 页。

人忘记了初心，动摇了对社会主义、共产主义的信念，以"怨天尤人"的狭隘视角看待社会主义的前途与命运。而中国特色社会主义事业取得的巨大成就，给世界上那些既希望加快发展又希望保持自身独立性的国家和民族提供了全新选择，树起了一面令人向往的旗帜，不仅在关键时刻稳住了世界社会主义的阵脚，而且极大地鼓舞了社会主义国家人民的士气，增强和坚定了世界上对社会主义、共产主义的信仰和信念。这必将深刻地影响世界格局和人类社会发展进程，也必将极大鼓舞世界社会主义运动的新发展。

开展新时代网络文化建设，就是以价值理念的形式传播社会主义运动的新发展，照亮更多人内心的方向。社会主义、共产主义是网络文化的价值指引，它关系到网络文化的性质和方向。构建中国特色网络文化必须站在人类历史发展和党和国家全局高度，深刻回答事关中国特色社会主义事业发展的一系列重大理论和实践问题。网络文化建设必须以习近平新时代中国特色社会主义思想这一马克思主义中国化的最新理论成果为指导，传承和弘扬以爱国主义为核心的民族精神和以改革创新为核心的时代精神，承载中国理念，传播先进文化，推动文明进步。在此过程中，要通过社会主义核心价值观来引领各种思潮，在辨析中引导，在引导中协调，在协调中整合，不断培植网民坚定的马克思主义立场、中国特色社会主义立场、人民立场，激荡起爱党爱国的情感、热爱人民奉献人民的情感，并走向世界，打造出具有中国作风、中国气派、中国风格的网络文化，以此推动中华文化的发展壮大，推动中国理念、中国精神的传播，为掀起社会主义运动新高潮作出中国贡献。

第三章　新时代网络文化建设的功能定位

新时代网络文化建设并不是一个孤立的命题,而是立足于经济、政治、文化、社会、生态建设中的一个系统性、整体性、全局性的大命题。因此,研究新时代网络文化建设功能和逻辑,需要将其放在社会发展的系统性格局中,将其放在与经济建设、政治建设、社会建设、文化建设、生态文明建设"五位一体"的有机联系中进行分析。唯有此,方能真正把握新时代网络文化建设的内在逻辑和功能定位。需要说明的是,鉴于生态文明建设的特殊性,本书将网络文化与生态文明建设之间的关系纳入"网络文化促进经济发展"章节中一同论述,不再单独成节进行论述。

一、网络文化促进经济发展

习近平总书记提出,没有信息化就没有现代化,网络文化事业代表着新的生产力、新的发展方向,应该也能够在践行新发展理念上先行一步。[①] 互联网作为一种先进的生产力,加之互联网技术的可复制性,使

---

① 习近平:《在网络安全和信息化工作座谈会上的讲话》,北京:人民出版社 2016 年版,第 8 页。

网络文化产品以更加廉价的成本重复使用,节省了资源的消耗,而互联互通的特点,缩短了时空距离,大大提高了劳动效率。在生产关系上,人与人之间的交往更多被"人机"关系所代替。网络文化促进了经济发展模式的改变和创新,也促使新型经济产业的出现,以其巨大的影响力辐射整个经济领域。具体而言,网络文化对经济发展产生重要影响。一方面,网络文化成为经济发展新引擎,创造了新的经济发展模式,促使数字经济勃兴。另一方面,网络文化推动传统经济和产业融合发展提质增效,降低管理和研发的成本,切实提高生产力。① 与此同时,在经济全球化的大背景下,我国借助网络文化进一步扩大对外开放,加强与其他国家的经济交流与合作,实现更深层次的互联互通。

(一) 网络文化成为经济发展新引擎

当今世界处于百年未有之大变局。在大变革时代,大力发展网络文化经济,加快推进互联网领域"新基建",实现经济高质量发展,是破解当前发展困境的必由之路。互联网与实体经济的不断融合,能够助推经济增长方式转型,催生新兴产业与新兴业态,促进消费升级,从而整体带动和提升新型工业化、城镇化、农业现代化。

1. 网络文化助推经济增长方式转型

经济增长方式是由经济增长的内容、决定经济增长的各相关主要因素一同决定的。经济增长方式意指推动经济增长的各种要素的组合方式和各种要素组合起来推动经济实现增长的方式。按照马克思在《资本论》中的阐释,可以把经济增长分为两类。一类是通过增加生产要素投

---

① [美]卡斯特:《网络社会:跨文化的视角》,周凯译,北京:社会科学文献出版社 2009 年版,第 173—185 页。

入实现的"粗放型经济增长方式",另一类是通过提高生产效率实现的"集约型经济增长方式"①。粗放型经济增长方式具有六大特征。其一,追求高速度是其目标,效益是从属于速度的。其二,就增长动力源泉而言,主要是通过高投入、高消耗以及扩大规模实现高速度的增长。其三,就增长形态而言,往往表现为生产规模扩张为主的形态,各产业部门以生产规模持续扩大为目标,导致结构严重扭曲等问题。其四,就增长结果而言,粗放型增长不考虑投入与产出之比,而是以高投入、高消耗作为实现目标的手段。其五,就增长轨迹而言,粗放型经济易出现较大波动,不具有增长连续性和可持续性。其六,就增长代价而言,粗放型经济增长对生态环境造成严重破坏。②

集约型经济增长方式也有六大特征。其一,就增长目标而言,主要是表现为高效益的经济,速度体现在效益之中。其二,就增长源泉而言,通过技术进步和提高效率来实现集约型经济增长。其三,就增长形态而言,集约型经济主要表现为产业部门之间呈现非均衡发展,突出重点领域的扩张,低增长部门的收缩是高增长部门扩张的前提。其四,就增长结果而言,通过低投入、低消耗达到集约型经济增长目的,经济效益体现了投入与产出之间的关系。其五,就增长的轨迹而言,较好的稳定性和协调性是集约型经济增长的显著特征。其六,就经济增长的代价而言,增长的同时注重对生态环境进行保护。习近平总书记在浙江工作时曾指出,要拿出壮士断腕的勇气,摆脱对粗放型增长的依赖,大力提高自主创新能力,以信息化带动工业化,打造先进制造业基地,发展现代服务业,变制造为创造。③

---

① 《资本论》第 3 卷,北京:人民出版社 1975 年版,第 766 页。
② 谢琦:《经济增长模式的转型》,北京:经济科学出版社 2008 年版,第 63—64 页。
③ 习近平:《之江新语》,杭州:浙江人民出版社 2007 年版,第 184 页。

互联网是中国制造升级的具体工具,不仅为转变经济增长方式提供必要的市场环境,同时也在促进中国经济由传统的高能耗、高排放、低增长向低能耗、高增长的方向转变中起着不可替代的作用。贯彻落实新发展理念,再次强调经济增长不等于经济发展,经济发展不单纯是速度的发展。从宏观上看,网络文化在助推经济转型升级方面具有两大作用。一是提升国民经济管理水平,优化资源配置。按照经济学的经典理论,市场价格通过市场竞争形成,资源流向由价格信号引导,从而实现资源配置的优化。然而,由于现实中十分复杂庞大的经济运行系统,特别是快速发展的经济全球化趋势和尚有缺陷的市场体制规则,各类市场主体的行为多变复杂,价格不能完整而又真实地反映价值,导致资源错配的状况时有发生。互联网信息技术的快速发展,在提高宏观经济管理的精准度、完善市场功能和促进资源要素的合理配置上具有重要作用。二是推进"互联网＋"进程,提升产品设计能力、完善制造业的技术创新体系、强化制造基础、提升产品质量、推行绿色制造、培育具有全球竞争力的企业群体和优势产业。三是实现绿色发展。我们在发展经济的同时,应该重视其带来的社会总体效益,实现经济发展与生态建设的"双赢"。网络文化经济的优势在于,它不仅能够避免付出环境的代价,同时也能够有效地减少环境污染,为经济发展创造一片清朗的天空。大多数互联网创新型企业,是以人才和文化创意为核心竞争力,主要通过"人脑＋电脑"模式创造绿色 GDP。互联网技术自身在推进自主创新和节能减排等方面的作用也日益明显,互联网产业已经成为典型的绿色、新型战略性产业,有效推动着我国科技 GDP、绿色 GDP 的增长。

2. 网络文化催生新型产业和新兴业态

网络文化的发展与运用已经催生了一批软件服务、服务外包等新兴产业,在互联网的带动下,还将创造新的信息需求,催生更多的新兴产业和新兴业态,形成新的经济增长点,促进经济社会各领域的融合创新。

鉴于中国目前正处于增长速度换挡期、结构调整阵痛期、前期政策消化期"三期叠加"的关键时期,加快推进经济结构战略性调整是大势所趋、刻不容缓,而其中运用互联网大力发展新兴产业和新兴业态就是重要路径。具体包括:通过实施高端装备、信息网络、集成电路、新能源、新材料、生物医药、航空发动机、燃气轮机等重大项目,把一批新兴产业培育成主导产业。落实"互联网+"行动计划,推动现代制造业插上互联网的翅膀,促进电子商务、互联网金融和工业互联网等持续健康发展,鼓励互联网企业开拓国际国内市场。此外,互联网还在重塑中国的劳动力市场。互联网新应用带来的生产力提升会减少一些传统产业的用人需求,但同时,由于互联网消除了空间束缚,也增加了更多就业机遇,其带来的全新的产品和服务会增加更多新岗位,促进非农就业。政府越来越认识到网络文化经济的价值,给予更多政策扶持互联网经济,这将带来更多的新产品和新服务,帮助整个经济更有效地分配资源、提升总需求。这些变化可以创造更多新的工作机会,而这些岗位中更多是需要高素质信息人才。互联网通过对新型岗位的创造,优化劳动力市场结构,刺激培育更多高素质人才,全面提高中国劳动力质量。这些优秀人才也会反过来进一步提高互联网产业效益,促进经济增长。

需要指出的是,一般产业的发展都是从简单到复杂、从综合到分工的过程,互联网作为一个新兴产业也经历这样一个发展过程。随着新一代移动通信、下一代互联网智能终端、物联网等新一代信息技术产业被列为战略性新兴产业,互联网产业作为重点建设领域将会呈现爆炸式发展。互联网用途将更加多元化,加速向更多行业和领域扩展,而且在每一个行业内的应用也正向纵深发展,深入到生产、销售、运营等多个环节,最终实现融合应用,催生更多的新型产业和新型业态。

3. 网络文化促进消费升级

投资、出口、消费是拉动国民经济的"三驾马车"。据测算,在我国经济发展过程中,最终消费对经济增长的贡献率超过 50%,成为经济增长的重要驱动力。因此,借助网络文化培育新兴消费热点,对于刺激消费、促进国民经济持续高速发展有着尤为重要的意义。一方面,利用互联网带动电子商务发展。互联网对消费的影响很大程度是通过电子商务的形式实现的。互联网的高速发展,是催生电子商务的土壤和加速器,推动电子商务走向成熟。互联网突破时空的限制,特别是随着移动互联网覆盖率的增加以及手机等移动终端不断迭代升级,移动电子商务市场规模日益庞大。据统计,2018 年,全国网上零售额突破 9 万亿元,全国电子商务交易总额超 30 万亿元,同信息直接和间接有关的部门在国内生产总值中所占的比重已经达到 80%。[①] 截至 2019 年 11 月 11 日 24 时,天猫"双 11"总成交额达2 684亿元,京东"双 11"累计下单金额冲破2 044亿元。加之不断完善的数字认证、物流配送、电子支付等电子商务应用支撑体系,消费电子商务将进入新一轮的快速发展。足以见之,电子商务经济体正在成为中国经济快速发展的重要引擎。

另一方面,网络文化对消费方式产生积极影响。网络文化对消费方式的影响大致可以归纳为"五化":消费便利化、空间无线化、价格亲民化、行为主动和需求个性化、选择多样与消费常态化。一是互联网简化了消费过程,使交易行为更加快捷方便。网络购物只需要坐在电脑前,与生产者进行"指尖互动",最后完成"一键支付",即可坐等送货上门。这样的方式为消费者提供了极大的便利,由互联网自动生成网上订单,

---

[①]《2018 年全国网上零售额突破 9 万亿元》,http://finance. people. com. cn/n1/2019/0222/c 1004－30897084. html,2019- 02 -22。

简化整个交易过程。特别是随着手机等移动终端购物的普及，更加满足了人们随时随地购物的需求。二是互联网弱化了消费的边界，使消费变得更加自由。网络消费的时空是无边界的，使网络消费成为无边界购物行为。同时，网络消费中的信息来源是无边界的，随着网络技术的日新月异，网络本身也逐渐实现全球延伸和铺设。数量巨大、多样化的信息涌如潮水，消费信息的收集、发布和传播不再受到边界限制，世界各地信息正在由网络不断联结，形成一个全球消费大市场。消费者在这个巨大的市场中可以自由地进行各种消费活动，满足消费需求。三是互联网降低了交易价格，为消费者带来更多福利。在网络消费方式下，买卖双方能够在第一时间了解彼此的需求并进行互动，"货比三家"甚至百家都非常方便，这增加了消费者的福利。网络商家因减少店面租金与运营的成本支出，交易价格相对传统交易模式来说更加低廉。四是互联网将消费活动从传统的被动行为变为主动行为，消费更加个性化。互联网时代，消费者从孤陋寡闻变得见多识广，从分散孤立到相互连接，从消极被动到积极参与，最终扭转消费格局，占据主导地位，不断参与各个商业环节。五是互联网不仅能够促进物质消费的增长，对旅游、休闲娱乐等方面的消费也提供了更好的条件，从而有助于满足美好生活的需要。互联网创造了一种新的消费氛围，通过视频、图片、文字等形式多维度呈现消费市场，增强网民的消费体验。同时，网络消费品更新换代速度加快，刺激了消费者求新、求变的需求，消费与销售逐渐一体化。

（二）网络文化助推传统产业转型升级

当前，中国正在围绕建设现代化经济体系、实现高质量发展，积极推行"工业化、信息化、城镇化、农业现代化"发展战略。随着互联网的迅猛发展，互联网成为当今信息社会的一大新兴产业与现代化发展的重头产业。提升信息化发展水平,不仅实现了经济的跨越式发展,也可以整体带动和提升新型工业化、城镇化、农业现代化发展,为其他传统经济的转型提供机遇,进一步优化整个产业结构和经济格局。换言之,在加强新时代网络文化建设的背景下,通过"互联网＋",使传统产业实现在线化、数据化,"互联网＋"的过程是传统产业转型升级的过程,为经济转型的升级注入新的活力。①

1. 互联网＋农业

培育网络化、智能化、精准化现代生态农业新模式,推动网络信息技术与农业生产、经营、管理、服务全面深度融合,加快构建现代农业产业体系、生产体系、经营体系,推动农业物联网、大数据发展应用,发展基于信息技术的农业生产性服务业,促进农业农村电子商务快速健康发展。一是重塑农产品流通模式。在互联网的催化下,以电子商务为主要形式的新型流通模式快速崛起,各类生产者积极变身,直接对接电子商务平台。许多传统批发商和零售商为了适应市场的变化,主动投身电子商务,扭转农产品流通局面。新型农产品流通提高了流通效率,节约了社会成本。在信息经济背景下,生产者与消费者之间的信息充分共享,直接交易大大降低了零售成本,极大提升交易效率。同时,部分农民开始成为市场交易主体,农民的弱势地位发生转变,收入得到提高。二是农产品电子商务越来越走向繁荣。以电子商务为载体的农产品原产地直销成为热点,克服了传统流通模式环节繁琐、效率低下、损耗大等缺点。随着快递行业的效率提高,生鲜农产品电子商务也迎来爆发式增长,拓宽了农产品发展之路。三是互联网在对"三农"赋能的进程中,催生出一个充满朝气与活力的"新农人"群体。新农人是互联网与"三农"有机融

---

① 杜骏飞:《互联网思维》,南京:江苏人民出版社 2015 年版,第 37 页。

合的产物，是农民群体中的代表。新农人与传统农民一样，都服务于农业，但是新农人具备互联网思维，其核心是"三农＋互联网"，这也是新农人与传统农民的本质区别。新农人开启了农民从产业链末端走向前台的模式，改变了农民信息闭塞的状况，使农民成为市场的主体。他们用丰富的信息资源，大胆的创新精神以及互联网技术和大平台，改变了农业生产和流通模式，推动农村经济发展，拉动农民创业就业，极大地缓解了"三农"问题。

2. 互联网＋工业

互联网与工业融合发展是互联网向工业领域深度渗透的必然，是新一轮科技革命和产业革命的核心内容。其中，互联网包含两层含义，一是指互联网思维，其开放、分享、互动的思维方式逐步影响了工业企业的管理运营方式；二是指广义互联网技术，包含传统宽带网络技术、物联网技术、云计算、大数据和嵌入式控制技术等方面。习近平总书记在经济全球化与工会国际论坛开幕式上指出要坚持走中国特色新型工业化道路。他进一步强调，在推进中国工业化过程中，要把学习借鉴国外成功经验同探索走出一条符合中国国情的科技含量高、经济效益好、资源消耗低、环境污染少、人力资源优势得到充分发挥的新型工业化道路结合起来。而互联网则为工业插上翅膀，为新型工业化道路指明方向。在我国，最先得到政策助力及最早实现与互联网合力的行业便是工业互联网。我们经常提及的新型工业化，就是旨在利用信息化推进工业化，运用互联网解决工业难题，实现工业进一步发展。

在全国乃至全球经济发展的大背景下，工业发展的外部环境和条件发生深刻变化，但处于大有可为的黄金发展期的阶段性特征没有改变，其中的重要一条就是信息技术革命和产业变革为工业的跨越赶超提供了新途径。互联网技术和工业、制造业技术紧密结合，带来的变化和影响是极其深刻的,被称为新一轮工业革命。互联网思维实现了工业企业的创新转型。在互联网与工业加速融合的背景下,传统产业以大规模生产为中心的经营理念及垂直集中的组织结构已不能适应用户主导、灵活多变的市场需求,传统工业企业创新与转型势在必行且正在发生。

在"互联网＋"战略指引下,中国出台了"中国制造2025"规划,将互联网信息化与工业化深度融合,推动"中国制造"走向"中国智造"。从宏观上而言,通过深入推进以智能制造为主攻方向的新工业变革,培育制造业与互联网金融融合新模式,着力发展智能制造装备和产品,推进制造过程和制作模式智能化,拓展互联网在制造领域应用的深度和广度,推动互联网、大数据、人工智能和实体经济深度融合,加快制造强国建设。从微观上而言,根据"中国制造2025"规划纲要,企业应强化信息化管理,以实现制造业"三效"(效率、效益、效果)、"三力"(创造力、生产力、竞争力)、"三降"(降低成本、能耗、物耗),全面优化产业环境,进而克服"中国制造"所面临的困境,解决"中国创造"所面对的难点,变"中国制造"为"中国创造""中国智造"。

3. 互联网＋服务业

不同于传统信息通讯技术,互联网既能通过新技术、新应用优势促进服务业企业的技术进步,又能构建一个企业和消费者等多方主体共同参与的平台,充分发挥平台经济效应,还能催生各类新型服务业,提高技术效能,促进服务业整体生产效率的提升。

其一,互联网是一种新技术新运用,本身就可以促进传统服务业的多个环节创新,进而推动服务业的技术进步,提升服务业整体效能。从宏观上看,互联网在生产过程中加快企业内部信息交流,在产品销售环节缩短了其与市场之间的距离,并且使传统产品和服务的形式更加多样,从而提高了服务业企业的生产效能。就消费环节而言,互联网的应用主要通过增加消费对象和优化消费方式,提升消费者的消费体验,从而增加市场对产品服务的需求,扩大企业生产,提升企业生产效能。

具体表现为,一是就企业内部而言,互联网有利于满足企业内部管理中多种形式信息流通需求,较之于传统的依靠电话网络建立起来的信息网络,互联网因具有多媒体信息传播和可视化交流等特点,更能适应现代服务业企业发展方式。与此同时,互联网信息传递的互动性和及时性更强,能在信息传输中更好地解决物理空间的制约因素,在一定意义上拓展了企业的生产空间。二是互联网提高企业产品与市场之间的连接效率。现代化信息物流的发展有利于企业与消费者及时掌握物流信息,在运输环节上提高了运输行业企业或普通企业的效率。基于此,当前不少贸易型企业日益注重构建自身物流信息平台。所以,在互联网企业建设中,诸如运满满、货拉拉等物流运输企业也是率先开展生产模式创新的企业。三是互联网在企业与市场的联系中发挥着重要作用,是一种高效的商品销售渠道。能形成一个不依托物理场所而存在的虚拟市场是互联网的显著优势,并且 AI(人工智能)、VR(现实增强)等技术的发展不断优化这种"非物理"市场的体验,加之支付环节中日益增强的网络信用管理,网络交易活动更加高效化和常态化。四是互联网比其他服务行业更易实现产品的创新。最初,互联网产品创新主要是在服务体验环节,表现为与不同终端进行简单联网。现如今,在服务业领域中,互联网产业已成为先导性产业。

其二,互联网能够构建一个各方主体平等参与的虚拟网络平台,增强各参与方信息的共享与交流,在提升现有服务业企业要素利用能力的同时,催生高效的新型服务业,真正提高服务业生产的技术效率。比如,以京东、淘宝、苏宁易购等为代表的第三方网络销售平台能够直接把产品服务生产线首端的企业和末端的消费者连接起来,为其提供了一个可以实时交流的场所。在该类平台上,消费者不但可以较为便捷地了解企业的生产信息,而且可以及时向企业提供个人预期的消费需求。[①] 与此同时,企业也能根据消费者的需求及时调整生产,提供适销对路的产品和服务,并结合消费者后期的反馈进行改善,以此提高企业决策水平。从宏观上看,互联网平台能有效地提升供求双方信息匹配度,降低沟通成本,使企业及时开展多样化的生产模式,从而提升服务业的整体效能。最后,企业与企业之间也可借助互联网平台进行有效沟通,从而提升生产效率,这是服务业区别于其他行业的显著特点。

(三) 网络文化融入经济全球化

当今世界,各国人民是一个休戚与共的命运共同体,市场、资金、资源、信息、人才等都是高度全球化的。只有世界发展,各国才能发展;只有各国发展,世界才能发展。经济全球化的趋势是生产力发展、社会进步的必然,是人类文明的共同成果。全球化不仅在经济领域使商品和资金快速流动,也使科技进步日新月异,使人们改善生活和增加财富的机会增多。习近平总书记在第二届中国国际进口博览会开幕式上指出,"当今世界,全球价值链、供应链深入发展,你中有我、我中有你,各国经济融合是大势所趋,强调经济全球化是历史潮流"[②]。

网络信息的流动是跨国界。信息流对资金流、技术流、人才流进行引领,信息资源日益成为极其重要的生产要素和社会财富,国家软实力和竞争力的重要标志之一就是信息掌握的多与寡。[③] 一方面,网络文化

---

① 丁宏、梁洪基:《互联网平台企业的竞争发展战略——基于双边市场理论》,《世界经济与政治论坛》2014 年第 4 期,第 119 页。
②《习近平在第二届中国国际进口博览会开幕式上的主旨演讲》,http://www.xinhuanet.com/politics/leaders/2019—11/05/c_1125194405.htm。
③《习近平谈治国理政》第 1 卷,北京:外文出版社 2018 年版,第 198 页。

加快经济全球化进程。尽管目前世界经济形势低迷,经济全球化在美国发动贸易战的背景下受到较大冲击,但其仍旧保持高速发展。与此同时,经济全球化还多了一个强有力的支撑——网络文化。网络信息的流动性加速了世界经济信息的交流,信息技术和互联网的发展已成为经济全球化加速的主要动力。全球化是一个被计算机网络和在网络中高速流动、四通八达且如同巨浪般涌来的信息所缠绕着的全球化,这是一个互联网时代的全球化。互联网作为信息革命最重要的成果,从全球化最近十余年的历史进程来看,它事实上充当了加速这种进程的"不自觉的历史工具"。互联网本身就具有全球化特质。网络具有开放性,其时间的连续性强,使通讯实现了信息全球化。网络也使空间距离缩短,从而使经济活动越来越不受国界的限制和约束。互联网促进全球范围内实现新一轮资源配置,并形成巨大的竞争市场。信息无国界、消费者无国界、企业无国界、竞争无国界,互联网真正将全球连成一个"地球村"。

另一方面,经济全球化也促进网络文化建设。近年来,随着经济全球化和信息全球化进程的加速,互联网和电子商务已成为引领社会经济发展的主导力量。互联网建立起全球性的竞争大市场,中国想要赢得市场,提高国际竞争力,就必须参与国际竞争,也就意味着在当前条件下必须加快发展网络经济、开放市场,最大限度地吸引外国资金、引进外国技术、吸引海外人才,在发展互联网经济方面真正实现跨越式发展,在利用信息网络技术改造传统产业方面主动实现战略性的产业结构调整。然而,这一切都离不开经济全球化这个大时代发展趋势带来的机遇与条件。作为一个全新的国际市场,经济全球化也促进了国际互联网的加速形成,其形成和发展使世界之间经济联系更加紧密,并对当代世界经济的运行和未来的走向产生深刻影响。有了经济全球化,互联网的对外交流与合作才有可能实现;有了经济全球化,互联网的"触角"才能够延伸到更远的地方；有了经济全球化，互联网企业才有机会冲出国门，走向世界。信息化和经济全球化相互促进，我们要建设网络强国，就要开展双边、多边的互联网国际交流合作。因此，需要把握经济全球化的大环境，积极面对挑战，寻求发展机遇，进一步加大互联网经济的对外开放力度，同时也要准确理解网络文化，加快互联网走向世界的步伐。随着中国经济与世界经济的深度融合，中国正推进新一轮高水平对外开放，越来越多的企业将参与国际市场的竞争。我国也在努力进一步加大与其他国家的经济合作。一言以蔽之，经济全球化的深入为网络文化的发展提供了平台，网络文化的发展则进一步促进经济全球化的深入，最终促进世界经济更好发展。

二、网络文化涵养政治生态建设

所谓政治生态，是相对自然生态环境、经济秩序而言的，指的是领导干部从政的环境，是党风、政风和社会风气的综合体现。党的十八大以来，我们党十分重视维护良好的党内政治生态，党内政治生态是党的政治建设的基本构成要素。习近平总书记指出，"政治文化是政治生活的灵魂，对政治生态具有潜移默化的影响"[①]。与过去的政治生态不同，当下的互联网空间不仅可以反映、参与现实世界的政治，甚至可以改变现实世界的政治生态。比如，民间社会利用网络表达意见、争取权利；政府部门则应对网络舆情，传达施政意图；党和国家领导人重视网络应用，通过互联网直接与网民探讨诸多社会热点问题；社会舆论的形成和扩散主要借助网络平台；网络空间的全球化使得西方的政治文化对我国传统的

---

① 《习近平谈治国理政》第 2 卷，北京：外文出版社 2017 年版，第 181 页。

政治生态形成冲击，同样，也改变了西方国家的政治生态。比如，美国前总统特朗普借助推特直接发布各类信息，充分利用社交网络、网络视频、搜索引擎发动舆论战。

显而易见，网络空间深刻影响了政治权力、政治制度、政府管理、政治过程、国际关系等领域，尤其是网络改变了政治结构和政治行为，成为公民与政府重要的沟通渠道，为实现民主协商、发展民主政治提供了有利、有效的工具。① 这迫切需要我们仔细判断网络文化对政治生态产生的影响，其积极的方面值得我们肯定和继续传承，消极的影响则需要我们规避和警惕。基于此，各级领导干部特别是高级领导干部要主动适应新时代互联网发展要求，强化互联网思维，不断提高把握互联网规律的能力、引导网络舆论的能力、驾驭信息化发展的能力、保障网络安全的能力。

（一）网络文化成为政治生态建设的"最大变量"

以网络舆论为重点内容的网络文化，在我国的政治生态建设中扮演着重要的角色。历史和现实告诉我们，好的舆论可以成为发展的"推进器"、民意的"晴雨表"、社会的"黏合剂"、道德的"风向标"，不好的舆论可以成为民众的"迷魂汤"、社会的"分离器"、杀人的"软刀子"、动乱的"催化剂"。2016 年 2 月 19 日，习近平总书记在党的新闻舆论工作座谈会上发表重要讲话，强调做好党的新闻舆论工作，对旗帜和道路、党的理论和路线方针政策、党和国家各项事业、全党全国各族人民凝聚力和向心力乃至党和国家前途命运都有着重要影响。他指出，做好党的新闻舆论

---

① 苗国厚：《互联网对政治权力的解构及民主政治建设的促进》，《人民论坛》2014 年第 32 期，第 48—50 页。

工作,是治国理政、定国安邦的大事。[①] 习近平总书记于 2016 年 4 月 19 日在全国网络安全和信息化工作座谈会上强调:"加强网络内容建设,做强网上正面宣传,培育积极健康、向上向善的网络文化,用社会主义核心价值观和人类优秀文明成果滋养人心、滋养社会,做到正能量充沛、主旋律高昂,为广大网民特别是青少年营造一个风清气正的网络空间。"[②]随着信息技术的迅猛发展,互联网日益成为人们参与社会事务和发表意见、表明态度的重要平台,俨然是各类舆情的"集散地",是社会舆论的主阵地、主战场。过不了互联网这一关,就过不了长期执政这一关。网络文化俨然已成为政治生态的"最大变量"。

首先,网络文化对传统政治生态产生巨大冲击。在自媒体时代,人人都有麦克风,人人都是媒体,人人都是记者。这深刻改变了社会舆论传播格局,也影响着舆论的生成、演变机制,重塑了中国社会的舆论生态。一是传统媒体的"把关人"过去控制着新闻信息的生产与传播,而现在网络舆论主体间的关系呈现多极、多维度和非中心化的状态,舆论生态中各个主体间的关系日益扁平。上述新变化一定程度上增加了公众的话语权利,分散了传统媒体的"声音",改变了以往的舆论生态。二是传统的媒体体制由国家按照行政体制设计,并通过有关法律、法规和政策,保障其为国家制度以及国家目标服务,而网络舆论提供了不经"把关"的社会多元意见,使得社会舆论更加纷繁复杂。三是网络舆论的跨地域性和融合性的特征进一步增加公众的政治参与度。网络的无边界性与传统意义上政府权力的管辖疆界相互矛盾,这一特征削弱了国家尤其是地方政府管制网络世界的权限。现实中互联网也让个人拥有了采

---

① 《习近平谈治国理政》第 2 卷,北京:外文出版社 2017 年版,第 331—332 页。
② 《习近平谈治国理政》第 2 卷,北京:外文出版社 2017 年版,第 337 页。

取行动并影响政府的力量。

其次,网络文化扩大政治参与度。伴随着网络文化的发展,以网络问政为代表的互联网平台提供了公民政治表达的新渠道,迎来了互联网背景下我国政治生态建设的新局面。互联网既为公民进行政治表达提供新渠道,也为政府了解民意提供技术工具,成为领导干部与公民沟通互动、共同建设和谐政治生态的重要平台。一方面,许多公民以网民的身份通过互联网平台表达诉求,主动行使知情权、参与权、表达权和监督权。当前,互联网已成为我国公民表达诉求、抒发己见、建言献策、监督权力的重要途径,形成了巨大的网上舆论压力,以至于任何部门、机构或者公众人物都无法忽视它。当今公民的维权渠道已经从"上诉""上访"发展到"上网",尤其是"三微一端"成为公民网络维权的重要渠道。国内的一些公共事件在解决过程中已经形成了一种新的"议程设置"模式,也就是"从网络提出议题到传统媒体关注,再到全社会参与,政府采取行动"的模式。另一方面,利用网络加强政治互动,是互联网社会背景下领导干部执政能力提高的一个关键途径。互联网的发展将会为民主政治发展提供强大的技术支持。现在的问题已经不是要不要将网络技术与网络媒介引入到政治生活之中,而是如何更好地应用这些技术以提升执政水平的问题。

再次,网络文化加速政治生态变化。以网络舆论为重点的网络文化使政治生态发生了一系列变化。一是网民成为一些重要信息的发布者,这些信息越过政府的审批程序而直接出现在公开的网络平台上。除此之外,公众还成为舆论扩散的推动者,可以主动设置舆论议题。公众在舆论生成和扩散中的主动性得以彰显,而政府及主流媒体在舆论格局中常常处于被动位置,甚至遭到公众网络舆论的倒逼。二是公众的利益诉求日益成为政治舆论的主题。党和政府领导下的主流媒体以弘扬主旋律为宣传任务,重大党政事件等宏大叙事主题在我国的传统舆论场域中常常成为舆论的核心议题。但是网络舆论所表达的公众议题因主题的多样性,出现了与主流媒体不同的针砭时弊的舆论主题。三是鉴于在互联网上传递负面信息受到的阻碍更小,这催生了越来越多的网络舆论事件。这些网络舆论事件在为全面深化改革营造有利网上舆论氛围的同时,我们也应清醒地看到,网络舆论中的负面表达占有相当大的比例,其中一些负面表达有失公共理性精神,"人肉搜索""竞价搜索排名"等失范行为更是突破法律规范,其负面影响不容忽视。面对上述严峻形势,迫切需要我们总结出一套行之有效的应对方法,把互联网这个"最大变量"变成事业发展的"最大增量"。

(二) 网络文化安全是政治生态建设的安全保障

习近平总书记在全国网络安全和信息化工作座谈会上,明确指出网络安全是整体的而不是割裂的,是开放的而不是封闭的,是动态的而不是静态的,是相对的而不是绝对的,是共同的而不是孤立的,强调网络安全对国家安全"牵一发而动全身"。[①] 在社会发展全面信息化的今天,网络文化安全问题已经上升到事关国家安全的重大政治问题。没有网络安全就没有健康的政治生态,更没有政治安全。如何构筑网络文化长城,为政治生态建设的顺利进行提供安全保障,俨然成为当下最为迫切的议题。

1. 网络文化安全的本质属性是政治安全

政治安全包括两个方面:一是对内的政治安全。也就是所管辖的民族或社会不出现分裂,国家机器始终拥有资格和能力对其国民和社会予

---

① 习近平:《筑牢国家网络安全屏障》,《人民日报》2018 年 4 月 23 日。

以充分保障。二是对外的政治安全。国家在国际上拥有独立主权,确保领土完整,不遭受外来的安全威胁。只有同时具备以上两个方面,才能称得上国家政治安全,①具体表现为国家主权和领土、政权、政治制度、意识形态等安全和政治稳定。其中,意识形态有其特殊性,它既是政治安全的子系统,也是网络文化安全的子系统,具有政治认同、社会控制、政治动员等功能。它对于政治安全的影响是长期的和潜移默化的,意识形态不安全将对政治安全产生巨大的破坏性。如果一个国家占支配地位的意识形态受到动摇和破坏,精神支柱坍塌,那么该国家的政治信仰、价值观念和思想道德等都将无序,从而引发政治危机和社会动乱,对国家政治安全形成严重威胁。由于互联网兼具产业属性和意识形态属性,其中意识形态属性是互联网的根本属性,境外敌对势力往往将互联网作为对中国进行渗透破坏的主渠道,以"网络自由"为名,不断在网上进行有针对性的攻击污蔑、造谣生事,以各种方式有目的地展开意识形态的渗透活动,诱导网民质疑国家政权的正当性,煽动民族独立,在对内和对外两个层面对我国的政治安全形势形成威胁。所以说,网络文化安全的本质属性是政治安全。

2. 网络文化安全的重要目标是保障政治生态安全

较之于历史上任何时候,当前我国国家安全内涵和外延都更加丰富,时空领域更加宽广,内外因素更加复杂。因此,必须坚持总体国家安全观,构建集政治、军事、经济、文化、信息安全等于一体的国家安全体系。其中,政治安全是国家安全的重要组成部分,是国家安全的核心内容。实际上,政治安全在国家安全中具有无可争议的核心地位,在许多

---

① 姜海南:《论全球化背景下的国家政治安全与中国政治安全维护》,广州:暨南大学,2007,第14—15页。

情况下与国家安全是同级同义的概念。政治性是国家首要的、基本的、根本的属性,政治安全对国家安全具有决定性作用。无论是维护国家经济安全、文化安全,还是维护国家信息安全和国防安全,最终都是维护国家政治安全。只有确保政治安全,才能有效维护经济、科技、文化、生态等领域安全。同时,党内政治生态是党的政治建设的基本构成要素,因此保障我国的政治生态安全便是网络文化安全的根本目标。就一个传统社会而言,政治安全的主要威胁不是传统军事武力的打击,而是意识形态的入侵。

在互联网技术的冲击下,我国在意识形态领域的挑战十分严峻,各种反华势力直接通过网络展开渗透,传播西方政治文化和价值观,左右我国公众舆论,分化民众的政治情感和意识形态归属感。在全面深化改革背景下,改革的力度、深度、难度前所未有,不同群体的利益诉求、价值观呈现多元倾向,各种新思潮不断在网络上涌现。面对挑战和考验,领导干部必须守好网络文化阵地,沉着应对,用好互联网这个先进工具,把提升网上正面宣传水平作为主攻方向,加强网络内容建设和话语表达方式创新。各级党委必须把做好提高领导干部的互联网执政能力当做意识形态工作的重要内容来抓,当做重大的政治任务来完成,切实担负起维护网络安全的政治责任,从而保障政治生态安全。

3. 信息安全为政治生态安全提供技术保障

信息安全相对于信息不安全而言,是指保证信息不泄露,不被假冒,不被篡改。信息安全自有国家间关系以来就一直存在,互联网全球信息系统的发展和普及使信息安全对国家安全的意义有了质的飞跃。理论上来说,只要网络漏洞存在,就没有哪一个国家在互联网时代是真正安全的。因此信息安全是政治安全的技术保障。没有信息安全的技术支持,就没有国家政治安全,没有政治生态的长治久安。

一是从政治稳定角度讲,任何一个国家或组织都可以运用网络对他国进行信息传播,甚至操作一个国家的政治进程和公众舆论,造成他国的国家形象受损、政治局势动荡,乃至网络信息传播可以被用来实现颠覆国家政权的阴谋。利用网络对他国进行意识形态的渗透,从内部瓦解一国的凝聚力已经成为新的国际政治斗争手段。

二是从经济安全角度讲,现在每一个国家的经济系统特别是金融系统基本上都是开放的,与世界紧密联系在一起,网络强国往往同时掌握着金融经济的话语权,他们的跨国大投行对其他国家及其金融系统的评估评测等信息极易通过互联网的传导引起该国经济金融活动的起伏。

三是从军事安全角度讲,信息战已经成为国家安全的"战略战",网络空间成为继海陆空天之后的第五疆域。然而,无论是网络计算机的核心软硬件系统,还是在信息战中十分关键的卫星定位系统,很多国家在研发上都比较落后,从而在新型的军事战争中处于被动地位。

四是从文化安全角度讲,没有丝毫过滤功能的互联网充斥着西方强国的消费文化、自由主义的意识形态和政治价值观,降低了国民的身份文化认同感和自豪感。

五是从科技安全的角度讲,互联网成为当代科技信息泄露的重要渠道。有目的地使用网络病毒或其他手段攻击一国政治、经济、文化、科技、军事信息的情况更是屡见不鲜。由于安全意识淡薄和管理不到位等因素,中国有关部门在例行检查中发现,有很多存有重要科技信息的计算机与互联网连接。据中国国家互联网应急中心的数据显示,2014年3月19日至5月18日,我国境内约118万台主机被2 077个位于美国的木马或僵尸网络控制服务器直接控制。同时,位于美国的2 016个IP对我国境内1 700余个网站植入后门,涉及后门攻击事件多达

5.7万余次。① 可以说,信息安全等同于现代社会的军事力量。要维护信息安全,必须在国家社会中赢得信息优势。这就需要我们强化信息基础设施的建设,实现以较快的速度获取更多的高质量信息,并通过信息共享平台提高信息的集成水平,切实维护国家政治安全。

(三) 网络文化治理是政治生态建设的重要路径

针对网络文化成为政治生态建设的"最大变量",我们需要大力开展网络文化建设,把握其科学内涵和精神实质,推动政治生态建设向上向好发展。

1. 先进网络文化对政治生态建设发挥正面效应

一是网络文化为意见的自由表达搭建了平台。网络文化建立在互联网之上,将不同地域、不同文化、不同种族的人联成一张网,人们足不出户,只要一按鼠标,就能把自己的意见呈现在公众面前。同时,网络文化是一种开放的民主,权威消息来源与受众之间那种单向传播的关系被打破,传统把关者的权力大为削减。加之网络用户的匿名性也一定程度上促成了网络文化的平等性,网络言论的表达没有了现实世界中的种种顾虑。

二是网络文化推动了公民的政治参与。网络文化激发了大众积极参与政治的热情。来自"草根"阶层的网民把对社会的亲身感受聚集在网上,为政府了解真实民意、调控民意提供了一个良好的契机,也为公共决策提供了一个宝贵的思想智慧资源。网络文化提升了公众参与公共事务的水平。网上可以便捷获取的巨大信息流使公众能及时、全方位地

---

① 《国信办公布美国攻击中国网络最新数据》,http://hb.people.com.cn/n/2014/0520/c 192237—21240761.html,2014 年 5 月 20 日。

掌握公共事务的相关政策，在参与民主生活的过程中，公众更能将富于创造性的意见输送到相关的决策部门，总体上提高了决策的效率和水平。公众也能从相互的交流中获取更多的信息，提升自己的素质和参政议政的水平。

三是网络文化大大促进了政府与民主、领导干部与群众之间的互动。网络文化为领导干部与群众的良性交流与互动创造了更为便利的条件。电子政府的出现使政府的相关信息透明化，为群众及时了解政府的运作提供了便捷的通道，更为群众对信息的输入和输出搭建了平台，使政府能及时准确了解群众的诉求并及时作出反馈。此外，网络文化打破了垂直集中的层级，加强了横向的、水平方向的联系，领导与群众之间的上下级关系趋向于平等，政府在决策中更能集思广益，使决策更加科学，群众在与政府的交流中也能及时掌握政府的动态，使政治参与更理性、更有效。

四是网络文化为公众监督政府提供了一个有力的工具和手段。网络文化使政府信息更易被公众掌握，政府机构和公职人员的言行均受到严密监督。在传统政治生态中，公众与政府之间的信息不对称导致了行政不透明，必然带来权力的滥用和腐败，官僚主义之风不可避免。而网络文化的虚拟性使举报行为可以受到一定保护，举报的信息也可以直接送到各级监督机关和广大民众面前。网络文化要求各种决策的推出都要经得起舆论的检验。网络舆论监督是网络文化的重要内容，能够对政府决策行为形成压力，使政府决策更为科学谨慎。

2. 网络文化治理促进良好政治生态建设

网络文化治理有助于加强党的建设和党风廉政建设，管好干部，促使领导干部形成"为民、务实、清廉"的作风，带领全国各族人民坚守中国道路、弘扬中国精神、凝聚中国力量，促进科学发展，建设良好的政治生态。一是网络文化治理重点体现了党内反腐的治理。目前我们党通过包括网络在内的传媒力量对党和政府的政策主张进行宣传,借助大量的正面宣传,对意识形态领域内的大是大非问题进行澄清,回答在各领域发展中出现的新情况和新问题。网络举报已是"全天候的反腐利器"。2007 年始,中纪委监察部开通网上举报。现如今,全国各级纪委、监委都设置了专门的网络举报系统,以获取更多举报信息,进一步畅通信访举报渠道。

二是网络文化治理体现在政府部门对自身行政效率的治理上。2008 年 5 月 1 日,《中华人民共和国信息公开条例》正式实施。我国政府日益重视信息公开,通过政府网站公开政府信息已经成为信息公开的主要形式。网络不但使人民群众更加便利地获取政府信息,而且为政府提供高效优质的服务搭建了平台,较好地解决了政府与公众之间信息不对称的问题,为推进政府政务公开,打造阳光政府,促进公众知情、参与和监督提供了有利契机。

三是网络文化治理体现在对社会风险的预警上。借助互联网检测社会周围环境,可以为社会和政府就危害社会的征兆提前发出警告。在信息社会中,人们对社会公平的敏感度日益增强。如果政府对社会不稳定因素的反应滞后,就会堆积或激化矛盾。公民的网络参与行为可以防止出现因参与渠道不足而社会秩序混乱的情形。党委、政府也可以借助网络平台进一步了解社情民意,掌握社会的运行状态,对公民在网上的愤怒言论,借助互联网进行疏导、沟通和润滑,不断加强双方的互信和理解。不管是记者的深度采访和调查,还是网民的意愿表达,对政府了解问题真相、打破信息封锁、加快决策进程具有重要促进作用。互联网可以视为社会的雷达,通过对周围环境的检测,向社会和政府发出预警,这对于构建稳定、和谐的社会政治局面发挥着重要的预警作用。

3. 网络文化治理为优化国内政治生态创造良好的外部环境

不能因为互联网具有高度全球化的特征,就使独立的主权国家在信息领域的权益受到侵犯。互联网技术再发展也不能以侵犯他国的信息主权为前提。2020 年 2 月 19 日,欧盟委员会主席乌尔苏拉·冯德莱恩提出"技术主权"概念。在信息领域各国都有权维护自己的信息安全,没有任何双重标准。国际社会应本着相互尊重、相互信任的原则,通过积极有效的国际合作,共同打造和平、安全、开放、合作的网络空间,构建多边、民主、透明的国际互联网治理体系。然而,由于互联网并没有确切的边界,如何治理网络空间既是一个国家的问题,也成为一个全球性的公共问题。国际互联网的政治生态必然对我国政治生态产生直接影响,最为突出的现象就是网络安全已经成为世界政治议程的一部分。围绕着互联网治理,各国之间、各个国际组织之间既有合作,又有博弈。比如,一方面,互联网通信技术使得一国的文化和意识形态更为广泛地输出,相应增加了该国的软实力;另一方面,在军事斗争中,互联网信息技术可以获取情报,实施更为精准的军事打击,以更小的伤亡完成既定军事任务。同时,互联网在增加国家间互动的频率、渠道和范围的基础上,也加剧了因国家实力不平等而引发的各种矛盾。因此,积极参与网络文化国际治理是为我国政治生态建设创造良好外部环境的必然要求。基于此,我们要在练好内功的基础上,积极参与国际互联网治理,为中国争取更多互联网国际治理的话语权,为国内的政治生态建设创造良好的外部环境。

三、网络文化巩固文化强国建设

2011 年 10 月 18 日,党的十七届六中全会审议通过了《中共中央关于深化文化体制改革、推动社会主义文化大发展大繁荣若干重大问题的决定》，其最大亮点就是提出了建设"文化强国"长远战略。党的十九大又把中国特色社会主义文化同中国特色社会主义道路、中国特色社会主义理论体系、中国特色社会主义制度一道写入党章，这有利于全党深化对中国特色社会主义的认识、全面把握中国特色社会主义的内涵。网络文化作为一种新的文化形态，正日益显现出其巨大的社会影响力。打造健康向上的网络文化既是发展社会主义先进文化、满足人民精神文化需求的根本要求，也是适应互联网快速发展、增强国家文化软实力、建设文化强国的迫切需要。新时代，我们要在实践创造中不断加强网络文化建设，在历史进步中实现网络文化进步，如期建成社会主义文化强国，用文化的力量托举起实现中华民族伟大复兴的中国梦。

（一）网络文化推动文化事业繁荣

作为中国特色社会主义事业重要组成部分的文化事业，在广义上是指体现社会主义精神文明的各种文化形态的建设，主要包括科学、教育、文学、艺术、卫生、体育、新闻、出版、广播、影视、戏剧、文物、节庆和旅游、民俗、对外文化等，也包括文化政策、文化发展战略的制定，从事各种形态文化的建设活动。狭义则与文化产业相对应，是指学术理论研究、思想道德建设、文学艺术创作、公共文化服务、新闻传媒、文化创新、对外文化交流、民族文化保护、文化发展保障措施等。党的十九大对于文化事业建设作出了进一步的明确部署和安排，提出为满足人民过上美好生活新期待提供丰富的精神食粮，把社会效益放在首位，实现经济效益和社会效益相统一，完善公共文化服务体系，大力实施文化惠民工程，不断丰富群众性文化活动，加强文物和文化遗产的保护、传承、利用和开发。

需要指出的是,网络文化本身也是一种文化事业,具有文化事业属性。网络文化事业是指在网络环境下,以继承、保护和发展民族文化,吸收和引进外来文化为宗旨,以文化形式和文化产品引导和影响大众心理为手段,达到全面提高民族文化水平和精神文明程度的目的,并通过文化产品为大众提供娱乐、休闲等精神享受的一种事业。网络文化事业具有自身的特点和功能,比如,在引进、吸收、融合外来网络文化的同时,还发挥抵御外来不良文化入侵的作用;网络文化事业具有振奋民族精神、引导社会舆论、为经济社会发展凝心聚力的作用;网络文化事业能够促进优秀文化产品生产与传播,为优秀的文化产品创造宽松的发展环境;网络文化事业以扶植、保护优秀产品,限制、抵御不良产品,对广大民众提供精神享受和物质享受为主要职责。与此同时,在互联网时代,网络文化在完善文化管理体制、健全公共文化服务体系等方面具有积极的促进作用,推动文化事业日益繁荣。

1. 完善文化管理体制

深化文化体制改革是在转变经济发展方式的背景下,释放国家文化创造力和经济发展活力,推动经济社会健康和持续发展,实现文化强国战略的重要举措。改革的最终目的是通过形式和方法的变化破除制约文化发展的桎梏。[①] 繁荣文化事业,首先要完善文化管理体制,理顺文化管理体制机制,把公益性文化事业和经营性文化事业加以区分。公益性文化事业是旨在满足和保障最广大范围人民的基本文化需求和文化权益,主要由政府主导、各级文化行政部门参与管理,以公共财政为主要支撑,面向大众,主要提供文化基础设施,满足人民最基本的精神文化需

---

① 张振鹏:《我国文化体制改革方向与路径论析》,《郑州大学学报(哲学社会科学版)》2015 年第 5 期,第 55 页。

求,具有明显的全民性、公益性、基础性及均等性等特征。同时,推进国有经营性文化单位转企改制、培育合格市场主体。改革是否取得实质性进展,就看文化市场主体的活跃度。以体制改革为抓手,以文化领域不同行业、不同单位的性质和特点为谋篇布局的出发点,以打造一大批国有文化企业和企业集团为抓手,着力增强它们的实力和市场影响力。尤其是出版、发行、电影业,这些行业是最具备市场竞争力、最具有活力的、最具有创造力的。若及时出台配套支持政策,必然能在完成全行业转企改制的基础上,建立起现代企业制度。在这过程中,成熟一批发展一批,对歌舞、曲艺、地方戏曲、杂技等市场发育相对成熟的国有文艺院团实施转企改制,对尚不具备转制条件的文艺院团实施事业单位企业化管理,切实增强其创新改制的内生动力。为此,一方面可以通过借助网络文化充分发挥公益性文化事业服务社会的功能,更好地为人民大众提供精神文化方面的服务。比如推进图书馆、文化馆等文化事业数字化,共建共享公益性文化事业,凸显文化事业的公益性、均等性。另一方面,利用网络文化发展形态迭代创新等优势,大力发展经营性文化事业。比如网络游戏、网络动漫等。

2. 健全公共文化服务体系

公共文化服务作为社会文化建设与发展的重要目标,同时也是社会主义制度优越性的充分体现。公共文化服务体系建设是完善公共服务的一项重要内容,同时也是满足公民文化需求的一个重要手段,公共文化服务体系建设的合法性来源于公民文化权利。因此,强化公共文化服务体系建设是我国积极保障人民群众的基本文化权益、建设服务型政府的重大举措。可以说,公共文化服务不仅涉及社会主义核心价值观和道德建设,更加关系到民族精神、国家长治久安和核心竞争力。当前,我国正在构建具有中国特色的公共文化服务体系。在党的十八届三中全会上通过的《中共中央关于全面深化改革若干重大问题的决定》对建立健全现代公共文化服务体系作了清晰而具体的部署，提出要"紧紧围绕建设社会主义核心价值体系、社会主义文化强国深化文化体制改革，加快完善文化管理体制和文化生产经营机制，建立健全现代公共文化服务体系、现代文化市场体系，推动社会主义文化大发展大繁荣"。"现代公共文化服务体系"是党中央关于新时代文化建设相关理论和发展方向的新表述，是对新形势下公共文化工作的全新概括。所谓现代公共文化服务体系是指兼具时代性、创新性和开放性特征，具有中国特色的公共文化服务保障体制、运行机制的总称。①

具体而言，现代公共文化服务体系的现代性主要体现在治理性、开放性、创新性、发展性、均等性、标准性和综合性等七个方面。建立公共文化服务体系是现代民族国家构架的重要组成部分和现代化发展的必然要求。基于此，要充分发挥网络文化效能，繁荣发展我国的文化事业。一是要健全公共文化服务体系，推进基本公共文化服务均等化和标准化。按照互联互通的规划要求，完善公共文化基础设施建设，构建符合地方实际的文化服务标准，打造不同层次的文化机构服务项目及流程；继续推进公共文化设施借助互联网免费向公众开放，提升免费服务水准，吸引更多民众参与。二是提升公共文化服务效能。通过大数据平台，建立数字图书馆、科技馆、博物馆等，推动数字文化产品和服务的研究开发，提供更优质的文化资源，建立健全公众参与文化建设评价机制。三是实施文化惠民工程。组织开展丰富多彩的群众性文化活动，满足人民群众的精神文化需求。针对偏远地区文化事业落后的现状，要实施文化精准扶贫，政府要加大财政支持力度，通过建设农家书屋、广播电视

---

① 兰凯军：《建立健全现代公共文化服务体系的路径》，《光明日报》2014年3月2日。

"村村通"工程、综合性文化服务中心以及购买文化服务等方式,帮助农民切实解决看书报难、看电视难、看电影难、看戏难的实际问题,满足基层群众基本的文化生活诉求。

(二)网络文化壮大文化产业发展

文化产业是以生产和提供精神产品为主要活动,以满足人们的文化需求作为目标,是指对文化意义本身的创作与销售产业,狭义上包括文学艺术创作、音乐创作、摄影、舞蹈、工业设计与建筑设计。文化产业和文化事业的区别往往在于,文化产业是营利性的,而文化事业虽然有时也向读者或观众提供文化产品和服务(精神产品),但它是非营利性的。① 文化产业与文化事业共同组成社会主义文化建设的两翼,文化产业水平体现着文化事业的发展程度。没有高度发达的文化事业,没有大量原创性的文化成果和知识产权,文化产业就没有发展的基础。反之,没有发达的文化产业,文化事业发展也就缺乏动力。

一方面,网络文化具有文化产业属性。网络文化产业是以网络技术为依托,以产业化的方式提供文化产品和服务的行业。主要涵盖四大方面:一是信息技术产业,包括所有的数字化终端设备;二是信息技术服务产业,包括远程医疗、教育以及电子商务等;三是通信业,包括电子邮件、网络电话、网络会议、网络实时交流工具等内容;四是信息内容业,也是网络文化的核心内容。较之于网络文化事业的公益性不同,网络文化产业是以营利为目的,在以网络文化传播、文化产品等形式为大众提供娱乐、休闲等享受的同时也在谋取利润最大化;网络文化产业是知识密集型的产业,从业人员一般具有较高的专业知识水平;网络文化产业的营

---

① 厉以宁:《文化经济学》,北京:商务印书馆 2018 年版,第 44 页。

利具有不稳定性,属于高风险高回报的产业;网络文化产业与其他行业相比具有更高的可炒作性和可操纵性;网络文化产业的产品引导和影响着受众的心理、认知以及道德选择等。一言以蔽之,网络文化产业的发展壮大了文化产业。

另一方面,在互联网信息技术迅猛发展的背景下,在以人民为中心的理念指导下,网络文化为文化产业发展带来新机遇,不仅使文化产业更被广大消费者所欢迎,而且为文化产业领域增加了就业,扩大了文化产业的范围,提高文化产业的产值。改革开放 40 多年来,"人＋手→人＋机→人＋网"构成了文化产业演化的三种形态和三个阶段①。

首先,互联网重新组合了文化生产力,实现了文化财富的新掘金。网络文化产业是知识型、创意型产业。文化生产力的发展从来不是无源之水、无本之木,必须具备三大基本要素。一是高度依赖资源。即根据市场需求,有机整合文化、资本、技术、制度等资源。二是高度依赖人才。人的创意、知识、智慧和技能是文化生产的核心,属于人的主观能动性和创造性发挥。三是高度依赖对外开放和多元包容。即在不同文化基因的交流互鉴中形成优势。网络文化系统跨时空地灵活组合了文化资源、资本资源、技术资源、制度资源,从纵向和横向贯通了在地、在场、在线三大文化生产方式,逐步消融文化企业和文化消费者之间的隔阂。

其次,互联网对文化产业的平台经济进行提升和重塑,促进平台型企业和平台经济集群的产生。随着互联网的日益发展和普及,平台经济也发生了深刻变化。一方面是信息的集聚,聚集了原本分散的众多信息和知识产权,实现信息集聚和产权交易。另一方面是实体意义上的集

---

① 胡惠林:《关于文化产业发展若干问题的思考》,《华中师范大学学报(人文社会科学版)》2016 年第 6 期。

聚,通过降低服务成本,汇集上下游关联方,带动周边产业发展,促进商业流、信息流、物流和现金流的产生,形成产业集群。网络文化催生中国文化产业形成两个新的爆发点,其中一个是诞生了一批生机勃勃的平台型文化企业;另外一个是诞生了规模宏大的文化创意平台经济集群。这些平台型企业极好地发挥了网络效应,对商品经济时代的核心要素"顾客"进行了颠覆,创造了"用户时代",并把"免费"和"开放"作为广泛吸附合作伙伴的终极武器。

再次,互联网推动文化产业对客户的精准服务,使文化服务的范围、深度和效益持续扩大。在全面感知、互联互通、智慧服务的基础上,中国网络文化产业正在通过大数据的采集和分析,通过实施可量化的精确市场定位技术,实现三大突破。一是移动分布广泛。随着日益普及的移动互联网和智能终端设备,实现了用户的随机使用、大量流动和广泛分布。二是降低边际成本。即利用智能终端广泛获取消费者信息,借助网络传输和物流配送降低成本。三是汇聚高度集中。大量的内容服务通过数字化平台集聚起来,从网页、数据、音乐、游戏到视频,为全球用户提供海量的文化消费选择,从而实现文化服务可度量、可调控。

最后,互联网为中国文化走出去,尤其是为发展文化服务贸易提供强大动力。文化货品贸易和文化服务贸易等门类都属于国际文化贸易,可以成为中国扩大文化国际影响力的重要杠杆。在互联网条件下,全球文化服务贸易和文化货品贸易愈加呈现出融合之势,移动终端、高端文化装备、网络游戏等文化货品具有丰富的服务内容,境外创意设计、电影特效加工和院线经营、广电工程承包等服务贸易项目,对更多的影视、游戏、艺术品等出口起到带动作用,国际文化贸易的"在场、在地、在线"三种形态愈加走向融合。

近年来,各类文化产业主体主动顺应"互联网+"新形势,紧抓网络文化产业建设的机遇，政府层面积极鼓励、引导、支持国内企业自力更生，自主研发，牢牢抓住"核心技术突破"这个牛鼻子，实现越来越多网络软件"中国创造"，以数字化、信息化高新技术带动文化的产业化。文化生产商继承民族优秀传统文化，勇于创新网络产品，形成一批具有中国历史文化内涵、代表中华民族传统道德及价值观念、凝聚民族精神与情感的网络精品。管理部门大力整顿和规范网络市场，不断建立起良好的网络文化发展环境。网络经营者本着强烈的社会责任感，自觉将网络游戏等网络文化产业规模化、健康化。网络用户增强网络道德自觉，积极维护网络生态环境。

可以说，中国文化产业实现了从"井喷"到精品、从狂热到理性、从"各自为战"到融合发展的转型。文化产业总体规模和实力不断壮大，呈现出健康向上、蓬勃发展的良好态势，正在逐步成为国民经济支柱性产业。以 2016 年为例，我国全年文化产业实现增加值 30 254 亿元，比 2012年增长 67.4%，年均增速 13.7%（未扣除价格因素影响，下同），比同期 GDP 现价增速高 5.4%，对国民经济增长的贡献率由 2012 年的 3.48%提高到 2016 年的 4.07%。根据对全国规模以上文化及相关产业 5 万多家企业调查，2016 年实现两位数以上增长的 3 个行业分别是：以"互联网＋"为主要形式的文化信息传输服务业营业收入 5 752 亿元、增长30.3%，文化艺术服务业 312 亿元、增长 22.8%，文化休闲娱乐服务业1 242亿元、增长 19.3%。① 全国居民用于文化娱乐的人均消费支出为800 元，比 2013 年增长 38.7%。我国对"一带一路"沿线国家文化产品进出口总额达 149 亿美元，比 2012 年增长 15.4%。

---

① 中华人民共和国文化部：《2017文化发展统计分析报告》，北京：中国统计出版社 2017 年版，第 15 页。

（三）网络文化夯实人才发展基础

实施文化强国战略,关键在党,关键在人,关键在人才。在互联网时代,借助网络文化可以在促进人才培养、引进、使用上大有作为,不断夯实人才发展基础,为打造一支政治过硬、本领高强、求实创新、能打胜仗的高素质专业化人才队伍提供现实条件。

1. 网络传播为人才发展提供现代化的传播交流手段

无论是过去还是现在,任何一名人才的发展过程都需要通过一定的载体得到传播和交流。网络传播所具备的不受时空限制、高开放度、强交互性等特点,使互联网已成为重要的、新兴的"第四媒体"。特别是随着互联网信息技术的发展,人才接收信息、获取新闻、与社会交流的方式逐步改变。互联网业已成为人才传播交流的新手段、新阵地和新渠道,必将极大地提升人才的政治引领力、影响力和竞争力。

一方面,有利于提升人才政治引领力。利用互联网进一步丰富拓展学习方式,依托"学习强国"等互联网学习平台,可以组织人才开展有组织、有指导、有管理、有服务的在线学习,重点学习习近平新时代中国特色社会主义思想,深刻领会其理论体系、思想内涵和精神实质,用以武装头脑、指导实践、推动工作。利用互联网做好人才联系服务,按照分级联系原则,健全各级党政领导直接联系人才制度,做到政治上信任、工作上支持、生活上关心,最大限度把人才团结凝聚在党的周围。坚持把党的政治建设摆在首位,通过在线方式开展"脚力、眼力、脑力、笔力"教育实践工作,加强对人才的政治引领和政治吸纳,引导人才始终保持政治本色、奋斗精神,增进政治认同、思想认同、情感认同。

另一方面,有利于提升人才影响力和竞争力。加强网上宣传推介,坚持正确舆论导向,通过专题报道、专栏宣传等多种方式,向全社会展示人才工作实绩。大力开展"身边的榜样——知识分子群像群塑"活动，组织重点新闻网站广泛宣传报道爱国报国、为党和人民事业作出突出贡献的优秀人才，重点推介一批社科界德业双馨专家，大力营造矢志爱国奉献、勇于创新创造的良好氛围。利用互联网为人才拍摄专题纪录片，打造网络出版成果文库，及时了解和掌握各类人才开展重点工作、参与重大活动、获评重要奖项等情况。

2. 互联网精神为人才发展增添新内容、新体现

互联网既是一种物质财富，也是一种观念财富。奉献、平等、效率、创新等是互联网精神的重要内容，对人才发展有着重要影响，已不断融入人才的意识之中。一是体现奉献精神。互联网是信息自由共享的平台，每个网民都要有为集体、为他人奉献的意识，从而实现资源共享。这种奉献精神与对人才发展有利的集体主义价值观是一致的。从某种程度上说，网络时代就是集体主义时代。二是体现平等意识。互联网作为世界上最大的计算机网络的集合，联结了世界上数以万计的计算机、网络，使其信息互通、资源共享，相互独立、自我管理。在这里，人人都可以成为中心，因而每个人之间也趋于平等。换言之，在网络世界中充分彰显了人才个体间的平等意识。三是增强人才的效率观。在互联网中，人与人的交流被人与机器的交流所替代。由于人跟机器无须讲究繁文缛节，这可以部分地使人从"礼"的约束中解放出来。讲效率在网络空间成为人们的一种行为习惯，这与互联网具有快捷、同步和使用简便等特性息息相关，这也对人才效率观念与习惯的形成有着推动作用。四是促进人才牢固树立创新理念。互联网是 20 世纪最伟大的发明，创新是互联网的基因。面对文化强国建设面临的新形势新任务，有些做法过去有效，现在未必有效；有些过去不合时宜，现在却势在必行；有些过去不可逾越，现在则需要突破。这迫切需要广大人才从互联网中体会创新精

神,牢固树立创新意识,建设文化强国。

3. 网络交往将促进人才发展自我

交流交往是推动人类社会前进的重要动力。今天,互联网的发展为人才"吸收和改造"世界文明成果提供了前所未有的机遇和条件。由于互联网促进全球交往体系、全球文化交流与合作格局的形成,互联网将促进人才在借鉴和吸收人类文明成果中发展和完善自我。一方面,互联网作为人类社会现代化的交往工具与场域,降低了人类交往的成本,消除了交往时间和空间障碍及人自身生理障碍等,特别是它由此所产生的交往的普遍性、平等性和深入性,已经极大地丰富了全球交往体系,实现了人类社会"海内存知己,天涯若比邻"的古老梦想。另一方面,这种互联网全球交往体系促进精神层面的交流,而不仅仅停留在物质层面,为物质利益的需要而进行交往。一言以蔽之,互联网使历史真正成为"世界历史",世界上所有人第一次分享着"同一个历史"。鉴于此,互联网不但提供全球文化交流的可能,而且把文化交流上升到信息化、知识化的水平,使文化全球交流展现出新境界、新层次和新状态。

4. 健康的网络思维方式和生活方式推动人才发展

一方面,网络思维方式将推动人才发展。人的思维方式产生于一定时代的实践方式、生活方式和时代问题,并受特定时代科学技术发展水平影响,具有明显的时代性。互联网信息技术应用越来越普及,深刻改变了人类思维方式。具体体现在:一是思维参照系和着眼点变化。在互联网时代,人们在参照系上必须选择面向未来,形成面向未来的具有动态性、创造性的思维方式。二是拓宽思维空间。人类的实践活动延伸到以网络为基础的新平台。换言之,从原子世界拓展到网络世界。为人类发挥想象力和创造力,网络世界提供了一个巨大的思维空间,并改变人类思维方式。在新的思维方式下,我们可以对以往难以想象的和没有想到的事情进行全新思索。如此一来,就有可能促使人才产生大量新理论、新思想、新观念、新见解。

另一方面,网络生活方式也将促进人才发展。一定阶级或集团的意识形态的形成和发展既与体力劳动、脑力劳动的分工紧密联系,也与精神生活的丰富及阶级的产生等紧密联系在一起。互联网的发展使人类生活方式各方面发生变迁,促进人才全面发展。一是互联网将带来人才劳动结构的重大变化。互联网使脑力劳动成为人们的主要劳动,最大程度减少体力劳动。随着人类更多从物质生产过程中分离出来,社会生产和推进社会进步的主力军将是从事科学研究的劳动者和其他脑力劳动者,这必将有利于人才全面发展。二是互联网将极大地缩减社会必要劳动时间。如此一来将大幅增加人们从事精神生活所需要的闲暇、自由时间,人们越来越多地腾出更多时间按照自己的兴趣和才能,自由地开展各种科学、艺术、理论研究及学术研讨活动,这对人才全面发展具有十分重要的意义。

四、网络文化提升社会治理水平

社会治理是指在执政党领导下,由政府组织主导,吸纳社会组织等多方面主体参与,治理社会公共事务的活动。它是以实现和维护群众权利为核心,发挥多元治理主体的作用,围绕国家治理中的社会问题,完善社会福利、保障改善民生,化解社会矛盾,促进社会公平正义,推动社会和谐有序发展的过程。① 网络文化对提升社会治理水平的作用也是显而易见的。随着云计算、物联网、大数据、数字挖掘等技术在社会治理领

---

① 姜晓萍:《国家治理现代化进程中的社会治理体制创新》,《中国行政管理》2014 年第 1 期,第24 页。

域的应用,网络文化在社会治理领域发挥越来越重要的作用。我们需要牢固树立"过关意识",善于做"看不见的宣传",走好网上群众路线,充分发挥网络文化积极作用,不断提升社会治理能力和水平,全面推进社会治理现代化。比如,在 2020 年新型冠状病毒肺炎疫情防治期间,网络文化提升社会治理方面出现了两则典型案例。一则是江苏省淮安市推行的线上办公法、推进"两化融合"治理法等"六个工作法"①,就是运用互联网提升社会治理水平的典型案例。另一则是世界卫生组织呼吁对新冠肺炎疫情出现以来蔓延的"信息疫情"(infodemic)进行管理。所谓"信息疫情",是指网上有过多真假不一的各种信息,可能导致人们在需要帮助时找不到正确的指引,反而被虚假信息误导。

(一) 网络文化规范社会治理秩序

习近平总书记多次强调,"过不了互联网这一关,就过不了长期执政这一关"。自中国接入国际互联网以来,互联网深刻改变了我国经济社会发展方式和人们生产生活方式,为我们带来前所未有的新机遇的同时,也为我们带来了前所未有的新挑战。互联网是我们面临的"最大变量",是我们面临的最现实、最紧迫的问题,搞不好会成为我们的"心头之患"。因此,迫切需要我们趋利除弊,用网络文化规范社会治理秩序。

1. 信息权被重塑,网络话语权充满"变量"

互联网的裂变式发展对社会治理的影响是全方位的、深层次的,其积极功能、正面作用是强大的、不容置疑的,但面临的问题也前所未有、不可小视。美国著名未来学家——阿尔温·托夫勒曾预言,"谁掌握了

---

① 《江苏淮安:"六个工作法"保障疫情时期单位履职运转》,http://www.js.xinhuanet.com/2020
－02/03/c_1125525099.htm,2020 年 2 月 3 日。

信息,控制了网络,谁就拥有了世界"①。互联网改变了传统的"权力决定信息分配"的关系,开始出现"信息决定权力分配"的趋势,弱化了国家控制信息的能力,网上话语权争夺激烈,对国家舆论控制能力和主流意识形态形成冲击。一是互联网扩大了信息流动的规模和速度,大量信息的频繁流动,容易引发人们思想的动荡多变,增加了意识形态工作难度。二是信息传播主体变得多元,传统媒体垄断信息发布渠道的状态被打破,自媒体在信息传播中的权重空前加大,每一个人都可以自由地进行信息传递,形成或干预舆论,管控负面影响难度加大。三是互联网使得境外敌对势力干涉我境内舆论能力增强。境外敌对势力把互联网作为对我国意识形态渗透及进行西化、分化的重要渠道,美国之音已经停止对华广播,完全转到互联网对我国进行渗透。他们一方面通过互联网将境外有害信息转到我国境内网络,另一方面直接在境内社交平台开设账号扩大影响或者扶植一些所谓"公知""水军"充当代言人影响舆论。

2. 技术主导权在外,网络安全充满"变量"

一是互联网的核心技术掌握在西方发达国家手中,中国在几千项互联网标准中占据主导的不足 2%。在互联网和信息技术上,中国目前是跟跑者,核心技术受制于人的局面尚未得到根本改变,无论是硬件软件、基础应用还是产品和服务,都存在很大差距。相关统计显示,在中国政府部门和重点行业所使用的信息产品中,82%的服务器、95.6%的操作系统、73.9%的存储设备、91.7%的数据库都是国外产品。中国是全球最大手机生产国,但每年进口芯片总额超过 2 000 亿美元,远高于进口石油的 1 200亿美元。美国思科、IBM、谷歌、高通、英特尔、苹果、甲骨文、微软等 IT 企

①［美］阿尔温·托夫勒:《创造一个新的文明——第三次浪潮的政治》,陈峰译,上海:三联书店1996 年版,第 31 页。

业"八大金刚"几乎渗透到我国网络空间的每一个节点,涵盖了信息技术的所有领域。二是西方网络渗透攻击频繁。据国家互联网应急中心抽样监测,2018 年,中国境内感染计算机恶意程序的主机数量约 655 万台。位于境外的约4.9万台计算机恶意程序控制服务器控制了中国境内约526 万台主机,就控制服务器所属国家来看,位于美国、日本和德国的控制服务器数量分列前三位,分别是14 752台、6 551台和2 166台。① 三是针对公民和企业的网络侵犯频发。以 2014 年上半年为例,全国新增移动互联网恶意程序超过36.7万个,恶意扣费类程序占到 62％以上,超过 300 家应用商店存在移动恶意程序。② 大数据也成为黑客攻击的主要目标,特别是利用大数据分析向企业发起的攻击更为精准。

3. 网络动员功能强大,社会治理充满"变量"

互联网使社会动员从源头到发展过程再到社会影响都产生了重大改变,尤其是移动互联网的发展大大加强了网上行为和网下行为的联动能力。一是网络为社会动员提供大量的可供动员的人群资源。网民是网络动员的社会基础,目前中国网络用户达 9.89 亿,只要让 1％的人作出与主流人群相反的选择,就足以形成一次影响巨大的群体事件。二是大量涌现的网络虚拟社区提高了网络动员的组织化程度。互联网为各类"虚拟社群"的建立、存在与发展提供了便利,如论坛社区、微博粉丝群、微信朋友圈等。各类"虚拟社群"的广泛存在有助于增强动员的组织化水平。三是网络时空虚拟效应使得网络动员具有可操纵性。互联网可以在网络空间里对不同地理位置和不同时间序列的事件进行同时同

①《国家互联网应急中心:2018 年成功关闭 772 个控制规模较大的僵尸网络》,http://www. xinhuanet. com/2019－08/03/c_1124833587. htm,2019 年 8 月 3 日。

②《移动互联网恶意程序半年新增超 36 万　多恶意扣费》,http://tech. china. com. cn/internet/ 20140911/140226. shtml,2014 年 9 月 11 日。

地的组合和拼贴，为网络动员提供绝好的技术环境和操纵可能。策划者可以根据需要嫁接重组图景，骗取舆论同情和支持。四是网络新媒体提升了网络动员的说服力。大量超文本和超链接所具有的海量信息，集纳了文字、图形、音频、视频等多种信息形式，带来的表达和说服能力远远超出了单一媒体和单一手段。

4. 互联网经济及"互联网＋"强劲发展，经济运行充满"变量"

互联网推动着各国经济体系、产业结构的持续变革、发展。一是互联网经济总量迅速壮大。据中国信息通信研究院发布的《G20 国家数字经济发展研究报告（2018年）》显示，2017 年，G20 国家数字经济总量由2016 年的24.09万亿美元增加到 2017 年的26.17万亿美元，增长率达8.64％。美国数字经济总量蝉联首位，总量达11.50万亿美元。中国数字经济规模居第 2 位，总量达4.02万亿美元。日本、德国数字经济规模均突破 2 万亿美元。① 有专家称网络经济 3 年等于工业经济 70 年。互联网在淘汰每一个传统工作机会的同时创造出2.6个新的机会。全球知名管理咨询公司麦肯锡预测，到 2025 年互联网将有可能在中国 GDP 增长总量中贡献 22％。二是互联网渗透融合传统产业速度加快。互联网行业以创新、开放和融合的姿态，全面渗透家电、金融、医疗、教育、旅游、娱乐等各个传统领域，打通线上线下的商业活动。互联网进一步拓展的空间还非常广阔，如未来信息化与工业化将深度融合，构建起前所未有的工业互联网。那时，每一台机器的运作可以被感知和读取，生产流程的数据被实时采集和分析，传统的工厂将更高效、更安全、更节能。三是互联网经济面临诸多挑战。一方面是存在互联网泡沫可能性。比如互

---

① 《G20 国家数字经济排名：中国总量超 4 万亿美元位列第二》，《信息技术与信息化》2018年第 12 期，第6页。

联网金融公司如雨后春笋般发展,一些专家担忧互联网金融的实质是信托公司与信托金融的衍生物,只不过"披上了互联网的外衣",融资的钱流向了高利贷市场。有专家认为花大价钱的赔本收购现象增多说明移动互联网正在吹大泡沫。另一方面,技术的发展导致人才竞争的激化。同时,各种扰乱经济秩序的商业黑客行为正在成为灰色产业链。

概言之,鉴于互联网对社会中的意识形态、社会动员、信息安全、经济发展等方面的治理秩序产生极大冲击,我们迫切需要牢固树立"过关意识",构建网络信息和行为的法律法规体系,建立健全网络综合治理体系,把互联网这个"最大变量"转化成事业发展的"最大增量"。

(二) 网络文化创新舆论宣传方式

如前所述,网络传播是人类新闻宣传发展史上一种全新的形态,对传统的新闻宣传形成强有力的冲击。一方面,冲击新闻控制中"把关人"的角色。在网络上,信息空间高度开放,它不同于传统的物理信息空间,整个网络不受任何政府和商业机构的控制,不管用户的国别、民族、政见、立场,所有网民都可以自由地获取和合法地传递信息,使得传统大众传播中常见的"信息把关""信息过滤"不可能发挥应有的作用,用户可以利用多节点的联通访问,绕开"把关人"来获取信息。另一方面,直接冲击新闻议程设置功能。传统的电视、广播、报纸等大众传播承担为公众设置"议事日程"的功能,新闻报道和信息传播活动被提前赋予各种"议题设置"形式,影响着人们判断周围世界的"大事"及其重要性。然而互联网可以根据用户喜好为其提供信息并进行迅速广泛传播。基于此,要想更好地承担新闻舆论工作"高举旗帜、引领导向,围绕中心、服务大局,团结人民、鼓舞士气,成风化人、凝心聚力,澄清谬误、明辨是非,联接中外、沟通世界"的职责和使命,则迫切需要适应互联网传播规律,善于做

"看不见的宣传"，让新闻舆论传播更加贴近受众，发挥更强的引导力。

1."看不见的宣传"的现实镜像

只有准确把握新形势下媒体格局和舆论生态的现实变化，才能在改进、创新中不断提高新闻舆论工作的能力和水平。在媒体格局上，要看到互联网正在媒体领域催发一场前所未有的变革。各类媒体之间此消彼长、相互竞争，推动媒体格局发生复杂而深刻的变化。移动网络快速发展，"三微一端"已成为网上第一大媒体。技术革命驱动媒体应用不断升级，使未来媒体形态面临无限可能。在舆论生态上，要看到互联网为人们提供了开放的信息空间和言论空间，传统舆论生态被打破，新的舆论生态正在形成，社会舆情生成演变更加复杂多元。经济社会复杂形势越来越集中地反映到网上，一些地区性、局部性和偶然性事件通过互联网迅速发酵，成为全国性热点。网上舆论焦点转换加快，经济民生、司法案件、突发事件等热点不断。一些媒体特别是网络媒体以点带面、以偏概全、片面求快、不加核实地传播信息，导致舆论"反转剧"明显增多。一些网民以娱乐化心态看待各种热点事件，制造和传播大量调侃、讽刺段子。国外热点事件愈发容易传导到国内，产生"刺激效应"；国内热点话题愈发容易扩散到境外，产生"溢出效应"。在舆论主体上，要看到在"人人都有麦克风、人人都是新华社"的时代，新闻传播日益呈现人人传播、多向传播、海量传播的特征，舆论信息随时随地可以互动传播。需要指出的是，如今，互联网大众化趋势明显增强，主要活跃群体呈现代际更替现象，"90后"已取代"80后"成为网上主要活动者，网上60%以上的言论出自"90后"，弹幕文化、直播文化等泛二次元网生文化在"90后"中大行其道。

2."看不见的宣传"的路径选择

做好"看不见的宣传"，既要旗帜鲜明坚持正确政治方向、舆论导向、价值取向，又要创新网上宣传理念、内容、形式、方式、方法等，不能搞大水漫灌那一套，不能"一招鲜，吃遍天"，靠一个腔调、一种风格包打天下，还要增强议题设置能力，加强管理引导，把握好时度效，更好凝聚社会共识。对网上热点问题要线上线下共同发力；对思想认识问题，要解疑释惑，及时引导；对建设性意见和建议，要认真研究，及时吸纳；对需要长期解决的问题，要做好解释工作，争取群众理解。把主力军放在互联网阵地这个主战场上。要让主力军进入主战场，推进媒体深度融合，把更多人财物投向互联网，发挥传统媒体和新兴媒体各自优势，对信息内容、技术应用、平台载体、人才队伍、管理服务进行共享融通，打造一批具有强大影响力、竞争力的新型主流媒体。

从根本上讲，要做好"看不见的宣传"，必须要把坚持正确政治方向放在第一位。牢牢坚持党性原则、马克思主义新闻观、正确舆论导向和正面宣传为主，把握好政治属性和传播属性的关系。政治属性作为本质属性，决定为谁服务这一根本方向。传播属性作为功能属性，决定如何服务的手段运用。从政治属性看，新闻舆论带有鲜明的政治立场、价值立场。从传播属性看，新闻要有效传播才能以其内在的立场和价值影响社会。媒体发展只能改变其传播属性，政治属性始终不会改变。强调媒体的传播属性，绝不是意味着可以弱化甚至不讲新闻导向，而是要让新闻传播达到"润物细无声"，成为"看不见的宣传""上乘的宣传"，以期更加贴近受众，增强传播力和引导力。

具体来说，就是处理并把握好"四大关系"。一是要处理并把握好党性和人民性的关系。坚持党性，核心要义是坚持正确的政治方向，站稳政治立场，坚决维护中央权威、同党中央保持高度一致。坚持人民性，就是切实把实现好、维护好、发展好最广大人民根本利益作为新闻舆论工作的出发点和落脚点，确保新闻媒体始终为最广大人民服务，而不是只为少数人服务。党性和人民性是一致的、统一的，党性寓于人民性之中，脱离人民性的党性和脱离党性的人民性都是不存在的。党性和人民性均是整体性的概念，是针对全党、全体人民而言的，不能简单针对某一级党组织、某一部分党员、某一个党员来片面理解党性，也不能简单就某一个阶层、某一部分群众、某一个具体人来片面理解人民性。

二是要把握好正面宣传与舆论监督的关系。坚持团结稳定鼓劲、正面宣传为主，就要正确认识主流和支流、成绩和问题、全局和局部的关系，集中反映社会健康向上的本质，客观展示发展进步的全貌。搞好舆论监督，就要直面现实工作中客观存在的问题，乃至社会丑恶现象和阴暗面，达到激浊扬清、针砭时弊的成效。正面宣传要用心用情做，让群众听了信、信了服、服了跟党走。任何假大空式的宣传，不断重复喊空洞政治口号的套话，用一个模式服务不同类型受众等情形都起不到引导效果，甚至会产生负面影响。舆论监督要坚持理性和建设性，事实要真实准确，分析要客观，把个别真实与整体真实统一起来，不能搞自为裁判、道德审判那一套，要有利于解决问题。舆论监督和正面宣传是统一的而不是对立的，关键是要从总体上把握好平衡。

三是要把握好政治正确与现实有效的关系。对新闻舆论工作来说，政治正确是前提，但最终还要看效果。好的道理要有好的表达，才能既有说服力又有感染力，让人自觉接受认同。舆论引导要善于讲故事，通过各种精彩、精炼的故事载体，使人想听爱听，听有所思，听有所得。讲故事的背后就是讲道理，通过引人入胜的方式启人入"道"，通过循循善诱的方式让人悟"道"。做好新闻舆论工作，要把"陈情"与"说理"结合起来，把理论上的正本清源与舆论上的有效引导结合起来，不断增强话语权、提升引导力。

四是要把握好传统媒体与新兴媒体的关系。随着新媒体的迅猛发展，国际与国内、线上与线下、虚拟与现实等界限日益模糊，形成越来越复杂的大舆论场。传统媒体与新兴媒体加快融合，从"你是你、我是我"迈向"你就是我、我就是你"，着力打造新型主流媒体。媒体融合的根本是内容，关键是一体化，最终是为了占领传播制高点、掌握舆论主导权。

3. "看不见的宣传"的坚强保障

加强和改进党的领导是做好"看不见的宣传"的根本保证。运用舆论工具宣传真理、动员群众、传播经验、指导工作，应成为领导干部的一项基本功，领导干部要不断增强同媒体打交道的能力，善于运用媒体宣讲方针政策、了解社情民意、发现问题矛盾、引导社会情绪、动员广大群众、推动实际工作。持续加强新闻舆论工作队伍建设，提高领导干部应对舆情、引导舆论的能力。在队伍建设上，要坚持按政治家办报要求抓班子、按行家里手要求抓队伍、按全媒体型专家型要求抓人才、按"走转改"要求抓作风，重点解决好"为了谁、依靠谁、我是谁"这个根本问题，增强事业心、归属感、忠诚度，讲责任、讲品位、讲格调，把好新闻舆论工作者的"舵"，筑牢新闻舆论工作者的"魂"，练就新闻舆论工作者的"艺"，扎深新闻舆论工作者的"根"，始终做到服从服务于党和国家大局不错位、党和人民需要时不缺位。在领导素养上，要着力增强领导干部的媒体意识，懂得尊重媒体，尊重新闻传播规律，充分运用好媒体。媒体素养是新时期领导干部的必备素养，掌握舆论、善用舆论是做好领导工作的重要环节。当前，对领导干部来说，不仅要善待善用传统媒体，更要提高新媒体素养，准确把握新媒体发展态势，提高与新媒体打交道的能力。要经常到新媒体上看一看，潜潜水、聊聊天、发发声，有的放矢地回应关切、解疑释惑，有效运用新媒体凝聚共识、凝聚力量。

（三）网络文化增强群众路线效能

群众路线是做好工作的重要法宝，是我们党在长期革命、建设和改革实践中创立并发展起来的。1921年，我们党在一大《中国共产党纲领》中明确提出"要把工人、农民和士兵组织起来"，充分体现了我们党早期的群众意识。1922年，我们党在二大《组织章程决议案》中提出"党的一切运动都必须深入到广大的群众里面去"，这是最早提到党与群众关系问题的决议。毛泽东同志在1945年党的七大《论联合政府》报告中，明确提出了党的群众路线的基本内容和要求。1981年，在中共中央通过的《关于建国以来党的若干历史问题的决议》中提出，群众路线，就是一切为了群众，一切依靠群众，从群众中来，到群众中去。此后，历届国家领导人都丰富和发展了党的群众路线的内涵。

每个历史时期有着各自不同的政治、经济、文化和社会条件，群众路线的具体实现形式也会存在差异。在网络社会，应注重网络媒介时代的变革需要和逻辑要求，也可以表述其内容为"通过网络走群众路线、通过网络依靠群众、通过网络从群众中来、通过网络到群众中去"，最大限度地运用互联网问政于民、问需于民、问计于民，践行和走好新时代的网上群众路线，不断提高做好网上群众工作的针对性和实效性。

习近平总书记强调，各级党政机关和领导干部要学会通过网络走群众路线，经常上网潜潜水、聊聊天、发发声，了解群众所思所想，收集好的想法和建议，积极回应网民关切、解疑释惑。善于运用互联网解民情、集民智、维民利、聚民心，是新形势下领导干部做好工作的基本功。[①] 走好网上群众路线对提高群众路线的整体效能、增强党员干部执政能力和水

---

①《习近平谈治国理政》第2卷，北京：外文出版社2017年版，第336页。

平有着重要意义。通过网络走群众路线既是满足民众知情权、参与权、表达权和监督权的现实需要,也是解决群众现实问题,增加群众获得感、幸福感、安全感的重要保障,更是促进社会稳定和谐、维护人民群众根本利益的必然选择。①

1. 网上群众路线面临的机遇和挑战

一方面,互联网为党的群众工作集聚"正能量"。一是有利于党的声音传遍千家万户。新媒体具有超时空特点,能够克服传统媒体版面、时段、出版周期的局限性,弥补目前党的基层组织尚未实现全覆盖的不足,解决突发事件第一现场缺少有效引导载体等问题,全时段、全角度、全空间传递党的路线、方针、政策。二是有利于打造阳光政府。新媒体具有开放性特点,能够促进政务公开,问政于民、问计于民,实现政府决策科学化、民主化、公开化,实现社会管理方式创新。三是有利于党委、政府倾听群众呼声。新媒体是一个平台,能够让群众充分、真实表达愿望诉求,一键"直通中南海";让政府积极主动与网民零距离交流,一键"揽尽群众心声"。四是有利于实现个人梦乃至"中国梦"。新媒体是一个舞台,就业弹性大、门槛低,创业成本小、范围广,不受城乡地域限制、不受年龄性别影响,正越来越成为就业创业的关键行业和重要领域,成为广大群众成就梦想的广阔空间。另一方面,互联网使党的群众工作面临严峻考验。一是凝心聚力难度大。互联网时代是"用户创造内容"的时代,舆论源头、传播速度范围难以把控,很大程度上削弱了传统会议、文件及媒体对话语权的主导作用,加速社会思想意识的多元多样多变。二是维护社会稳定压力大。随着社会问题越来越网络化、网络问题越来越社会

---

① 王晓芸、吴夕孜:《新时代网络群众路线:内涵、价值、困境与策略选择》,《理论导刊》2019 年第 4 期,第 54 页。

化，新媒体在成为舆论集散地的同时也正成为群体性事件策源地。三是对意识形态安全威胁大。境外敌对势力鼓吹"网络信息安全自由流动"，频频利用新媒体进行渗透破坏活动，放大杂音噪音，煽动群众同党和政府对立，因此新媒体已成为意识形态斗争最前沿。四是对党员干部执政能力挑战大。一些党员干部一定程度上存在网络本领恐慌。有的没有确立与新媒体时代相适应的现代媒体意识，上网不懂网、触网不用网；有的对群众网上反映的问题，视而不见、敷衍塞责；有的面对网上舆情三缄其口，采取鸵鸟政策，不能第一时间占领网上舆论"制高点"。

2. 走好网上群众路线的重要路径

一是打造网上为民服务平台。目前我国互联网普及率超过六成，未覆盖的大都是老、少、边、穷地区，未普及的大都是老年、少儿、边缘、穷困人群。下一步，要加强网络基础设施建设，村村通宽带，户户能上网；开展信息扶贫，普及网络基本知识、技能，填平信息鸿沟，努力用新媒体武装基层群众。搭建便民服务"E路直通车"，各级政府普遍建立横向联网、纵向联动的电子政务和综合服务平台，进一步完善网上申报、查询、咨询、审批等政务功能；利用移动终端、"云计算"等技术整合、优化便民服务内容，力争"一网打尽，一键解决"，高效、便捷满足群众多样化个性化需求。建立网上党群组织，打破现实党组织地域局限，建立"网络支部""QQ/微信支部"和流动党员网上支部，建立"网上居委会""网上派出所""网上工会"等，党员干部在网上主动亮明身份，利用新媒体心贴心服务群众，让党旗在网上高高飘扬。

二是畅通网上维护群众利益渠道。"网"尽社情民意，通过网上政府信箱、民生热线、网上访谈等与网民在线互动，让群众成为党委、政府"网上座上客"。重大工作部署、重要民生举措出台前后，及时梳理、研判、回应群众在网上反映的问题，做到决策部署体现广大民意、具有广泛群众基础。加强网络监督,建立健全各级网络举报受理平台,在重点网站首页显著位置开辟监督专区,完善网络与报纸、广播、电视联动的"四位一体"政风热线建设,广泛开展"网络阳光信访",提升网络监督的公信力和有效性。网上网下解决问题,统筹网上引导和网下处置、网上交心与网下服务、网上诉求与网下调解,确保群众反映的合理化诉求"件件有着落,事事有回音"。

三是推进网上文化惠民工程。加强网络文化载体建设,着力推进重点新闻网站转企改制步伐,克服政府网站"面孔老、内容少、更新慢"问题,解决商业网站社会效益和经济效益不平衡的顽症,打造以重点新闻网站为龙头的网络媒体群。延伸网络公共文化服务平台,建设一批面向居民村民、在"家门口"的小型化、分散化、社区化的新媒体阵地。提升网络文化产品供给能力,实施网络文化精品工程,传播和创作一大批体现时代精神、具有地方特色、为网民喜闻乐见的网络佳作。加强网上图书馆、网上博物馆、网上影院、网上剧场等建设,让群众享受"网络文化大餐"。开展丰富多彩、主题鲜明、网民广泛参与的网络文化品牌活动,让网民共建共享网络文化生活新空间。净化网络文化环境,广泛开展文明办网、文明上网活动,加强互联网行业自律,督促基础运营服务企业、网站自觉履行网络信息安全和文明办网自律公约,主动承担法律义务和社会责任。持续打击网上低俗不良信息,坚决清理政治类有害信息,打造健康向上的群众网上精神家园。

四是占领网上舆论阵地。加强网上正面宣传,精心设计适应网络特点的宣传方式,唱响中国特色社会主义和中国梦的时代主旋律。注重利用网络挖掘、宣传"最美人物""凡人善举",着力塑造美好心灵,弘扬新风正气。旗帜鲜明加强网上舆论引导,及时掌握网上苗头性、倾向性舆情动态,针对网上热点和突发事件第一时间发布权威准确信息,提高时效性,增加透明度。提升网上舆论引导组织策划水平,主动设置议题,引导网民客观理性发声。建立网上"统一战线",加强与网络名人、网络积极分子沟通联系,推动党员干部、专家学者、先进人物进论坛、进微博、进微信,传递正面声音。做大做强政府、主流媒体、新闻发言人和领导干部的微博,切实发挥关键时刻"登高一呼、应者云集"效应。

3. 构建网上群众路线的长效机制

一是提高党员干部网络素养。在认识上有新高度,确立对待新媒体的态度就是对待群众的态度、与新媒体打交道就是与群众打交道、运用新媒体能力就是服务群众能力的观念,善待、善用、善管新媒体。在学习上有新自觉,树立"问题意识",向网民学习,拜群众为师,加快完善党员干部网络培训制度,依托领导干部学习会、党校、知名院校,立足新媒体服务群众的具体实践,教学相长、知行合一。在管理上有新作为,对新媒体传播中存在的顽症和痼疾,对网上噪音杂音、错误思潮,切实负起管理责任,坚持党管媒体原则不动摇,把好关把好度,牢牢掌握网上舆论主导权。

二是创新互联网服务群众方法。紧跟技术创新步伐,以群众现实需求为原动力,站在世界互联网技术发展最前沿,加大政策扶持和资金、人才投入,重点加强新媒体联系服务群众方面技术的研发,加强对技术应用中信息传播安全的研究,切实做到网络技术发展到哪里,利用新媒体服务群众就推进到哪里。创新服务手段,充分利用政府网站、新闻网站、商业网站论坛以及微博、微信等,开设为群众服务的专题专栏,推动党员干部"网上摆摊蹲点",运用"网言网语"等方式在线回复、"无缝对接"群众需求,切实做到网络民意生长到哪里,党委、政府的服务就延伸到哪里。拓展服务内容,运用新媒体多办暖民心、顺民意实事,充分保障人民群众知情权、参与权、表达权和监督权,确保群众合理诉求"件件有着落,事事有回音",切实做到群众网络诉求表达到哪里,党委政府服务责任就体现到哪里。

三是健全互联网服务群众长效机制。加强法制建设,认真贯彻网络安全法等法律法规,积极稳妥推行真实身份信息注册。修订完善相关法律法规,适时将工作中的好做法好经验总结提炼上升为制度规定,为走好网上群众路线提供法制保障。加强协同管理,在党委领导下,统筹协调网上信息内容主管部门与实际工作部门、网络媒体与传统媒体、内宣与外宣、网站与网民、网上与网下,落实属地管理责任,切实做到一方有事、八方支援,为服务群众营造良好网络舆论生态。加强队伍建设,重点建设一批政治立场坚定、熟练运用网络、具有开拓意识、心系群众的干部队伍、网络发言人队伍、网络从业人员队伍。完善党员干部考核评价机制,把运用互联网服务群众作为干部考核评价的重要内容。

第四章　新时代网络文化建设的鲜明特征及其思维方法

　　全面准确地把握网络文化建设的基本特征,是新时代背景下持续深入推进网络文化建设的现实需要。它既反映文化建设的一般性特征,也具有自身的独特特征。随着全球化、网络化和信息化的快速发展,新时代网络文化及其建设均具有自身的复杂性。具体表现在空间维度的公共性、发展维度的文化间性、主体维度的技术性、传播维度的规范性和价值维度的意识形态性等方面。正如毛泽东同志所说,"我们不但要提出任务,而且要解决完成任务的方法问题。我们的任务是过河,但是没有桥或没有船就不能过。不解决桥或船的问题,过河就是一句空话。不解决方法问题,任务也只是瞎说一顿。"[1]在准确把握新时代网络文化建设基本特征的基础上,还需要明确并坚持统揽全局的战略思维、与时俱进的创新思维、对立统一的辩证思维、循规而治的法治思维、居安思危的底线思维,以切实提高网络文化建设的能力和水平。

---

[1]《毛泽东选集》第 1 卷,北京:人民出版社 1991 年版,第 139 页。

一、新时代网络文化建设的鲜明特征

新时代网络文化及其建设均具有自身的复杂性,基于网络文化建设的时空场域、发展、传播和本质属性等维度,我们把新时代网络文化建设的基本特征概括为空间维度的公共性、发展维度的文化间性、主体维度的技术性、传播维度的规范性、价值维度的意识形态性。

(一) 空间维度的公共性

随着全球化、网络化和信息化的快速发展,人们的精神文化需求在量上越来越多,在质上越来越高,文化交流、融合也越加频繁。在空间维度上,网络空间的形成和发展促使文化交流与融合逐渐从物理活动空间转向虚拟化的网络空间,以互联网为代表的新兴媒体在文化信息传播过程中也发挥着越来越重要的作用。换言之,互联网作为一个渗透性要素已经全面渗透到文化交流和文化建设的全过程之中。网络文化建设作为依赖于网络技术的发展和网络空间的形成而展开的一项文化实践活动,可以说,网络空间的公共性直接决定了网络文化建设的公共性。作为公共空间的网络空间,其本质在于社会性,进而体现出公共领域所具有的基本属性和特征。按照哈贝马斯的观点,所谓公共领域意指社会生活的一个领域,像公共意见这样的事务能够在这个领域中形成。报刊、广播电视是这种公共领域的媒介。当公共讨论涉及国家活动相关的问题时,我们称之为政治的公共领域。① 可见,哈贝马斯所阐述的公共领域,指的是介于国家和社会之间的公共空间,即一种介于市民社会与国

---

① [德]尤尔根·哈贝马斯:《公共领域》//汪晖译,汪晖、陈燕谷:《文化与公共性》,上海:三联书店1998年版,第125页。

家公共权力领域之间的特殊公共领域。在这一空间形态之中，具有理性精神的公民围绕公共话题和公共利益展开交流讨论，并积极借助具有独立性的媒介最终形成某种接近公众舆论的一致意见，并以之影响公共权力，从而达到维护公共利益的目的。

当然，学界对于网络空间的空间归属问题，即是否能够把网络空间理解为公共领域问题还存在一定的争议。有学者从肯定意义上把网络空间理解为新型的公共领域类型，比如杨仁忠在他的著作《公共领域论》中写道："网络传媒构建了一个可以充分讨论的全新的公共空间，并促进了公共领域的重兴。"①何显明在《中国网络公共领域的成长：功能与前景》一文中强调，网络公共领域是实现公共领域复兴的重要方式，并且提出以包容、开放的心态来规范和引导网络政治参与，培育和提升网络参与的公共理性精神，扶植和培育网络公共领域健康发展，已经成为中国民主政治建设的一个重大课题。② 陆宇峰在《中国网络公共领域：功能、异化与规制》中就通过探讨传统公共领域在以互联网为主要媒介的当代中国公共领域中的异化来探索公私合营的新型规制模式。③ 郭玉锦和王欢更是通过专著《网络公共领域建构探究》从社会学视角探讨网络公共领域的存在、建构和功能。④ 国外很多学者对网络公共空间是公共领域也表示乐观态度。霍华德·莱因戈尔德在其著作《虚拟社区：电子疆域的家园》中表示，鉴于互联网具有优越的交互性和易用性，可以提供无数信息交换管道，再结合其去中心化的特点，因此在理论上可以更优地

---

① 杨仁忠：《公共领域论》，北京：人民出版社 2009 年版，第 139 页。
② 何显明：《中国网络公共领域的成长：功能与前景》，《江苏行政学院学报》2012 年第 1 期，第 98—104 页。
③ 陆宇峰：《中国网络公共领域：功能、异化与规制》，《现代法学》2014 年第 4 期，第 25—34 页。
④ 郭玉锦、王欢：《网络公共领域建构研究》，北京：北京邮电大学出版社 2015 年版，第 210 页。

发挥公共领域的作用。① 道格莱斯·凯尔纳在其专著《技术政治、新技术和公共领域》中提出,起初的无线广播、电视等广播媒介和现在的计算机网络,为信息、辩论创造了新的公共领域和空间。②

与此同时,一些学者也对此类判断提出质疑,认为网络空间并非真正意义上的公共空间。熊光清在《中国网络公共领域的兴起、特征与前景》一文中指出,随着中国互联网媒介的发展、网民数量的剧增和网络舆论空间的产生,目前中国已有网络公共领域雏形,但尚处于不成熟的状态,与理想的状态仍有一定距离。③ 张忠在《网络空间作为一种公共领域的可能性分析》一文中提出,尽管网络空间已拥有初具规模的具有理性批判意识的公众,形成了一定的公共舆论,同时网络本身也具备了强大的媒介功能,但是,因为我国市民社会的建构尚未完全形成,也就是说还不属于成熟意义上的市民社会,所以尚不能将"网络空间"看成真正意义上的"公共领域",他称之为"准公共领域"。④ 美国学者马克·博斯特在其著作《网络是公共领域吗?》(*The Net as a Public Sphere ?*)中强调,把网络论坛或电子公告与成长中的新兴公共领域等同的说法是一种误导,这种观点没有看到网络"咖啡屋"和传统公共领域之间存在巨大差异。他认为网络公共领域参与主体不是一成不变的,并且对网络交谈的监控有一定难度。⑤ 魏斐德在《市民社会和公共领域问题的论争》一文

---

① [美] Howard Rheingold. *The Virtual Community*:*Homesteading on the Electronic Frontier*. MA:MIT Press,1993.

② 道格拉斯·凯尔纳:《技术政治、新技术与公共领域》,闫玉刚译,《马克思主义美学研究》2004 年第 00 期,第 299—313 页。

③ 熊光清:《中国网络公共领域的兴起、特征与前景》,《教学与研究》2011 年第 1 期,第 42—47 页。

④ 张忠:《网络空间作为一种公共领域的可能性分析》,《北京邮电大学学报(社会科学版)》2014 年第 5 期,第 9—15 页。

⑤ Mark Poster. *The Net as a Public Sphere ?* http://www. wired. com/wired/archive/3. 11/poster. if_pr. html.

中提出，中国当代社会中"得到某种暂时宽容的公共舆论与德国社会学家哈贝马斯理论化的公共领域相距甚远"①。

这些争论并不影响我们对网络空间所具有的公共领域之功能的理解和认知，换言之，网络空间作为社会空间在互联网技术发展的基础之上而展开的一种空间拓展和延伸，进而形成一种崭新的空间形态，它的确发挥了一定的公共领域功能，表现出一定程度的公共性特征。这种公共性特征具体通过网民的公共交往、积极互动和自由表达等方面表现出来。首先，网络空间活动主体是自由、平等的交往主体。一方面，网络空间具有虚拟性、匿名性、符号化等特征，这在某种程度上对网络参与主体在社会地位、教育背景和经济收入、角色承担等先在性的身份表征是一种解构。基于此，对网络参与主体而言，也能更自由、平等地参与到网络交往互动之中。另一方面，网络空间还具有去中心化的特征，进而形成了改变现实权力在网络行为中的传统作用，在一定程度上改变了现实社会中垂直性的权力位阶，最终形成了一种扁平化的网络交往关系。在这种扁平化的交往关系中，网络参与主体获得了更加平等和自由的参与机会与权利。这种平等既是身份平等，也是话语权平等。其次，网络空间中的交往过程表现为更加开放、互动性更强的交往过程。由于网络空间的开放性，交往主体不但获得了一个可以自由发表见解的公共空间，而且不再受到物理上时空的限制，不同群体和个体都可自由地与其他群体和个体进行交往互动。可以说，任何交往主体在网络空间中既是信息的消费者，也是信息的生产者。这就从根本上改变了传统媒介传播中的传受关系，从单向传播转向双向互动传播，表现出较强的交互性；另外，在

---

① Jr. Wakeman. Civil Society Public Sphere Debate: Western Reflections Chinese Political Culture. *Modern China*, 16:3 (April 1993). pp. 363-388.

交往内容上也变得更加广泛和多元。不同地域、不同身份、不同种族、不同职业的交往主体汇聚到网络空间之中,呈现着关于政治、经济、文化、社会、生态环境等不同主题的多样话题,不同类型和层面的价值观念相互碰撞和交流。在这个过程中,网络主体经常性地围绕着公共性话题展开讨论,乃至形成公共舆论并对社会产生广泛影响。这些都是网络空间公共性的重要表征。可以说,网络空间与网络文化建设具有同构性,网络文化建设是基于网络空间这一特殊场域而展开的,它必然涉及网络空间中人的思维方式、交往行为和一系列制度规范。因此,网络文化建设也必然呈现出自身的公共性特征。

(二) 发展维度的文化间性

学界一般认为文化间性理论主要源于哈贝马斯的交往行动理论,也是西方学界提出主体间性理论之后形成的又一新的文化哲学术语。可以说,文化间性理论正是其对主体间性理论的发展和延续,是主体间性问题在文化领域的进一步体现。主体间性理论强调主体之间的平等性,并把主体放置于交往互动的动态性过程中进行理解,表现为主体与主体之间的相互对话、相互沟通、相互作用和相互理解。基于主体间性理论,文化间性就逻辑性地体现为不同文化之间的交流互动。2005 年,联合国教科文组织大会通过了《保护和促进文化表现形式多样性公约》,其中把"文化间性"界定为"不同文化的存在与平等互动,以及通过对话和相互尊重产生共同文化表现形式的可能性"。具体而言,文化间性一方面指向不同文化之间的差异,这种差异作为一种客观存在构成了现实的文化环境,要求人们在文化交流互动过程中能够承认和尊重这种客观差异;另一方面,它又指向不同文化相遇后通过深度交流、碰撞和整合,相互吸收有利于自身发展的要素,乃至形成一种新质的文化形态,升华出新的价值与意义。当文化间性理论与网络空间相遇的时候，就催生了网络文化间性的问题。

总体而言，网络信息时代的到来为文化交往提供了新的环境和条件，这些新的环境和条件也促使人类的文化交往呈现出一系列新的气质和特点。显而易见，伴随着全球化、网络化、信息化的发展进程，文化多元化已经成为不可改变的客观事实，多元文化之间的交流、碰撞愈发频繁，既有吸收融合的一面，也有对立斗争的一面。可以说，正是互联网的发展开创了文化交往的新纪元。在推进网络文化建设过程中积极关注这种文化间性也成为时代新课题。同时，网络时代的到来彻底改变了人们的思维方式和行为方式，它渗透进经济、政治、文化、社会和生态的各个领域，重构了现代人的生存和生活方式。在这样的背景下，人们的网络化生存实践也在不断型构着新的文化意识，导致人们的文化观念和行为也发生改变。具体而言，一方面，网络空间的开放性、自由性、跨时空性使其以海纳百川的胸怀汇聚起不同的文化样态，表现出丰富的文化内容，并型构出多元化的网络空间文化，满足了不同群体、个体的精神文化需求；另一方面，这些多样化的文化在形式和内容上相互交流、碰撞、融合，而在这个过程中，文化所内含的价值观念也处于动态性的交流、碰撞、融合过程之中。换言之，不同的文化融合了不同的价值观念，从而对人们的价值判断和价值选择产生了深刻影响。这是一个非常复杂的过程，它不仅表现为多元文化之间的平等对话关系，而且表现为多元文化之间的竞争关系，并经常性地以意识形态竞争的方式呈现出来。

那么，在网络文化建设的实际过程中，首先要以开放包容的态度对待多元文化之间的交流融合，并能够在尊重文化差异的基础上积极促进不同文化之间建立一种内在关联，甚至形成新质的文化形态，促进文化的繁荣发展；其次要深刻把握文化间性中的主体问题，即在多元文化的交流融合过程中要真正体现主体性,维护自身文化的安全,在网络文化建设的过程中处理好一元与多元之间的关系。具体而言,在我国的网络文化建设过程之中,既要客观面对并积极提倡网络文化的多样化发展,也要坚定一元化的根本指导思想,即坚持马克思主义的指导地位。在新时代,就是要坚持以习近平新时代中国特色社会主义思想为指导,面对网络文化多元多样发展的新局面,要善于研究新情况,提出新方案,解决新问题。做到这一点,需要秉持网络文化自觉的理念和精神,以一元来引领多元,在多样多变中不断凝聚共识,推动网络文化持续健康发展。何谓网络文化自觉? 社会学家费孝通最早提出"文化自觉"的概念,主要指"生活在一定文化中的人对其文化有'自知之明',明白它的来历、形成过程、所具的特色和它发展的趋向,不带任何'文化回归'的意思,不是要'复旧',同时也不主张'全盘西化'或'全盘他化'"[①]。质言之,所谓"自知之明"是在强调人们在文化转型过程中所具有的自主能力,以及其在适应新的文化环境中所具有的文化选择的自主性。而网络文化自觉则是网络参与主体在建构、选择、评价网络文化的过程中所体现出来的主体精神与价值取向。这要求人们既能够对多元化的网络文化具有充分的认知能力、理性的选择能力,又要能够自觉地认同和接受社会主义主流价值观念。

(三) 主体维度的技术性

现代科学技术尤其是网络信息技术是网络文化产生的前提和发展的基础。有关科学技术对人的影响,大致有以下几种代表性的学术观点:第一种学术观点是唯科学主义观。基本特征是将技术理想化、神圣

---

① 费孝通:《反思·对话·文化自觉》,《北京大学学报(哲学社会科学版)》1997 年第 3 期,第 22 页。

化,把技术看作社会发展的决定因素和根本动力。"技术统治社会"是一个专家治国的美好社会,人借助知识可以确立对自然的统治力量。这种观点看到了科学技术在提升人的主体作用方面的重大意义,具有一定的合理性,但忽视了政治体制、社会制度、经济模式、文化传统对技术的反作用,忽视了科学技术进步对人的两面性。

第二种学术观点是技术悲观主义。技术悲观主义主要对于侵犯人的技术提出了反对意见,对全球化时代的工具理性的泛滥进行了深思,在倡导人的主观能动性上无疑有着重要的意义。但是该理论过于批判技术发展带来的消极影响,对技术进步促进人类社会发展的积极作用认识不足。

第三种学术观点是后现代主义。后现代主义打破了科学和哲学的神话,无疑有其积极的进步意义。但是后现代主义是一种相对主义,虽然看到科学技术没有给人类带来幸福的一面,但也没有能解决人类是否还需有共同价值观这样的问题,相反,出于对资本主义社会将科学技术转化为专利权、产权带来的对金钱的贪欲的深恶痛绝,却放任了社会整体性的破碎,纵容了相对主义对人类共同价值的践踏。

第四种学术观点是社会建构主义。在社会建构论者看来,与其说技术能够产生某种影响,不如说这种影响是来自社会的选择,并总体上处于社会控制之中。社会建构论注意强调社会因素在形成知识、技术、行为、制度中具有的重要作用。基于这种思考,社会建构主义认为网络社会不是信息技术决定的,是社会角色通过"沟通""争辩""商定"的一种社会建构,是许多参与者共同协商的成果,而不是个别天才的神来之笔或纯粹的实验室制造。这种理论为我们研究网络社会中人的主体作用提供了结论原则,但它没有提出理论的价值目标。

可以看出,现代主义唯科学主义和技术悲观主义分析问题往往局限于主客体对立关系的研究,后现代主义则沉迷于主体间性关系的研究,社会建构主义则以彻底的辩证法统摄主客体关系与主体间性关系。他们的研究成果对研究网络社会中人的主体作用具有一定的意义,但都有偏颇之处。本书认为,正是由于主体自身的需求和发展,推进了科学技术包括网络技术的进步,才导致了网络文化的产生与发展,而作为人的创造物的网络文化一旦形成,则必然对人的主体性产生影响。具有主动性、创造性、超越性的人,一方面尽情地享受自己的创造物给自己带来的积极成果,另一方面尽力消除自己的创造物可能带来的消极影响。人类社会就是在这样不知疲倦地解决人的创造与人的创造物之间的永恒矛盾中不断前进,并最终实现人的全面发展的理想。

具体而言,一是作为主体的人会凭借网络信息技术不断推动网络文化的发展。从事自由自觉的活动是人的本质,而现实的人的实践又集中反映了自身的主体需要,这是人的全部生命活动的动力和依据。人通过自己的实践推动了生产力的不断发展,并以技术的发展和进步表现出来。可以说,网络信息技术的发展正是人的实践活动的结果,是现实的人认识和改造客观世界的结果。伴随网络信息技术的发展和运用,人在网络空间中展开自身的交往实践活动,本质上即是人的社会关系本质在新的空间条件下的生产与再生产。在这一过程中逐渐形成了一种新型的文化样态——网络文化。可以说,网络文化的兴起,根源于网络信息技术的发展和进步,是人根据自身的主体需要展开社会实践活动的必然结果。

二是通过网络文化建设推动主体的全面自由发展。开展网络文化建设要借助完善的信息技术平台,同时要参与主体发挥出自身的积极能动性。在这个过程中,通过网络文化建设可以不断建构和发展网络主体的主体性,进而实现自身的全面自由发展。具体而言,通过加强网络文化建设能够提升人的主体性，集中表现为主体的自主性、能动性和创造性。主体性的获得意味着网络思维能力和实践能力的增强以及网络综合素养的有效提升。这不仅可以扩大主体的思维空间，改善思维模式，提高思维的准确性和预见性，还能够提高主体的认知、学习、创新能力，生产和使用网络信息的能力以及实际的交往实践能力。

总而言之，网络信息技术的发展以及网络文化建设的加强，可以不断提升网络主体的数字化生存样态，大大推进人们在网络空间中的信息交换和思想交流，改变人们的生活和生产实践方式，塑造一个崭新的数字化自我。当然，在这个过程中，我们并不能盲信网络信息技术的作用，而是能够客观辩证地对之进行深刻认识。因为，网络信息技术快速发展，它不仅给人们带来了生活生产方面的便利，同时也带来了主体的人及其主体性在技术进步中异化的隐忧。如果处理不好主体与技术之间的辩证关系，就容易产生技术奴役人即人沦为技术奴隶的现象的发生。一旦主体与网络信息技术之间的关系产生异化，它就不再是型塑人的主体性而是导致人的主体性的弱化乃至丧失，让人们淹没于芜杂的网络信息之中而不能明辨是非，沉浸于感官刺激之中而娱乐至死。因此，在加强新时代网络文化建设的过程中，我们需要对网络信息技术有一个全面且准确的把握。

（四）传播维度的规范性

文化与传播是相伴相行的关系，可以说文化即是传播。没有传播，文化自身无法产生影响力。同样，没有文化，传播也只能变得空无一物。事实上，在互联网时代，网络文化建设已经成为加强国家软实力建设的重要构成部分。积极发挥网络传播的力量来增强网络文化实力，不仅关系到网络文化自身的发展水平，还关系到国家软实力发展水平。正是因为如此,做好网络文化建设需要从传播的层面上进行有效规范,以期提高网络文化传播的有效性。

具体而言,一是在道德层面上,这种规范性要求网络文化传播要符合网络伦理道德规范。网络空间是自由的空间,但这种自由不是绝对的,人们的网络行为首先要受到道德制约,防止各类网络道德失范问题。但在实际上,传统的伦理道德规范面对芜杂的网络空间已经越来越受到各式各样的冲击,在匿名化、符号化的网络空间中,人们的道德约束力也不断受到削弱。加之道德相对主义、道德虚无主义、道德多元主义等的影响,普遍性的道德评价标准也已受到挑战。因此,在推进网络文化传播的过程中不断加强网络道德规范的建设已经成为紧迫的现实任务。只有如此,才能发挥网络道德在网络文化建设中的教育和引导功能。

二是在法律层面上,这种规范性要求网络文化传播要符合网络法律法规的规范。互联网并非法外之地,网络文化传播行为也在法治框架内进行。这不仅是我国依法管网、依法办网、依法上网的必然要求,也是网络文化建设沿着正确轨道发展的重要保障。近年来,伴随互联网的迅猛发展,我国的网络立法也不断完善,初步建立了互联网管理的法律法规体系,发挥出重要的制度保障作用。但网络法律建设的速度还跟不上互联网发展的速度,也不能完全应对网络问题的复杂性。在网络文化传播过程之中,各类紧迫问题也层出不穷,甚至一些问题的解决还缺乏相应的法律依据。这要求在网络文化建设、管理和运用等方面继续完善有关法律法规。

三是在精神层面上,这种规范性要求还体现在公共理性与公共精神的树立上。公共理性和公共精神与网络技术、道德、法律、舆论等都有着密切的关系,体现网络主体的内在精神气质,在推进网络文化建设过程中同样不可或缺。正如前文所述,网络文化建设本身就具有较强的技术属性和表征,但技术的运用和文化建设的目的都要指向服务于人民大众,以满足其精神需求,提升其精神修养。也就是说,我们需要把公共理性和公共精神作为网络文化建设的价值追求,更不能以技术理性代替价值理性。而公共理性和公共精神又能够为网络主体的行为提供一般原则,进而为其权利的行使和义务的履行明确合理性边界。与此同时,公共理性和公共精神还能够为网络舆论导向提供内在的保证,防止个人情绪化的宣泄以及网络暴力、网络谣言、虚假信息等非理性行为的发生。

基于此,网络文化传播的规范性要求有关政府管理部门能够切实做好网络文化建设的顶层设计及具体实施和管理工作。网络空间的自由开放性在增加网民话语赋权的同时,也使得各类虚假信息泛滥甚至网络犯罪现象频繁发生。如果这些现象不能得到有效控制,很显然会严重破坏网络空间生态,阻滞网络文化的健康发展,乃至走向线下,破坏现实社会的稳定秩序。政府管理机构要牵头培养一支业务能力强、媒介素养高的网络文化传播队伍,这是实现网络文化规范传播的重要保障。网络媒体要把经济效益与社会效益有机结合起来,尤其要注意社会效益的发挥,不能单纯追求点击率、关注度,而是要切实承担其社会责任,做好信息的"把关人",正确引领社会风气。只有如此,才能提升自身的公信力与影响力,才能在参与网络文化建设的过程中坚持社会主义主流价值观念的正确指导。广大网民也要提升自律意识,自觉接受网络道德和法律法规的规范和制约,提高道德修养,坚守法律底线,提高对网络信息的分析、判断、甄别能力,做到文明上网,自觉抵制庸俗、媚俗乃至低俗的网络文化现象。总而言之,所有的网络信息传播主体都要努力提升自身的媒介素养,以发挥协同力量,打造健康有序的网络文化空间。要努力避免网络文化建设和管理的形式化、教条化、简单化,要切实抓住网民的心理需求,以喜闻乐见、生动活泼的多样形式(网络剧、网络音乐、网络文学、网络动漫等），以通俗易懂、幽默风趣的话语方式，努力打造一批网络文化精品。

（五）价值维度的意识形态性

文化的核心与本质就是意识形态，社会文化与意识形态同属上层建筑领域，受到经济基础的决定和制约，二者具有共同的客观物质基础，都在一定程度上共享历史文化积淀并反映时代特征。文化以文化价值观念为核心内容，意识形态以政治价值观念为核心内容，无论政治价值观念还是文化价值观念都反映了特定的阶级立场与社会关系属性。有学者就强调，"共同的现实基础、精神根脉决定了意识形态的发展方向合乎一个国家或民族的文化演进，并突显出共源的时代性特质"[①]。

从网络文化建设与意识形态的关系来看，一方面，网络文化建设具有明确的意识形态属性。马克思指出，"统治阶级的思想在每一个时代都是占统治地位的思想"[②]。事实充分证明，任何社会的文化在形式和内容上都受到统治阶级思想的支配和影响，文化的这种意识形态属性又直接决定了社会文化建设必须符合一定阶级、社会主流意识形态的根本要求，发挥维护意识形态安全的重要作用。网络文化是伴随互联网技术的发展在文化领域中产生的新的文化形态，网络文化建设反映和体现社会文化建设的一般性规律和基本特征。网络文化建设归根结底也是为一定的阶级、社会服务的，主流意识形态总是影响乃至决定着网络文化建设的方向和方式。因此，意识形态性是网络文化建设的根本属性；另一方面，网络文化建设和意识形态建设都是在实践中展开的。在实践层

---

① 邵彦敏、白兮：《文化自信与意识形态安全》，《理论探讨》2019 年第 5 期，第 33 页。
② 《马克思恩格斯选集》第 1 卷，北京：人民出版社 1995 年版，第 98 页。

面上,网络文化不仅是推进意识形态建设的重要载体,也是意识形态工作内容的重要构成部分。在开展网络文化建设过程中,主流意识形态不仅能够引导人们树立正确的文化发展理念,凝聚人心,也能够丰富主流意识形态的文化内涵,促进意识形态工作与时俱进,增强吸引力、凝聚力和影响力,进而为主流意识形态建设奠定坚固的文化根基,保证社会文化建设的社会主义方向。

从网络意识形态安全的现实形势来看,网络空间已经成为意识形态斗争的主要阵地,意识形态斗争也成为文化领域中不可回避的重要关节。一是网络空间的自由开放性,促使各类思想价值观念相互激荡,网络文化空间亦成为鱼龙混杂的思想空间,既有积极的正能量,也有消极的负能量;既有符合社会主义主流价值观念的正确思想,也有反映西方资产阶级所谓普世价值、自由主义、历史虚无主义以及个人拜金主义、享乐主义、利己主义、功利主义等的错误思想。多元思想的共存乃至相互冲突,容易造成网络舆论场的混杂和对立,尤其以官方舆论场与民间舆论场的矛盾为代表。网络发展所带来的草根文化的崛起,增加了网民的话语权,解构了官方舆论的传统权威,甚至发展为一股强大的非理性力量,对主流意识形态建设带来严重挑战。

二是在网络技术发展层面上,我国与西方发达国家之间依然存在一定的"数字鸿沟"问题。比如,世界上互联网运行的域名根服务器共有13个,其中1个主根服务器以及其他9个副根服务器分布在美国,另外3个副根服务器则分别分布在日本、英国和瑞典。尽管近年来,我国在互联网核心技术上的创新和发展取得了长足进步,正在逐步改变这种不平衡状态,但总体局面并没有得到根本扭转。西方发达国家会凭借这种技术优势,借助互联网平台以文化传播的方式对包括我国在内的发展中国家尤其是社会主义国家实施文化渗透,以达到意识形态渗透的根本目的。

三是从新闻(文化传播的重要形式)的生产能力来看,统计数据显示,世界四大通讯社美联社、路透社、法新社、合众国际社,每天发出的信息占全球国际新闻的 80％以上。[①] 世界上 2/3 的信息来源于只占世界人口 1/7 的发达国家……西方发达国家流向发展中国家的信息量是发展中国家流向发达国家的 100 倍。[②] 这种不平衡关系使得我们在对外文化传播过程中经常处于一种弱势地位,西方发达国家也更是借势利用各种借口来抹黑中国,甚至经常性地干涉中国内政,严重影响我国网络意识形态安全。

从繁荣与发展中国特色社会主义文化建设的任务来看,我们必须进一步坚定文化自信,坚持以社会主义核心价值观引领网络文化建设,以顺利推进文化强国战略。党的十九大报告强调:"文化是一个国家、一个民族的灵魂。文化兴则国运兴,文化强则民族强。"当前,网络空间已经成为人们共同的精神家园,网络文化建设也随之成为中国特色社会主义文化建设的重要组成部分。网络文化在整个社会文化建设过程中同样发挥着重要的价值引领和行为规范作用。为了建设健康向上的网络文化,打造风清气正的网络空间生态,需要大力发挥社会主义核心价值观在网络文化建设中的指导作用,把它作为网络文化的压舱石、定盘星与度量衡。

一是坚持以社会主义核心价值观引领新时代网络文化建设,能够提升国家文化软实力。社会主义核心价值观与当代中国文化的基本精神高度契合,把其贯穿到网络文化建设的全过程,有利于确保中国特色社

[①] 杨永志、吴佩芬:《互联网条件下维护我国意识形态安全研究》,天津:南开大学出版社 2015 年版,第 39 页。

[②] 张骥等:《中国文化安全与意识形态战略》,北京:人民出版社 2010 年版,第 261 页。

会主义文化建设始终沿着正确的方向前进，巩固我国文化软实力的基础。

二是坚持以社会主义核心价值观引领新时代网络文化建设，能够传承和弘扬当代中国价值观念。社会主义核心价值观体现的基本内容和价值追求，符合社会主义文化的发展和建设规律，有利于巩固社会主义主流意识形态的根本地位，切实增强中国特色社会主义的道路自信、理论自信、制度自信、文化自信。

三是坚持以社会主义核心价值观引领新时代网络文化建设，能够展现中华文化的魅力。社会主义核心价值观内含了中华文化的基本精神，是对中国优秀传统文化的继承和发展。在实施中国文化"走出去"战略的过程中，只有不断增强自身文化的实力和魅力，才能不断扩大社会主义文化的影响力。以社会主义核心价值观引领社会主义文化建设，让人民有信仰、民族有希望、国家有力量，对于开展伟大斗争、建设伟大工程、推进伟大事业和实现伟大梦想发挥着重要作用。

二、新时代网络文化建设的科学思维构建

习近平总书记指出，我们要适应新时代中国特色社会主义的发展要求，不断提高战略思维、创新思维、辩证思维、法治思维、底线思维能力，增强工作的原则性、系统性、预见性、创造性，更好把握国内外形势发展变化，更好贯彻党的理论路线和方针政策，更好推进中国特色社会主义伟大事业和党的建设新的伟大工程。① 这为我们做好各项工作提供了科学的思维方法和根本指南。恩格斯在《自然辩证法》中曾把"思维着的

---

① 《习近平新时代中国特色社会主义思想三十讲》，北京：学习出版社 2018 年版，第 197 页。

精神"誉为"地球上最美丽的花朵"①。在新时代背景下,顺利推进网络文化建设同样需要树立系统而科学的思维,坚持和落实战略思维、创新思维、辩证思维、法治思维和底线思维,把网络文化建设提升到新的高度(图 4-1)。

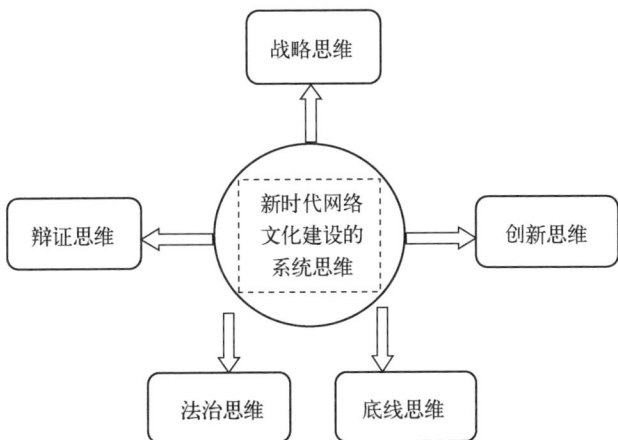

图 4-1 五大思维方式

(一) 坚持统揽全局的战略思维

在中国革命、建设和改革的历史进程中,中国共产党之所以始终能够驾驭全局,就是因为高度重视战略思维的养成和运用。可以说,中国共产党人治国理政的根本思维方法之一就是战略思维。所谓战略思维,指的是一种能够立足于国家和社会发展大局,遵循客观事物发展规律,对全局性、前瞻性、根本性的重大问题进行客观而准确的研判与分析的思维方式。只有树立战略思维才能正确处理局部与整体、现象与本质、理论与实践等重大关系。在新时代网络文化建设过程中,问题的复杂性

---

① 《马克思恩格斯选集》第 3 卷,北京:人民出版社 1995 年版,第 462 页。

和紧迫性需要我们树立战略思维。换言之,我们需要对新时代网络文化建设进行高瞻远瞩的战略谋划,用面向长远的战略眼光看待新时代网络文化建设。正所谓"不谋长远者,不足以谋一时"。文化建设是一个长期的发展过程,绝不是一蹴而就的,这是由文化的本质特征决定的。党的十九大报告指出:"文化是一个国家、一个民族的灵魂。文化兴国运兴,文化强民族强。没有高度的文化自信,没有文化的繁荣兴盛,就没有中华民族伟大复兴。要坚持中国特色社会主义文化发展道路,激发全民族文化创新创造活力,建设社会主义文化强国。"党的十九届四中全会也指出:"发展社会主义先进文化、广泛凝聚人民精神力量,是国家治理体系和治理能力现代化的深厚支撑。"习近平总书记特别指出:"坚定中国特色社会主义道路自信、理论自信、制度自信,说到底是要坚定文化自信。坚定文化自信,是事关国运兴衰、事关文化安全、事关民族精神独立性的大问题。"①总而言之,我们要进一步坚定文化自信,建设社会主义文化强国。而推动社会主义文化繁荣兴盛,建设文化强国,本身就是一个艰巨的时代任务,是一个复杂的系统工程,关涉到牢牢掌握意识形态工作领导权、培育和践行社会主义核心价值观、加强思想道德建设、繁荣发展社会主义文艺、推动文化事业和文化产业发展等各个方面。在文化强国战略层面上理解网络文化建设,我们必须清楚地认识到在互联网时代背景下,建设好网络文化直接关系到我国社会主义文化的大繁荣大发展,关系到整体社会主义事业的顺利推进。

我们不仅要在文化强国战略层面上理解网络文化建设,还要把它放置于网络强国的战略层面上进行理解。从互联网发展的形势来看,不论是网民规模已经达9.89亿,网民使用手机上网的比例则高达99.7%。面

---

① 习近平:《坚定文化自信　建设社会主义文化强国》,《求是》2019年第12期。

对互联网的快速发展及其对人们生产生活的深刻影响,我们也必须深刻地认识到,网络文化建设不仅关涉到社会主义文化的繁荣发展,还关涉到网络空间安全乃至国家安全问题。这要求我们把网络文化建设和网络强国战略联系起来,并能够通过网络文化建设助推网络强国建设。自党的十八大以来,习近平总书记在不同的场合围绕互联网发展问题有过多次深刻表述,并详细阐述了中国由"网络大国"迈向"网络强国"的战略思考。2014 年 2 月 27 日,中央成立了网络安全和信息化领导小组,在领导小组的第一次会议上,习近平总书记明确提出了"网络强国"的时代战略任务,并从信息技术、信息经济、网络文化、网上舆论工作等角度全面阐述了新的网络安全观,从而把"网络强国"上升为国家战略。① 2015年 12 月 16 日,习近平总书记在第二届世界互联网大会开幕式上的讲话中,进一步强调在"十三五"时期,中国将积极实施网络强国战略、国家大数据战略、"互联网十"行动计划,发展健康向上的网络文化,拓展网络经济空间,促进互联网和经济社会融合发展。② 可以看出,网络文化建设是推进网络强国战略的重要构成部分,这也是我国在网络文化建设方面作出的顶层设计和战略谋划。

(二) 坚持与时俱进的创新思维

有学者把人的思维形式分为五种类型,指出本能性思维是最低能级的思维形式,机械性或经验性思维是低能级思维形式,人的学知性或继承性思维是中能级的思维形式,逻辑性或推理性思维是高能级的思维形

---

① 《中央网络安全和信息化领导小组第一次会议召开　习近平发表重要讲话》,http://www.cac.gov.cn/2014-02/27/c_133148354.htm,2014-02-27。
② 习近平:《在第二届世界互联网大会开幕式上的讲话》,《人民日报》2015 年 12 月 17 日。

式,而创新思维(或称创意思维)是最高能级的思维形式。① 一言以蔽之,创新思维是思维主体在实践的基础上,基于强烈的问题意识,遵循事物本质和发展规律,在认识和改造世界的过程中形成新观点、新理论和新方法的思维过程。创新思维具有深刻性、批判性、独创性、发散性、发展性等基本特征。关于其本质问题,有学者进一步指出,创新思维的本质在功能层面上表现为出新,即产生前所未有的认识成果;创新思维的本质在结构层面上表现为超越,即突破原有的思维结构;创新思维的本质在机制层面上表现为逻辑与非逻辑的统一,从而实现思维素材的超逻辑组合。因此,创新思维的本质是功能性本质、结构性本质与过程性本质的有机统一。② 可见,拥有创新思维就能够打破思维惯性,摆脱常规思路的束缚,从而获得认识和解决问题的新视角、新思路、新方法,达到意想不到的效果。

推进新时代网络文化建设需要积极运用创新思维,把创新思维贯彻到网络文化建设的各个环节中去。一方面,要实现网络文化建设在理念上的创新,即树立互联网思维。网络文化建设虽然是整体社会文化建设的一部分,体现文化建设的一般特征,但网络文化建设是建立在互联网技术平台之上的,和互联网自身的发展密切相关。互联网思维本身就是创新性思维在网络时代的集中表现。恩格斯曾指出:"每一个时代的理论思维,包括我们这个时代的理论思维,都是一种历史的产物,它在不同的时代具有完全不同的形式,同时具有完全不同的内容。"③互联网思维正是人们在使用网络技术、参与网络生活实践的过程中,对自身的生存与发展作出深度理性思考进而形成的一种思维自觉。互联网思维表现

---

① 谢晶:《关于创新思维的哲学思考》,《福建论坛(人文社会科学版)》2010 年第 S1 期,第 220 页。
② 张义生:《论创新思维的本质》,《中共中央党校学报》2004 年第 4 期,第 28 页。
③《马克思恩格斯选集》第 3 卷,北京:人民出版社 2012 年版,第 873 页。

为具体的用户思维、共享思维、跨界思维、平等思维、数据思维等。实现网络文化建设的创新性发展首先就是要充分认识和有效利用好互联网思维，按照网络用户的实际需求，丰富网络文化内容，提高网络文化产品质量；要按照平等、共享原则，有效整合网络空间中的文化资源，发展好网络文化事业和文化产业，使其不断满足网民对美好网络生活的实际需求，如此等等。

另一方面，要立足网络文化的要素构成，推动实现网络文化建设在载体、内容、方式等方面的综合创新，把互联网思维贯彻到网络文化建设的全过程，形成"互联网＋文化"的发展模式。网络文化传播是一种全球传播，打破了民族、国家的物理疆域限制，是一种跨越时空的信息流动，并且体现出低成本、高效率的突出特征。推进网络文化建设要充分利用好网络载体，建构包括网络影视、动漫、文学、音乐、游戏、电子竞技等在内的网络文化体系，通过文本、图片、视频、直播等形式不断丰富网络文化内容，提高文化传播的交互性、共享性和视觉化效果。值得注意的是，信息技术条件下的网络生活更多呈现社交化的特征，不同文化圈层的人通过网络社交带动文化交流与互动。因此，网络文化建设也要充分利用各类社交平台，积极渗透到人们的网络交往互动过程之中。另外，网络文化建设还要善于运用新的信息技术和手段，把不同类型和不同层次的文化资源进行虚拟化、数字化转化，包括运用好大数据技术有效收集、保存、整合有价值的文化元素，实现文化传播的精准化，促进社会主义文化的对内和对外传播。

（三）坚持对立统一的辩证思维

网络文化建设要积极运用辩证思维，这里的辩证思维指的就是唯物辩证法。马克思主义认为，唯物辩证法是一种"自然、人类社会和思维的运动和发展的普遍规律的科学"①,它是无产阶级认识世界和改造世界的思维工具,是中国共产党人的世界观与方法论,是指导中国共产党领导人民群众不断实现社会主义革命、建设和改革伟大胜利的思想武器。习近平总书记强调,我们党要团结带领全国人民实现"两个一百年"奋斗目标、实现中华民族伟大复兴的中国梦,必须不断接受马克思主义哲学智慧的滋养,更加自觉地坚持和运用辩证唯物主义世界观和方法论,更好在实际工作中准确把握现象和本质、形式和内容、原因和结果、偶然和必然、可能和现实、内因和外因、共性和个性的关系,增强辩证思维、战略思维能力,把各项工作做得更好。② 辩证思维具有抽象性和普遍性,同时又具有客观性、发展性、系统性特点,是我们推进网络文化建设工作的指导性思维方法。

唯物辩证法的世界物质同一性原理,要求我们一切从实际出发。互联网发展的革命性影响是不容忽视的客观事实,谁占领网络技术发展的最前沿,谁就能够在激烈的竞争当中立于不败之地,就能够带动整个社会的全面进步和发展;谁掌控网络空间、建设先进的网络文化,谁就能增强自身的文化软实力,在文化交流和意识形态竞争当中提升吸引力和影响力。网络和网络文化都是一个新现象,做好网络文化建设工作,千头万绪,但首先要做到从客观实际出发,充分认知网络文化建设的重要性作用,并能够遵循互联网发展和建设规律来制定和实施相关政策、措施,做到具体问题具体分析,应对好网络文化建设过程中的各类复杂问题。在这个过程中,要始终坚持联系、发展、全面的唯物辩证观点,反对孤立、静止、片面的形而上学观点。只有把唯物辩证法运用好,才能抓住机遇,

①《马克思恩格斯选集》第3卷,北京:人民出版社1995年版,第484页。
② 习近平:《辩证唯物主义是中国共产党人的世界观和方法论》,《求是》2019年第1期。

迎接挑战,有力地推动社会主义文化强国、网络强国等国家战略的实施。

唯物辩证法关于对立统一的矛盾原理,要求我们正确分析和把握矛盾,善于解决矛盾。在哲学原理和方法上,矛盾即对立统一,这要求我们一是要认识和把握好矛盾的普遍性和特殊性之间的辩证关系。网络文化是伴随互联网的发展形成的新的文化形态,是社会亚文化的一种。基于虚拟网络空间与现实社会空间的联系性与差别性,网络文化既具有社会文化的一般特征,也具有自身的独特性质和属性,体现出网络空间的虚拟性、自由开放性、跨时空性以及数字化、去中心化、符号化、个性化等基本特点。如果不能准确把握网络文化建设的公共性、技术性、意识形态性等特征,就很难做到具体问题具体分析从而把工作做实,也就很难取得好的实际效果。二是善于把握和处理好主要矛盾与次要矛盾、矛盾的主要方面与次要方面之间的关系,把两点论与重点论有机结合起来。具体而言,在网络文化建设过程中既要善于抓主要矛盾和矛盾的主要方面,抓住问题的重点、关键和主流,又要善于抓次要矛盾和矛盾的次要方面,不要忽视次要问题和支流问题。只有把两点论与重点论结合起来,才能立足全局、把握重点、统筹协调、化解矛盾。比如,在网络文化建设过程中如何处理好一元指导与多元发展之间的关系,需要熟练运用好唯物辩证法。只强调一元指导,无视文化样态和思想观念的多元发展,就容易限制网络文化发展的生命力;反之,只强调多元发展,无视社会主义主流价值观念的根本指导作用,就容易使网络文化发展失去正确的方向。

唯物辩证法关于认识与实践的辩证关系,要求我们坚持实践第一的观点,把理论与实践有机结合起来。实践是认识的基础,认识反作用于实践。网络文化建设不是"虚"的东西,而是要面向广阔的网络生活实践和社会实践。一是要积极地参与到网络实践中去,不去参与网络生活,不了解网络世界，就不可能把网络文化建设工作做好。习近平总书记曾强调，各级党政机关和领导干部要学会通过互联网走群众路线，经常上网潜潜水、聊聊天、发发声，了解群众所思所愿，收集好想法好建议，主动回应网民关切、解疑释惑。善于运用互联网解民情、集民智、维民利、聚民心，是新形势下领导干部做好工作的基本功。[①] 这就要求网络文化工作者能够切实从实践中来到实践中去，在实践中提高网络文化建设的水平。二是要具有强烈的问题意识。推进网络文化建设要直面实践中的各种复杂问题，而绝不是回避问题，并能够因势利导，增强驾驭和解决问题的实际能力。比如，网络空间中出现的道德失范、行为越轨、网络犯罪以及网络信息价值失序、网络文化产品质量参差不齐等问题，无时无刻不在破坏着网络空间生态。有学者就指出，在网络文化建设中，建设什么样的网络文化，怎样建设网络文化，网上倡导什么、反对什么，事关网络媒体的威权性和公信力，事关互联网的健康有序发展，事关我国社会的和谐稳定。[②] 那么，在网络文化建设过程中就要有"啃硬骨头"的精神，把诸多问题妥善解决好。

（四）坚持循规而治的法治思维

法治思维是指"受法律规范和程序约束、指引的思维方式……从整体的角度看，法治思维不仅是指依法办事，而且包含了对公平、正义、权利、自由的价值追求。从方法论的角度看，法治思维讲究逻辑推理、修辞论辩和理解解释的技术手段"[③]。具体来说，法治思维秉持的是现代法

---

① 习近平：《在网络安全和信息化工作座谈会上的讲话》，《人民日报》2016 年 4 月 26 日。

② 刘光峰、朱继东：《马克思主义大众化视域下网络文化建设的战略研究》，《江西理工大学学报》2012 年第 4 期，第 3 页。

③ 陈金钊：《"法治思维和法治方式"的意蕴》，《法学论坛》2013 年第 5 期，第 5 页。

治理念,在分析、研判、处理问题时应遵循法律规范、法律原则和法律逻辑,彰显法律精神。可见,法治思维的基本思维理路就是首先确定包括法律规范、原则、精神在内的法律依据,然后通过理性判断和推理形成解决问题的结论。法治思维从根本上区别于人治思维、权力思维,强调以合法性判断为逻辑起点,依法行事,凸显法律面前人人平等,是合法性思维、理性思维与实践性思维的有机统一。在党的十八届三中全会通过的《中共中央关于全面深化改革若干重大问题的决定》中明确提出了"国家治理体系和治理能力现代化"的任务,以完善和发展中国特色社会主义制度。其中,国家治理的现代化,首先就是国家治理的法治化,这是识别国家治理体系和治理能力现代化水平的重要依据。在党的十八届四中全会通过的《中共中央关于全面推进依法治国若干重大问题的决定》中明确指出:"全面推进依法治国,总目标是建设中国特色社会主义法治体系,建设社会主义法治国家。"党的十九大报告再次强调"全面依法治国是国家治理的一场深刻革命,必须坚持厉行法治,推进科学立法、严格执法、公正司法、全民守法"。由此观之,法治思维已经成为国家治理实践中的主导性思维,法治方式也成为国家治理的主导性手段。这都要求我们把法治思维贯穿到社会建设的各个领域和全部过程。由此,把法治思维贯穿到网络文化建设过程之中本质上就要求网络文化建设要依法而行,体现现代法治的基本精神。

一方面,要进一步完善网络立法工作,为网络文化建设的顺利推进提供法律保障。目前,我国已经初步建立了互联网管理的法律法规体系,包括《中华人民共和国网络安全法》《互联网信息服务管理办法》《计算机信息网络国际联网安全保护管理办法》《信息网络传播权保护条例》《互联网新闻信息服务管理规定》《网络信息内容生态治理规定》等,其中也涉及网络文化及其安全等方面的内容。比如,2019 年 12 月通过的

《网络信息内容生态治理规定》明确指出,网络信息内容的生态治理即"政府、企业、社会、网民等主体,以培育和践行社会主义核心价值观为根本,以网络信息内容为主要治理对象,以构建网络综合治理体系、营造清朗的网络空间、建设良好的网络生态为目标,开展的弘扬正能量、处置违法和不良信息等相关活动",并从网络信息内容生产者、网络信息内容服务平台、网络信息内容服务使用者、网络行业组织等主要方面进行了严格规定。这就为推进网络文化建设、打造良好的网络空间文化秩序提供了法律依据和保障。但总体而言,面对互联网突飞猛进的发展和问题的日益复杂,相关规定还相对笼统,需要进一步制定和完善针对网络文化建设的专门性法律法规和管理条例。只有首先做好立法工作,让网络文化建设有法可依,才能进一步提升网络文化工作者在文化建设实践中运用法治方式的实际能力,真正做到依法行事,切实保障广大网民的文化权益,维护网络文化安全。

另一方面,要加强对广大网民的法制教育,提高其法律素养,做到遵纪守法。在《中华人民共和国网络安全法》总则中就提及:"任何个人和组织使用网络应当遵守宪法法律,遵守公共秩序,尊重社会公德,不得危害网络安全,不得利用网络从事危害国家安全、荣誉和利益,煽动颠覆国家政权、推翻社会主义制度,煽动分裂国家、破坏国家统一,宣扬恐怖主义、极端主义,宣扬民族仇恨、民族歧视,传播暴力、淫秽色情信息,编造、传播虚假信息扰乱经济秩序和社会秩序,以及侵害他人名誉、隐私、知识产权和其他合法权益等活动。"[1]然而,部分网民由于错误地理解了网络的自由开放性,常常打着"个性独立"的旗号把网络自由理解为绝对的自

---

[1]《中华人民共和国网络安全法》,http://www.cac.gov.cn/2016-11/07/c_1119867116.htm,2016-11-07。

由,从而在主体性的表达上趋向于"为所欲为"。他们不仅习惯于情绪化宣泄和放纵本能,而且无视他人的隐私,无视公共利益,甚至无视法律法规的存在。这种原子化的个体不仅容易受到错误思想的影响,宣扬存有偏颇的文化观念,在网络空间中肆意传播负能量,而且往往是网络暴力、虚假信息的参与者甚至制造者,从而成为良性网络文化秩序的破坏力量。这些都要求网络文化建设一定要贯彻法治思维,从而为网络空间的风清气正保驾护航。

(五) 坚持居安思危的底线思维

习近平总书记在多个场合、多次讲话中都特别强调底线思维,要求我们时刻保持清醒头脑,有力应对、处置、化解风险,增强治国理政的实际水平和能力。底线意味着不可逾越的界限,在唯物辩证法意义上,底线代表从量变到质变的临界点,是事物根本性质发生变化的关节点,突破底线就意味着质变的发生。有学者把底线思维理解为一种与前瞻性思维取向相对应的后顾性思维方法,实质上是具体化的对立统一辩证思维。① 在认识世界和改造世界的过程中,树立底线思维是为了把事物的存在和发展控制在合理的"度"之内。在现实意义上,突破底线,意味着事物向着预定目标相反的方向发展,乃至出现人们无法预估和无法接受的结果,从而在行动上导致彻底的失败。因此,底线思维是防范和化解风险的重要思维方法,实质上是一种主动性、积极性思维方式,它让我们在认识和解决问题的过程中做最坏的打算,并积极防止最坏结果的发生。同时,底线思维还能够增强人们居安思危的忧患意识,使人们充分认识风险始终与人同在的客观性,增强预见性,做到见微知著、未雨绸

---

① 赵炎才:《中国共产党人底线思维基本特征透析》,《晋阳学刊》2013 年第 6 期,第 100 页。

缪。具体而言,贯彻底线思维、坚守底线就是促使人们保持战略定力,敢于面对风险,科学评估风险,有效应对复杂的形势和棘手的问题,进而有效化解现实风险。坚持底线思维,做好顶层设计,制定和落实具体政策,能够使我们更好地坚持原则,做好防守,树立积极进取的态度,从而牢牢把握工作的主动权。

可见,底线思维在根本上体现了唯物辩证法的基本立场和方法论要求,要求我们把两点论与重点论有机结合起来。网络文化建设过程中,面对网络空间的复杂性和文化自身的复杂性,底线思维要求我们从战略全局出发,立足文化建设的基本、基础与核心问题,善于围绕工作的重点和关键展开实践。在这个过程中要敢于面对问题,不能回避现实矛盾,充分认识网络文化建设的长期性、曲折性、艰巨性,进而采取有效措施提升网络文化建设水平。网络文化建设必须明确底线是什么?充分认识到逾越底线带来的风险是什么?哪些因素容易导致底线被超越?一旦超越底线,补救的措施是什么?等等。只有明确问题意识,才能在坚守底线的基础上合理把握网络文化建设的整体布局,才能制定出科学有效的具体对策。简言之,我们需要把底线思维贯穿和落实到网络文化建设的总体战略布局之中。唯有如此,才能充分认识并把握网络文化建设的必要性和重要性,让网络文化建设有所作为,有所成就。

把底线思维贯穿到网络文化建设的全过程,首先要遵守社会主义文化建设的一般性原则和规律,并深刻把握网络空间的本质和特点,具体展开网络文化建设实践。具体而言:一是网络文化建设要始终坚持马克思主义为根本指导思想,坚持社会主义文化建设方向,坚持为人民群众服务。这是社会主义文化建设的根本要求,是推进社会主义文化繁荣发展的根本保障。二是网络文化建设要积极维护网络主权,不能以任何借口突破国家主权底线。网络主权是国家主权在网络空间新形态下的延伸和拓展,是伴随互联网的快速发展和广泛应用而产生的一种新的国家主权形式。习近平总书记强调:"虽然互联网具有高度全球化的特征,但每一个国家在信息领域的主权权益都不应受到侵犯。"①三是网络文化建设要坚守道德和法律底线,增强法律意识,树立道德信念,严格遵守相关道德和法律规范(特别是互联网相关的道德和法律规范),为打造健康的网络空间生态、维护社会整体秩序的和谐作出努力。四是网络文化建设要坚持和贯彻"百花齐放,百家争鸣"的基本原则,积极鼓励文化交流和互动,但要坚定文化自信,积极贯彻和践行社会主义核心价值观,强化社会主义主流意识形态的价值引导作用,牢牢掌握网络文化建设的话语权、管理权、领导权。只有如此,才能保证网络文化建设沿着正确的方向前进,才能有效抵制西方资产阶级文化的渗透,体现社会主义文化的先进性,扩大社会主义文化的影响力。

---

① 习近平:《弘扬传统友好　共谱合作新篇——在巴西国会的演讲》,《人民日报》2014 年 7 月18 日。

第五章　新时代网络文化建设的实践理路

　　当前网络文化建设实践存在内容供给不足、传播效果不好、服务机制不优、治理方式不佳、人才支撑不够等问题。加强新时代网络文化建设，需要坚持以马克思主义为指导，坚守中华文化立场，立足当代中国现实，紧扣时代要求，发展面向现代化、面向世界、面向未来的，民族的科学的大众的社会主义网络文化，实现社会主义精神文明和物质文明协调发展。为此，需要始终遵循网络文化建设规律，坚持"创新发展、依法治理、保障安全、兴利除弊、造福人民"原则，贯彻落实新发展理念，运用科学思维方法，围绕网络文化建设的供给、传播、服务、治理和人才支撑环节，实现网络内容极大丰富，质量极大提高，网络文化产业体系日趋完善，网络素养显著提升，具备强大的网络文化软实力，打造网络文化事业全面繁荣的网络文化强国（图5-1）。

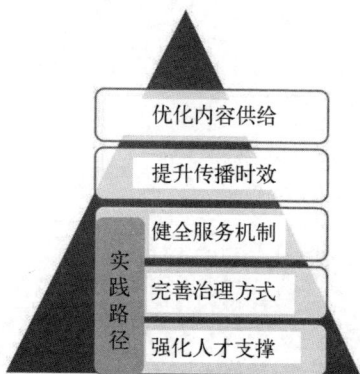

图5-1　新时代网络文化建设的实践路径

优化内容供给

提升传播时效

健全服务机制

实践路径

完善治理方式

强化人才支撑

一、优化网络文化的内容供给

中国特色社会主义文化包括社会主义先进文化、中华优秀传统文化以及革命文化。新时代网络文化建设作为当今时代中国特色社会主义文化建设的重要内容,需要对上述三大文化进行创造性转换和创新性发展,持续深化网络文化供给侧改革,不断优化网络文化的内容供给。始终坚持不忘本来、吸收外来、面向未来,才能更好地解决新时代人民群众对网络优质内容的需求与网络内容生产不平衡不充分的矛盾,满足人民群众日益增长的包括优质网络文化内容在内的美好生活需要。

(一) 推动先进网络文化产品创作

包括社会主义先进网络文化在内的中国特色社会主义先进文化,是由中国共产党领导的社会主义现代化建设中所创造的文化,是和中国道路、中国制度、中国理论相适应的文化。首先,社会主义先进网络文化面向现代化、面向世界、面向未来,具有鲜明时代性和发展前瞻性。社会主义先进网络文化植根于中国的改革建设实践,必定有鲜明的中国时代印记,它坚持与时俱进,不断与社会发展相适应,体现着时代精神、时代要求,为我国的国内发展和国际活动服务。社会主义是一种先进的社会制度,其在当今时代的主要任务之一就是不断扩大其世界影响力和吸引力。[①] 社会主义先进网络文化要面向世界,需要世界范围内兼收并蓄,借鉴、吸收世界各国各民族的优秀文化成果,通过网络文化的交融整合、吸收创新,不断充实、丰富和发展当代中国的先进网络文化,并推动中华文化走向世界,产生相应的国际影响力。同时,马克思主义坚持用发展

---

① 黄韫宏:《准确把握社会主义先进文化的科学内涵》,《福建省社会主义学院学报》2012 年第 2 期。

的观点看问题，在实践中进行理论创新。社会主义先进网络文化既来源于时代，又要高于时代。社会主义先进网络文化突出文化与社会各个领域的协调可持续发展，凸显文化发展的未来目标，因而其高于现时代的需求，是未来文化发展的目标和导向。

其次，民族、科学、大众是社会主义先进网络文化三大基本属性，具有深厚的实践基础和创新活力。其一，社会主义先进网络文化具有民族性，它是以继承和弘扬中华民族优秀传统文化为己任，具有中国风格、中国气派的文化。社会主义核心价值观是社会主义先进网络文化的灵魂。社会主义核心价值观以中华传统道德、价值取向、行为准则为基石，甚至还倡导中华民族传统人格精神。只有社会主义先进网络文化具有强大的民族凝聚力，才能满足现时代复杂国际局势的实际需要，才能够汇聚起全国各族人民的意志和力量，最大限度地调动和发挥全国各族人民的主动性和积极性，踊跃投身到社会主义建设的伟大事业之中。其二，社会主义先进网络文化的科学性，主要是因为其指导思想是马克思主义。它是在实践的基础上提出的，其根本出发点和归宿是人民利益，强调以人为本，为人民谋利益，既是广大人民真正需要的，也是符合社会发展需要的文化。其三，人民性是社会主义先进网络文化的基本属性。文化必须面向群众、依靠群众、服务群众，这是由社会主义文化本质决定的。人民群众既是历史的缔造者，也是物质和精神财富的创造者。先进网络文化创造过程由全体人民群众参与，也要由全体人民群众享受文化成果。只有这样，才能增强社会主义先进网络文化对人民群众的吸引力和感召力。

因此，新时代需要持续加大先进网络文化产品创作力度。大力发展"互联网＋文化"相关产业，坚持以社会主义核心价值观引领网络文化和广播影视全媒体生产。借助网络文学、网络剧、网络音乐等丰富多样的表达形式,持续丰富社会主义先进网络文化内容,打造网络文艺精品和网络文化品牌。具体来说,就是建设具有鲜明民族特色、时代特征、服务人民大众的网络文化。

一是加大具有鲜明民族特色的网络文化建设力度。民族的就是世界的,扩大民族特色的文化发展在世界范围内的影响力,是一个民族在世界生存和发展的应有之义。基于主体或个体都生活于民族这个大范围之下,要想使其利益和需求得到满足,需要依附于民族的发展。独特的民族特性,是在世界范围内将文化发扬壮大的必要条件。因此,在新时代我国网络文化建设中,不但要坚持以社会主义核心价值观为引导,而且要在此基础上将民族的精神和文化发扬光大,建设具有中华民族特色的网络文化,在网络文化中真正展现出中华民族五千多年深厚的文化底蕴。

二是建设具有鲜明时代特色的网络文化。改革创新是我国在新时代典型的时代精神,已深深融入我国社会主义发展的各个方面。改革创新时代精神不仅引领全国各族人民共同进步,也是我们建设中国特色社会主义网络文化应遵循和坚持的要点。创新是一个民族进步的灵魂,也是一个国家兴旺发达的不竭动力,更是中华民族最深沉的民族禀赋。创新精神本质上是一种勇于对旧思想旧事物予以抛弃、创立新思想新事物的精神,是人类追求新思想新事物的精神基础和动力源泉。改革创新的重点在于创新,只有不断创新,才能使一个国家和民族时刻保证活力和动力。对于网络文化建设而言,创新更是必不可少的元素之一。

三是建设服务人民大众的网络文化。不论是在革命、建设和改革的任何时期,不管是在宏观上定方向、论宗旨、讲本质,还是在微观上提要求、定标准,我们党都把以人民为中心的发展思想作为根本立场,致力于全面提高人的思想文化道德素质,包括人的道德、品格、情操、理想信念、价值取向、人文修养、艺术品位和思维方法、智慧能力等。社会主义先进网络文化是人民共建共享的网络文化，在共享中共建、以共建促共享，是社会主义先进网络文化发展的重要原则。新时代进行网络文化建设，必须要坚持相信群众、服务群众，把文化惠民、共建共享的理念贯穿于建设社会主义先进网络文化全过程。

（二）推进中华优秀传统文化的数字化

所谓中华优秀传统文化，意指中国人民在漫长的历史长河中逐步积累、培育并传承、发展至今，且对今天的治国理政和社会道德水平的提高有所助益的文化形态。[①] 如今，"中华优秀传统文化"这个概念的使用之所以渐成主流，是因为其具有相较于其他相近概念的独特优势。相较于"中华传统文化"与"传统文化"而言，它突出了"优秀"的属性，意指经过精华/糟粕二分后的精华内容。而以"中华"取代"中国"，则更可以突出民族属性，唤起国际社会特别是汉文化圈的价值认同，有助于文化的国际交流。

党的十八大以来，以习近平同志为主要代表的中国共产党人，从实现中华民族伟大复兴的高度揭示了中华优秀传统文化的时代意义，将中华优秀传统文化作为新时代网络文化建设的重要来源，强调要系统梳理传统文化资源，让收藏在博物馆里的文物、陈列在广阔大地上的遗产、书写在古籍里的文字都活起来。[②] 习近平总书记指出，中华文明延续着我们国家和民族的精神血脉，不但需要薪火相传、代代守护，而且也需要与时俱进、推陈出新。[③] 要增强文化自信，在传承中华优秀传统文化基础

---

① 高长武：《习近平文化建设思想的核心要义》，《东岳论丛》2017年第4期，第12页。
②《习近平谈治国理政》第1卷，北京：外文出版社2018年版，第61页。
③《习近平关于社会主义文化建设论述摘编》，北京：中央文献出版社2017年版，第83页。

上发展社会主义先进文化,加快建设社会主义文化强国。① 他多次指出要"有鉴别""有扬弃"地对待中华优秀传统文化,坚持古为今用、推陈出新,有鉴别、有扬弃地继承历史文化特别是先人传承下来的价值理念和道德规范,进而用中华民族创造的精神财富来实现"以文化人、以文育人"的目标任务。② "鉴别""摒弃"并不能止步于批判继承,而是要结合时代的诉求进行创造性转化和创新性发展。习近平总书记就对待传统文化的原则进行多次论述,反复强调使中华优秀传统文化成为涵养社会主义核心价值观的重要源泉。要处理好继承和创造性发展的关系,重点做好创造性转化和创新性发展。③ 努力实现传统文化的创造性转化、创新性发展,推动其与现实文化相融相通,共同服务以文化人的时代任务。④ 努力对中华传统美德进行创造性转化、创新性发展,引导广大群众向往和追求讲道德、尊道德、守道德的生活。⑤ 党的十九大报告进一步提出,坚持社会主义核心价值观要切实推动中华优秀传统文化创造性转化、创新性发展。⑥

鉴于此,加大网络文化内容供给,要从中华优秀传统文化中充分汲取思想道德营养,结合时代要求予以延伸阐释,使中华民族最基本的文化基因适应于当代网络文化,并与现代社会相协调。换言之,要充分利用中华优秀传统文化,精心组织实施中华文化新媒体传播、非物质文化遗产网上传播等工程,推动中华优秀传统文化数字化转化。统筹建设全

---

① 《习近平关于社会主义文化建设论述摘编》,北京:中央文献出版社 2017 年版,第 18 页。
② 《习近平谈治国理政》,北京:外文出版社 2014 年版,第 164 页。
③ 《习近平谈治国理政》,北京:外文出版社 2014 年版,第 164 页。
④ 习近平:《在纪念孔子诞辰2565周年国际学术研讨会暨国际儒学联合会第五届会员大会开幕会上的讲话》,北京:人民出版社 2014 年版,第 11 页。
⑤ 《习近平谈治国理政》第 1 卷,北京:外文出版社 2018 年版,第 160—161 页。
⑥ 习近平:《决胜全面建成小康社会　夺取新时代中国特色社会主义伟大胜利——在中国共产党第十九次全国代表大会上的报告》,北京:人民出版社 2017 年版,第 23 页。

国文化信息资源共享工程、数字博物馆等项目，构建互联互通、标准统一的公共数字文化服务网络。[①] 同时，结合重大纪念活动、重要纪念日和民族传统节日等，加强阐发中华优秀传统文化所蕴涵的思想观念、人文精神、道德规范，大力传承和弘扬民族精神、时代精神。在对中华优秀传统文化数字化的过程中，需要运用好数字展示、数字全媒体、文化云三大手段，从而实现中华优秀传统文化广泛传播。

一是数字展示手段。数字展示是把数字技术纳入展览之中，借助沉浸式虚拟体验吸引受众走进传统文化，通过发挥数字产品的独特魅力，实现传统文化的大众普及。比如，故宫博物院打造的"端门数字馆"，就是通过多种数字技术，将古建筑文化与现代科技完美融合，带给观众身临其境的体验感。

二是数字全媒体手段。伴随着互联网新媒体的快速发展，传统文化也要运用"全媒体化"的传播优势，达到广泛传播的效果。所谓全媒体化，是指运用所有媒体手段和平台来构建的大宣传体系，在多平台上实施多落点、多形态的传播。[②] 与此同时，充分发挥"三微一端"短、平、快的传播优势，结合不同平台的传播特性转换语言方式、内容形式，使优秀传统文化在各类平台上都取得更好的传播实效。借助"全媒体化"和"三微一端"的数字传播优势，建立健全数字媒体传播体系，让优秀的传统文化插上"互联网翅膀"，"飞入寻常百姓家"。

三是文化云手段。文化云是指"互联网＋公共文化"的服务平台。文化云通过对区域内零散的公共文化资源进行整合，进而实现文化资源的组织、整合及服务，满足文化多样化与个性化需求，为民众提供便捷的

---

① 邓海林、双传学：《共享视域下的网络文化建设：从问题分析到系统建构》，《南京社会科学》2017年第 10 期，第 59 页。

② 彭兰：《媒介融合方向下的四个关键变革》，《新闻研究导刊》2009 年第 2 期，第 9 页。

文化服务。例如,故宫博物院打造的"数字故宫社区"阵地,就是以文化服务为主要支撑,通过整合各类文化内容渠道,包括多种方式多种手段,建设线上线下融合联通的故宫文化资源聚合平台,以达到所有的文化传播和交互的目标。故宫的文化云对传统博物馆文化供给方式进行重塑,使中华民族优秀传统文化更加贴近广大群众。文化云的构建促进优秀传统文化在数字化传播领域发展,对传承和弘扬优秀传统文化具有十分重要的意义。

(三) 促进革命文化在网络文化中传承

"革命文化"一词源于毛泽东同志的《新民主主义论》。该文提出"新民主主义革命文化"是指无产阶级领导的人民大众的反帝反封建的文化。革命文化是在新民主主义革命时期形成的,起始于1919年五四运动,先后历经北伐战争、土地革命、抗日战争和解放战争四个时期。换言之,革命文化是由中国共产党领导的广大人民群众和先进知识分子共同创造,以社会主义和共产主义为愿景,把马克思主义基本原理同中国实际相结合,在长期革命实践中积淀、孕育形成的所有物质文化与精神财富的总和。五四精神、红船精神、铁军精神以及井冈山精神、苏区精神、长征精神、延安精神、红岩精神、西柏坡精神、全民族伟大抗战精神和抗美援朝精神等都是典型的红色革命文化。新中国成立以后的大庆精神、"两弹一星"精神、红旗渠精神、雷锋精神、焦裕禄精神等亦是红色革命文化的弘扬与延伸。加强新时代网络文化建设,迫切需要利用互联网做好革命文化的传承和弘扬工作,充分运用新媒体新技术与网络传播规律,积极抢占网络文化建设的制高点,不断提升革命文化的影响面和辐射范围。

1. 革命文化的发掘和认知

其一，革命文化是马克思主义基本原理与中国实际相结合的成果。社会主义和共产主义是马克思主义的思想体系的核心要义。在党的一大"纲领"中明确提出，党以马克思主义理论为指导，以社会主义和共产主义为奋斗目标。党的二大、三大制定了"党员要严守党的纪律，接受党组织的监督，保守党的秘密"等一系列严明纪律，并贯穿于中国革命的全过程。以马克思主义理论为指导，为实现共产主义而奋斗的坚定信仰，是中国革命从胜利走向胜利的根本保证，也是中国共产党鲜明的政治底色。马克思主义的唯物史观和唯物辩证法主张实事求是、追求客观真理、理论和实践相统一，中国共产党坚持马克思主义中国化，把马克思主义基本原理同中国实际相结合，形成了一系列有中国特色的理论、路线、方针、政策。如新民主主义理论包括具有中国特色的农村包围城市的革命道路、统一战线的方针，解决中国农民问题的土地政策，建立人民民主专政制度，采取克敌制胜的人民战争的战略战术，开展卓有成效的宣传动员和文化艺术工作，等等。这些政治、经济、军事、文化等领域的各种政策举措构成具有鲜明特点的革命文化。

其二，革命文化是人民大众的文化。毛泽东在论述新民主主义文化时指出，新民主主义文化应该为全民族中百分之九十以上的工农劳苦民众服务，并使其逐渐成为他们的文化，民众就是革命文化的无限丰富的源泉。在这些思想的指导下，大批深受广大群众欢迎的小说、诗歌、戏剧、音乐、石刻等优秀文艺作品诞生了。比如，在抗日战争和解放战争时期创作的《大刀进行曲》《白毛女》《新儿女英雄传》，解放战争时期的《太阳照在桑干河上》《高玉宝》等作品都发挥了鼓舞士气、同仇敌忾、消灭敌人的作用。新中国成立后创作的《红旗谱》《铁道游击队》《红岩》《青春之歌》《英雄儿女》等作品,成为滋养中华民族的宝贵精神食粮。而在长期的革命斗争中,创设的许多革命根据地和红色政权,都遗留下来成为革命遗址、遗迹和纪念物。比如,历史上重要事件、会议、战役战斗及人物活动纪念地、领导人故居,烈士墓等各类革命遗址成为重要的爱国主义教育基地,是广大人民大众缅怀先烈的景点。

其三,革命文化是自力更生、艰苦奋斗的文化。中国共产党成立近百年来的历史,是一部自力更生、艰苦奋斗的历史,革命文化尽显了这种革命精神。各族人民群众、广大共产党员在异常艰险的情况下,以"革命理想大于天"的无私无畏精神战胜了各种艰难险阻。革命精神可以概括成:披荆斩棘、英勇无畏、自力更生、敢创新路的毅力、勇气和信念坚定、不畏艰苦、无私奉献、廉洁自律的高尚品格。新中国成立后,在中国共产党领导下,人民群众满腔热情,以气壮山河的冲天干劲发展生产,各条战线取得了伟大成就。像钱学森、邓稼先、王进喜、焦裕禄、吕玉兰、孔繁森、李素丽等,都继承了这种革命精神,是我们学习的楷模。①

2. 革命文化的新时代价值

革命文化对于当下的中国具有极其重要的时代价值。其一,革命文化是中国特色社会主义文化自信的根基。作为中国特色社会主义文化的重要组成部分的革命文化,对进一步坚定中国特色社会主义文化自信、践行社会主义核心价值观等具有重要作用。革命文化中所包含的理想信念、价值追求和道德标准等,为构建和践行社会主义核心价值观提供了思想文化资源。革命理论是文化自信中革命文化的精髓,是被实践

---

① 张全景:《继承优良传统 大力弘扬红色文化》,《文化软实力》2016 年第 2 期,第 21 页。

证实了的理论，是文化自信的饱满底气。① 革命理想与信念坚定了国家发展前进的方向，为普通民众树立了良好的榜样，更为新时代网络文化建设指明了方向、提供了动力。而且，弘扬革命文化有利于强化公民的思想道德建设，提升全体社会成员的自律素质，引领树立诚实守信、勇于奉献的良好社会风气。弘扬革命文化也是对否定革命文化的历史虚无主义强有力的反驳，在党的领导下坚定中华优秀传统文化的价值，肯定马克思主义科学思想，有利于坚定文化自觉、自信，促进新时代网络文化大繁荣。

其二，革命文化是党的建设新的伟大工程的动力。传承革命文化，有利于保证共产党人对马克思主义的信仰不变质、不动摇，激发干事创业的激情，成为全面推进党的建设新的伟大工程的不竭动力。在革命战争年代，共产党人时刻将党和人民的利益放在首位，为了崇高的革命目标随时准备牺牲自己的生命，彰显了共产党人对党忠诚的优秀品质。旧中国时期，中国共产党人发起工人运动、农民运动，自觉地担起民族独立的重任，用自己的鲜血完成了民族独立和人民解放的使命，体现共产党人勇于担当的鲜明品格。中国共产党人时刻将人民的利益放在心头，一切为了群众，一切依靠群众，体现了共产党全心全意为人民服务的根本宗旨。一部中国革命史也是各级党员干部廉洁奉公的历史，体现了共产党人清正廉洁的工作作风。革命精神是加强共产党员理想信念教育的重要资源，是弘扬科学、廉洁自律的重要教材。革命文化中的英雄人物为党员树立了学习标杆。革命文化中所蕴涵的马克思主义原则、立场、方法为提高党的执政能力提供了理论指导。总之，革命精神、革命传统和作风为新时代党员发展提供了现实的实践标准，革命文化为党的建设

---

① 解安妮：《试论革命文化对文化自信的作用》，《文学教育（下）》2017 年第 5 期，第 85 页。

伟大工程提供了不竭动力。

其三，革命文化是实现中国梦的精神源泉。新时代，革命文化仍然是激励中国人民矢志不渝、开拓进取的强大精神力量。它以马克思主义为指导，以实现社会主义和共产主义为奋斗目标，提倡崇高的思想境界和高尚的道德情操，大力传播革命文化有助于革命精神深入人心。我国革命文化资源生动丰富，极富感染力。不论是革命旧址、红色文物还是革命英雄人物，都折射出崇高的理想信念和高尚的爱国情操。革命文化充分彰显了共产党人对理想信念的无比忠诚，广泛凝聚了中国人民深深的爱国情怀。传承和弘扬革命文化，有助于进一步坚定共产主义信念，增强爱国主义热情，为实现伟大复兴的中国梦汇聚强大的精神力量。反之，割断历史、否定革命文化传统，会使人民思想混乱、丧失前进的动力。要实现民族伟大复兴的中国梦，必须传承和赓续红色基因，培育一代又一代的革命接班人。

3. 在利用革命文化资源中增加网络供给

在保护利用有形革命遗产的同时，注重提炼升华其精神内涵。一是加大数字化保护力度。革命文化资源具有不可再生性，要抢救性保护具有重大革命历史价值的遗址，防止发生濒临消亡的危险。实地调查研究革命文化资源，充分利用文字、音像制品、图画、电子文本等形式，加强革命文化资源的数字化保护。要挖掘革命文化价值，在科学梳理、归纳和总结的基础上，对革命文化所承载的政治、经济等多重价值深度挖掘，赋予其时代特征。二是深入研究阐释。革命文化资源蕴含了我们党的为民宗旨、党性观念及优良作风。要充分发挥各类学者和学会、研究会的作用，形成一批高水平的革命文化理论研究成果并进行网络出版，为全社会提供必要的精神资源。三是建强阵地。革命文化教育基地是传播革命文化的重要阵地。对反映我们党革命斗争历史的纪念馆、纪念地、烈士陵园等爱国主义教育基地进行修建完善,逐步实现全天候免费开放,并优化陈列方式,运用网络丰富展示展览方式。增加展出内容,加大有关历史的影视、歌舞专场演出的频次,最大限度地还原革命工作者工作、战斗、生活和劳动的场景,强化红色基地的欣赏性和体验性,提升教育功能。①

二、提升网络文化的传播实效

唯有不断提升网络文化的传播实效,才能增强人民大众对新时代网络文化建设的知晓度和认同度。结合网络文化传播的特征,需要在拓宽传播渠道、促进媒体深度融合、提高国际传播水平等方面狠下功夫。

(一) 利用网络拓宽公共文化传播渠道

公共文化服务作为现代政府的重要职能,是提升文化软实力的重要来源。改革开放以前,我国文化的发展以满足人民群众基本文化需求为主。改革开放以来,随着社会的发展,人们的需求结构逐步从"温饱型"向"发展型"转变,对公共文化服务的需求愈发旺盛,文化生产力得到了进一步释放。近年来,尤其是党的十八大以来,公共文化服务上升为国家战略,公共文化服务的治理理念不断更新。当代中国国家治理的基本发展路径经历了三个阶段,从文化管理向文化治理转变,从片面强调文化的意识形态训导功能或经济功能,转向注重公民文化权利的实现。②公共文化的价值诉求不断升级,由构建现代公共文化服务体系,向党的

---

① 张长虹:《充分发挥红色文化资源的育人价值》,《红旗文稿》2015年第12期,第23页。
② 李媛媛:《国家文化治理视域下的现代公共文化服务体系发展趋势研究》,《中国社会科学院研究生院学报》2017年第4期,第121页。

十九大报告提出的"满足人民过上美好生活的新期待,必须提供丰富的精神食粮"转变;服务方式不断优化,从"送文化"到"种文化",进而到"菜单式""惠文化",供给模式不断优化。这种理念的转变、服务方式的升级,极大地激发了社会的活力和文化创新力。目前,从中央到基层、从政府到民间,在满足人民精神生活新期待中,我国公共文化服务体系基本框架已经形成,初步实现了从传统文化事业向现代公共文化服务体系的转变,有效保障了人民群众的基本文化权益,更好地满足了人民群众的基本文化需求。截至2018年末,纳入统计范围的全国各类文化和旅游单位31.82万个,从业人员375.07万人。2018年全年全国文化事业费928.33亿元,同比增长8.5%;全国人均文化事业费66.53元,同比增长8.1%。文化事业费占财政总支出的比重为0.42%,比重与上年持平。① 群众文化活动日益丰富,2017年,群星奖获奖作品及优秀作品全国巡演1 900余场,现场观众476.3万人次。②

传播学的"知沟理论"指出,"由于社会经济地位高者通常能比社会经济地位低者更快地获得信息,因此,大众媒介传送的信息越多,这两者之间的知识鸿沟也就越有扩大的趋势"③。也就是说,在经济文化化和文化经济化的今天,由于"老、少、边、穷"部分主体共享能力缺失或不足,他们与一般主体在共享网络文化成果等方面的差距越拉越大。基于此,加强新时代网络文化建设,需要利用网络拓宽公共文化传播渠道,而这其中解决网络文化共享机会不均等问题成为首要前提。一是提升农村和偏远地区网络服务水平。实施网络扶贫行动计划,加大农村和偏远地区的互联网基建力度,深入实施"宽带中国""智慧中国"工程,加快普及

---

① 《中华人民共和国文化和旅游部2018年文化发展统计公报》,2019年5月30日。
② 《数读这五年》,《光明日报》2017年9月29日。
③ 王晓晴:《网络传播中的知沟理论再探》,《当代传播》2006年第6期,第58页。

移动互联网、广播电视网、卫星网络，全面提升信息进村入户工程，为生活在革命老区、民族地区、边疆地区、贫困地区的广大群众提供用得上、用得起、用得好的网络服务，切实拓宽公共文化传播渠道。二是提升特殊人群网络文化服务水平。引导和支持互联网企业开发少数民族语言文字的网络文化服务，促进少数民族传统文化的传承。加快面向妇女、未成年人、残疾人等社会群体的网络文化服务，充分保障其共建共享网络文化的机会。持续开展农民手机应用技能培训，普及农村网络文化等互联网应用，增强农民利用互联网获取网络文化、参与网络文化建设的能力和水平，促进城乡区域均衡发展。三是培育丰富全面的网络文化服务。围绕人工智能、人机交互、万物互联等重点领域，推进物联网、云计算、大数据、区块链、虚拟现实/增强现实等新技术在各行业各领域的普及应用和融合创新，培育壮大互联网新业务、新应用、新业态、新模式，拓展网络文化建设新方式。

利用网络拓宽公共文化传播渠道，就是在利用互联网，为老百姓提供用得上、用得起、用得好的公共文化服务。文化共享工程作为政府提供公共文化服务的重要手段，是实现广大老百姓基本文化权益的重要途径，是改善城乡基层文化服务的创新工程。2002年，国家文化部联合财政部下发了关于实施全国文化信息资源共享工程的文件，标志着全国文化信息资源共享工程正式启动。截至2013年，全国文化信息资源共享工程已建成2 843个市县中心，29 555个乡镇（基层）服务店，60.2万个村（社区）服务店，资源总量达到200.3太字节（TB）。① 在"互联网＋"和大数据的时代背景下，面对老百姓日益增长的文化需求，针对新媒体时代

---

① 《32个城市列入创建国家公共文化服务体系示范区》，http://finance.people.com.cn/BIG5/n/2014/0104/c70846-24022467.html，2014-01-04。

资源服务与传播的特性,文化共享工程实现了从"政府端菜"到"群众点菜"的精准服务转变。2017年,文化部启动了公共文化服务大数据应用文化部重点实验室,旨在通过大数据应用寻求公共文化服务的新增长点。

(二)加快传统媒体与新兴媒体融合发展

推动传统媒体与新兴媒体深度融合发展,在融合中扩大网络文化的传播和影响,是提升网络文化传播实效的关键一招。随着现代科学技术的快速发展,文化传播已由"铅与火""光与电"走到了"数与网"。质言之,新兴媒体诞生和发展就是互联网技术和文化内容相互融合并发展的过程。互联网先进技术是支撑、文化内容建设是根本,两者相互融合,共同构成媒体融合发展一体之两翼、驱动之双轮,形成核心竞争力。顺应互联网传播移动化、社交化、视频化的趋势,是实现融合发展的应有之义。鉴于此,要紧跟技术发展趋势,及时运用于媒体融合项目设计之中,推动建成一批具有强大竞争力的新型主流媒体和融合媒体集团,不断提升主流媒体的传播力、引导力、影响力、公信力。

推动媒体融合发展,在以互联网先进技术为支撑的同时,必须始终坚持"内容为王",抓住内容建设这一根本,以内容优势赢得发展优势,做到"三个注重"。一是注重品质专业权威。与新兴媒体相比,传统媒体在信息采集核实、分析解读等方面有着无法比拟的优势,要通过融合发展最大限度地发挥这一优势,并延伸至新兴媒体。凭借其在采编力量、信息渠道、采编流程等方面优势,开展专业化的新闻生产,在网上网下推出真实准确、全面客观的新闻产品。加大信息资源的挖掘和加工力度,深耕新闻信息内容,打造思想性强、观点鲜明的报道评论,进一步优化信息内容品质。

二是注重快捷精简。微传播方式是新兴媒体传播的显著特点。各种微内容和微信息在互联网上高速流动、跨平台流动,随时随地为用户推送信息。这就要求主动适应微传播的特点,生产短小精悍、快捷鲜活、吸引力强的信息,第一时间在传播中抢得先机。用好微博、微信、微视频等平台,建立健全即时采集、即时发稿的报道机制,努力抢占传播制高点。加大短视频、微视频的创作生产力度,丰富报道形式,直观形象地呈现报道内容,提升信息内容的到达率、阅读率、点赞率。

三是注重分众化互动化。互联网时代,人们的个性化需求越来越多,一般化的信息内容不再是稀缺资源。这就倒逼内容生产必须注重特色化、分众化。对于媒体融合发展而言,在提供共性新闻产品的同时,也要加强个性化新闻生产。按照不同用户的不同需求,有针对性地进行内容的个性化生产,为用户"量身订做"各类新闻信息产品,并将之点对点推送到用户手中,达到精准传播效果。新兴媒体的独特优势和显著特征是互动交流。对于媒体融合发展而言,必须把互动思维贯穿到采、编、播各个环节,渗透至内容生产全过程。加大媒体与用户间的互动交流的力度,推动用户积极提供新闻线索、报道素材和意见建议,促进用户在互动中参与、在参与中传播,切实提升用户的关注度和参与度。

四是注重多媒体化展示。在新媒体条件下进行文化内容生产,要采用多媒体化的呈现形式,以多样化的展示、多介质的内容推送,使文化内容动起来、活起来。在媒体融合发展的过程中,采取可视化传播方式,综合运用图文、图表、动漫、音视频等,实现内容产品从静态升级到动态、从一维升级到多维,满足网络文化多终端传播和多种体验的需求。

（三）提高网络文化国际传播水平

习近平总书记指出，提高国家文化软实力，要努力提高国际话语权。要加强国际传播能力建设，精心构建对外话语体系，发挥好新兴媒体作用，增强对外话语的创造力、感召力、公信力，讲好中国故事，传播好中国声音，阐释好中国特色。[①] 对照这一目标任务，按照文化强国和网络强国战略部署，我们的网络文化国际传播还存在不少问题和差距，主要表现在：思想内涵不深，价值观念和人文精神传播需要加强。"走出去"的文化交流项目和文化产品表现传统工艺、讲述历史故事、推介旅游资源的偏多，传递当代中国价值观念的精品力作偏少。交流主体不广，民间人文交流活力需要激发。实践证明，民间力量以中性身份开展文化交流活动，更易为国外受众所接受。民间组织、企业和个人在中华文化走出去中扮演着重要的角色。但实际情况是，对外文化交流中仍是政府"唱主角"居多，企业、社会组织和个人参与度活跃度偏低。传播渠道不畅，媒体融合程度需要拓展。渠道资源是制约国际传播能力的重要因素，特别是海外终端渠道不多不畅，覆盖面不广，落地率、到达率、采用率有限，与境外媒体深层次合作亟待加强，国际传播链条亟待延展，对国际社会主流人群影响力不够。综合效益不高，对外文化贸易瓶颈需要打破。对外文化交流和贸易融合度不高，文化产品"送"出去的多，"卖"出去的少。版权输出量远小于进口量，存在较大的文化贸易逆差。文化"走出去"项目虽逐年增多，但绝大多数是由政府主导的非营利性文化交流，通过文化贸易输出文化产品占比偏少。

为此，我们需要借助互联网应用推动国际传播能力建设，讲好中国

---

① 《习近平谈治国理政》第1卷，北京：外文出版社2017年版，第162页。

故事,传播好中国声音。建设线上线下相结合的海外中国文化中心,支持我国文化企业与各国,特别是与"一带一路"沿线国家有影响力的媒体合作,积极宣传中华优秀传统文化和当代中国价值观念。同时,注重分众化、差异化、互动化传播,既发挥政府外宣引领作用,也强调市场作用、社会力量,注重构建全民参与的大外宣格局。当前,高质量推进网络文化国际传播,需要重点做好"三个围绕"。一是围绕生动、融合、落地做工作。以国外受众便于接受的话语表达,持续深入对外宣介好习近平新时代中国特色社会主义思想,讲好中国深化改革、扩大开放、广交朋友、合作共赢的生动故事,既讲发展成就,也讲短板不足,接地气、有温度,讲实话、求实效。融合,就是统筹发挥中央媒体和地方媒体、传统媒体和新兴媒体、官方媒体和市场化媒体的作用,形成特色鲜明、优势互补的对外传播矩阵。二是围绕地缘、品牌做工作。地缘,就是以"一带一路"沿线和日本、韩国、新加坡、柬埔寨、哈萨克斯坦等周边国家为重点,坚持"一国一策",突出地方定位、突出民间性质、突出人文交流、突出青年群体,用好用足商缘文缘人缘地缘优势,深入开展民间公共外交,为促进民心相通提供文化支撑。品牌,就是在国家层面积极推介"感知中国""欢乐春节""四海同春"等对外文化交流经典栏目。三是围绕智库做工作。比如,深入推进南京"国际和平城市"建设,发挥联合国教科文组织"和平研究教席"作用,积极筹建教科文组织"国际和平问题研究中心",举办国际和平城市南京论坛,加强国际间和平学研究智库交流,向国际社会宣示铭记历史、珍爱和平的中国立场和理念。

三、健全网络文化的服务机制

管理也是服务。管理和服务均可以转换为效益,都是生产力。加大网络文化管理和服务的力度,对于打造健康向上的网络文化,加强和改进新时代网络文化建设具有十分重要的意义。其中,健全网络文化的服务机制是首要任务,特别是要在筑牢网络文化安全屏障、精准把握"三个地带"、构建网上网下同心圆等方面狠下功夫。

(一) 推进网络安全防控建设

没有网络安全就没有国家安全。[①] 同样,没有网络安全,网络文化建设更是无从谈起、无所依归。从世界范围看,网络安全威胁和风险日益突出,重大网络安全事件时有发生,具有很大破坏性和杀伤力。从国内看,关系国计民生的关键基础设施大量联网入网,但网络安全防控能力薄弱,难以有效应对有组织的高强度网络攻击。据统计,截至 2019 年底,我国网络犯罪案件数量每年以 30% 以上的速度增长,已占犯罪总数的 1/3。筑牢网络文化安全屏障,需要在制度体系、处置能力、关键信息基础设施等方面加大建设力度。

一是完善安全保障制度体系。严格贯彻落实网络安全法,探索建立统筹规划、统筹建设、统筹保障的网络文化安全保障机制。加强互联网新技术新应用等的网络安全风险评估,巩固完善信息安全测评认证体系建设,做到"配好刹车再上路""造好闸门再蓄水"。

二是提升网络安全态势感知和应急处置水平。聪者听于无声,明者见于未形。了解网络安全风险在何处,是什么样的风险,以及发生的规律、动向和趋势是维护网络文化安全的前提。如果对网络攻击感知不到位、预警不及时、信息未汇总、行动未统一、反射弧过长,就会贻误战机。面对网络安全威胁和网络攻击,首先,要组织风险评估,通过实施资产清

[①]《习近平谈治国理政》第 1 卷,北京:外文出版社 2018 年版,第 198 页。

查、漏洞扫描等方式,发现隐患和缺陷并及时进行修复。其次,要争取掌握威胁情报,明确威胁事件的起源、经过和结果以及攻击的手段和方法,做到知己知彼。提升网络安全情报和信息搜集的能力和水平,努力做到网络安全信息共享、协同应对,从被动防护向主动安全转变,健全态势感知、协同联动、快速响应的应对机制。完善网络安全态势感知和预警体系,综合运用多种手段和途径,提前感知网络安全的薄弱环节,建设集态势感知、事件预警和应急处置于一体的安全监管与应急指挥平台,制定网络安全事件应急处置预案,定期开展应急演练,做好网络安全重大事件的统一协调反馈和响应处置,切实提升网络安全事件分析、追根溯源、被攻击后的快速恢复能力。

三是强化关键信息基础设施安全保护。建立健全关键信息基础设施保护制度,进一步完善网络安全等级保护制度。加大金融、通信、能源、交通等重要行业领域关键信息基础设施安全保护力度,充分发挥网络安全企业在维护网络文化安全中的作用。由网信部门会同公安、工信部门统筹组织开展网络安全检查,重点检查党政机关、重点行业、大型互联网服务平台、工业控制系统等。建立健全网络安全风险动态排查机制。探索军民深度融合路径,建立军地网络安全合作机制,形成多领域高效益的军民融合深度发展格局,推动建立一批军民结合、产学研一体的科技协同创新平台,做到军为民所用、民为军所备,力争在核心技术领域取得新突破。

需要指出的是,在技术手段上筑牢网络文化安全屏障的同时,还需要注重在文化内容上筑牢屏障。这既需发挥自律作用,倡导网站、网民自觉抵制有害不良文化,更需要发挥"他律",加大对网络文化垃圾处置力度。一方面强化属地管理责任,持续深入开展"清朗"系列专项行动,集中整治互联网领域存在的突出问题,对涉政治类、暴力色情、虚假谣言、庸俗低俗、泛娱乐化等各类有害不良信息，精细分类、精确甄别、精准打击。另一方面夯实网络平台主体责任，严格网上内容生产、信息发布和传播流程，落实好网上内容"把关人"职责。最终，形成党委和政府领导、企业履责、社会监督、网民自律等多主体参与，经济、技术、法律、宣传等多种手段相结合的综合治网格局，切实筑牢网络文化安全屏障。

（二）推进网络思想舆论阵地建设

目前，网络思想舆论阵地总体上存在着相互影响、相互交织的"三个地带"。一是积极向上的红色地带。主要是以党报党刊、国家电视台、国家通讯社等传统主流媒体及其新媒体平台为主构成的主流媒体舆论场。该舆论场以大力宣传党的主张为己任，特别是及时阐释党委、政府重大决策部署，积极反映人民群众伟大实践和精神风貌，唱响网上主旋律，传播网络正能量，是我们持续巩固壮大主流思想舆论的主阵地。二是唱衰和攻击社会主义的黑色地带。该地带主要包括网上和社会上一些负面言论，以及各种敌对势力制造的舆论。比如，在网上大肆宣扬西方"宪政民主""自由主义""普世价值"等思想。对此，我们要敢于斗争，大力挤压其生存空间。三是模糊摇摆的灰色地带。该地带主要表现为一些暧昧的思想态度、模糊的认识、摇摆的观念等，不直接威胁社会主义意识形态安全。对此，需要多一些包容和耐心，在鼓励百家争鸣、百花齐放的前提下，积极加以引导、争取转化。

只有认清网络文化领域"三个地带"，我们才能理清思路，提高工作针对性，放大主流舆论和正面声音，坚决回击负面声音，努力争取中间地带，防止其向负面蜕变，最大程度巩固和拓展主流网络文化阵地。对处于红色地带的，鼓励和支持他们传播正能量；对处于灰色地带的，加强线上线下沟通，促使其转化；对处于黑色地带的，敢于斗争，促使其转向红色地带，防止其向黑色地带转变。加大对极端顽固分子的惩治力度。强化问题导向，对网上热点问题，要线上线下共同发力、齐抓共管，形成共同防范社会风险、共同构筑同心圆的良好格局。区别对待"三类问题"：属于学术问题的，要坚持百花齐放、百家争鸣，积极加以引导；属于思想认识问题的，要积极教育转化、团结争取；属于政治问题的，要严格加以约束，开展必要的斗争。既不能把网上政治问题当成一般问题，缺乏政治敏锐性和政治警觉性，反应迟钝、应付消极，也不能把一般问题政治化，把舆情当敌情，简单粗暴、一删了之。着力影响"三种对象"：影响有影响的人，影响容易受影响的人，影响"沉默的大多数"。重点关注网上有影响的人，增进政治认同，引导其正面发声。要着力影响容易受影响的人，特别是青少年网民。

具体而言，重点是要把握好三个关键环节。其一，提升主流舆论实效。近年来，我国正面宣传总体上能够主动适应网络传播规律，既"大雨漫灌，也小雨滴灌"，成效明显。但与人民群众日益增长的美好生活需要相比，还存在着一些问题，比如正面宣传有时居高临下、不接地气，脱离生活、空洞说教以及语言生硬、形式刻板等不贴实际的问题。当前，要注重以群众喜闻乐见的话语体系、话语方式、传播形式，对主流意识形态内容进行"再编码"和再表达，使其能更好地被理解和接受，进而更好地发挥主流意识形态的影响力。所以，提升主流思想舆论的质量和水平，壮大主流舆论阵地，关键要善于分析受众的心理特点和接受习惯，提高现实针对性和指导性。与此同时，准确把握媒体分众化、对象化的新趋势，把党委、政府的声音与人民群众的需要有机结合起来，切实提高舆论引导的有效性和感染力。总而言之，正面传播不但要鲜活生动，也要有话语的主动权和吸引力，还要把道理讲深讲透、入脑入心，让党的理论飞入寻常百姓家。善于做"看不见的宣传"，不断巩固拓展"红色地带"。

其二,有理有利有节地开展舆论斗争。社会舆论关乎人心向背。针对当前意识形态领域的复杂形势,宣传舆论战线决不能采取鸵鸟政策,含糊其词、退避三舍,更不能置之不理、鸦雀无声。推动各级党委党组认真贯彻落实意识形态工作责任制,在宣传思想领域不搞无谓争论,但涉及政治原则和大是大非问题时,所有党员干部要敢于站在风口浪尖上进行斗争,不能当旁观者,不能搞"爱惜羽毛"那一套。特别是对那些恶意攻击党的领导、攻击社会主义制度、歪曲党史国史、造谣生事的言论,对个别人极力宣扬所谓的"普世价值""新闻自由""宪政民主"等论调,要敢于发声、敢于亮剑,形成"过街老鼠,人人喊打"的态势。唯有有理有利有节地开展舆论斗争,帮助广大干部群众划清是非界限、澄清模糊认识,才能大大挤压黑色地带的生存空间,起到传递正能量、广泛凝聚共识的效果。

其三,网上舆论斗争要讲究战略战术。网络空间是亿万民众共同的精神家园。网络空间天朗气清、生态良好,符合人民利益;网络空间乌烟瘴气、生态恶化,就会损害人民利益。[①] 当前,互联网已经成为舆论斗争的主战场、最前沿,在互联网这个战场上,我们能否顶得住、打得赢,直接关系到我国意识形态安全。网络舆论作为一种新型的舆论斗争形态,其存储、表达和引导的格局都已经发生变化,与传统舆论的特点和规律完全不同,传统的舆论引导模式受到严峻挑战,迫切需要对战略战术进行创新。"是虽常是,有时而不用;非虽常非,有时而必行"。要针锋相对开展网上舆论斗争,出奇制胜,不能因为战术刻板而影响战略大局。在战略层面,大力推动网络空间多元舆论的"相互建构",从舆论生成角度推动网络空间舆论生态治理。积极建设新型主流媒体,构建现代化的立体

---

①《习近平谈治国理政》第2卷,北京:外文出版社2017年版,第336页。

传播体系,丰富传播形态和传播样式,敏锐把握用户需求,做到"用户在哪里,我们就覆盖到哪里";主动借助新媒体传播优势打通"两个舆论场",实现舆论引导与舆论表达的良性互动。在战术层面,把握好网上舆论引导的时、度、效,从讲求实效出发,对问题、对象、策略进行系统研究,优化网上舆论引导方式,让网民看了信、信了服、服了跟党走。积极引导和疏导网上各种思潮、模糊认识和社会情绪,主动阐释和引导网上社会热点问题和突发事件,在反映党和政府开展工作的同时,把社会情绪引导到健康理性的轨道上来,促使灰色地带转化为红色地带,持续巩固壮大网络文化主流阵地。

(三) 推进网络文化凝聚力建设

推进网络文化凝聚力建设,关键要构建网上网下同心圆。所谓网上网下同心圆,就是在党的领导下,动员全国各族人民,调动各方面积极性,共同为实现中华民族伟大复兴的中国梦而奋斗。[1] 随着新媒体的快速发展,网上媒体管理和产业管理远远跟不上形势发展变化。微博、微信、微视频、移动客户端等具有传播快、影响大、覆盖广、社会动员能力强的显著特点,其用户也正在快速增长。对此,如何强化网络文化法治建设,提升舆论引导能力和水平,规范网络信息传播秩序,确保国家安全和社会稳定,已经成为突出的现实问题。[2] 新时代、新征程,建设有中国特色社会主义的网络文化,需要全社会方方面面同心干,需要全国各族人民心往一处想、劲往一处使,形成最大公约数,画好最大同心圆。

构建网上网下同心圆,要求我们提高网络综合治理能力,形成党委

---

[1]《习近平谈治国理政》第 2 卷,北京:外文出版社 2017 年版,第 335 页。
[2]《习近平谈治国理政》第 1 卷,北京:外文出版社 2018 年版,第 84 页。

领导、政府管理、企业履责、社会监督、网民自律等多主体参与，经济、法律、技术等多种手段相结合的综合治网格局。技术前进一小步，管理难度增加一大步。各级党委和领导干部特别是一把手要负起责任来，守土有责、守土尽责，全面提升技术治网能力和水平。要压实互联网企业的主体责任，决不能让互联网成为传播有害信息、造谣生事的平台。要加强互联网行业自律，调动网民积极性，动员各方面力量参与治理。坚持线上线下密切联动，我们才能牢牢占领网上阵地，赢得网上主导权。

构建网上网下同心圆，必须加强网上正面宣传，下大气力做好人的工作，广泛凝聚共识。紧紧把握网络传播规律，加大对具有网络特色、符合网民接受习惯的网络文化产品的服务力度，提升网络舆论引导能力和水平。坚持正确舆论导向，深入开展习近平新时代中国特色社会主义思想的宣传，开展中国特色社会主义和中国梦的宣传，开展统筹推进"五位一体"总体布局、协调推进"四个全面"战略布局的宣传，引导网民科学认识世情、国情、党情，不断增强对中国特色社会主义的道路自信、理论自信、制度自信、文化自信。持续开展社会主义核心价值观宣传阐释，在网上鲜明核心价值观导向，不断增强广大网民对社会主义核心价值观的认知认同和自觉践行。加强网络道德建设，大力倡导文明上网、文明办网，深入开展"我们的价值观，我们的中国梦""中国梦践行者""奋斗的青春最美丽"等网络文化主题活动，强化时代楷模、道德模范、最美人物、身边好人等典型示范引领，引导广大网民自觉培育和践行社会主义核心价值观。对于网上热点问题，要线上线下共同发力，多做解疑释惑工作，决不能失语失声。只有加强线上互动、线下沟通，把网上舆论引导和网下思想政治工作结合起来，既会"键对键"，又能"面对面"，我们才能形成合力，把广大网民凝聚到党的周围，巩固全党全国人民团结奋斗的共同思想基础。

构建网上网下同心圆，必须善于运用网络了解民意、开展工作。网民来自老百姓，老百姓上了网，民意也就上了网。群众在哪儿，领导干部就要到哪儿去。网上的民意尽管不代表所有民意，却是了解民意的一个重要来源。网上群众工作尽管不能代替现实中的群众工作，却是做好群众工作的一个重要路径。对于领导干部而言，必须克服本领恐慌，要掌握触网技能，经常上网看看，潜潜水、聊聊天、发发声，[①]让互联网成为"察民情、知民意、解民心"的得力助手。同时，充分发挥互联网监督作用，用好网络监督这面"活镜子"。网络监督全民参与性、便捷性、交互性和保密性的特点，让其在社会治理中扮演着重要的角色。面对网络监督，领导干部绝不能"谈虎色变"。及时吸纳建设性意见，及时帮助困难，及时宣介事实情况，及时廓清模糊认识，及时化解怨气怨言，及时纠正错误看法，要让互联网成为发扬人民民主、接受人民监督的新渠道。

四、完善网络文化的治理体系

网络文化作为一种新型文化，在一定意义上就是一种文化的空间形态。冯天瑜等的《中华文化史》一书中，将文化分为物态文化层、制度文化层、行为文化层、心态文化层四个层次。[②] 这一理论同样适用于分析网络文化秩序问题，即可以把网络文化治理体系具体分为物态文化层、制度文化层、行为文化层和心态文化层四个层次。

物态文化层居于最外层，是可感知的、具有物质实体的文化事物，是其他三个层次的物质性基础。对于网络文化而言，它主要指向各类软硬件系统，以信息技术最为关键，直接反映网络文化的技术性特征。

---

① 《习近平谈治国理政》第2卷，北京：外文出版社2017年版，第336页。
② 冯天瑜、何晓明、周积明：《中华文化史》，上海：上海人民出版社1990年版，第33页。

制度文化层位于次外层,由人类在社会实践中建立的各种社会规范、民风民俗等构成,既受行为文化层和心态文化层引导,又受物态文化层制约。在网络文化中,它主要涉及各类互联网管理法律法规和规范要求。

行为文化层位于次内层,反映人们在一定条件下的行为方式和行为结果,经常受到人际交往中的习惯和风气等习惯性定势的影响。在网络文化中,这种行为文化主要指涉网络参与者的行为方式和习惯,突出表现为虚拟性、符号化的交往互动。

心态文化层即精神文化层,由人类社会实践和意识活动中经过长期孕育而形成的价值观念、审美情趣、思维方式等构成,是文化的核心部分。在网络文化中,心态文化主要指涉自由、平等、开放、共享的互联网精神以及人们在技术性的交往实践中型构的精神世界,其核心是价值观问题。

总体而言,网络文化四层次由表及里,由外在的、直观的形态出发,逐渐向纵深推进,四个层次相互渗透和影响,共同构成了网络空间文化统一的整体(图 5 - 2)。①

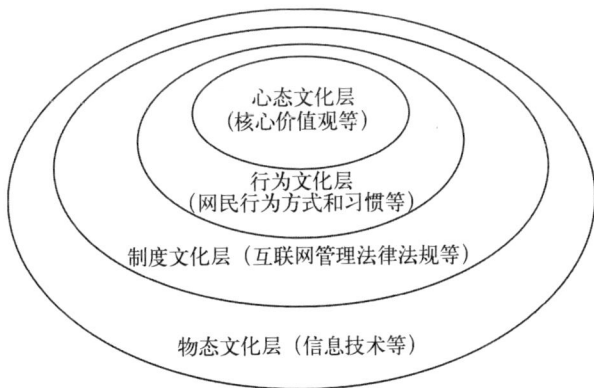

图 5 - 2　网络文化四个层次

① 邓海林:《新时代网络空间治理及其文化秩序构建》,《江海学刊》2019 年第 3 期,第 237 页。

因此,加强网络文化治理的关键在于以文化之、以文治之。质言之,就是在坚持"创新发展、依法治理、保障安全、兴利除弊、造福人民"原则的基础上,通过文化培育形成良好的网络秩序来引导、影响、感染、化育网民,凭借其无形的力量对网络空间实行全方位、全过程、全领域的"浸润",做到规范有序、秩序井然,最终实现网络文化的长效治理和根本治理。

(一) 构筑坚实可靠的物质文化

从物态文化层出发,进行网络文化治理,首当其冲是要重视信息技术的自主研发。核心技术是国之重器,是维护网络文化安全的"秘钥"。网络综合治理体系建立在信息保障的基础之上,既要充分运用现有技术,又要放眼长远,占领未来网络文化发展的技术高地。对于网络文化的颠覆性技术,诸如移动互联网、物联网、云计算、大数据、人工智能、区块链、新型互联网接入、太赫兹技术、量子信息、神经形态芯片、生物芯片等,要加强顶层设计,牢牢掌握主动权、主导权。对于网络空间的基础性技术,诸如核心芯片、操作系统等,要咬住不放、攻坚克难。总的来说,当前和今后一段时期,互联网新技术新应用的发展将呈现四大特征:一是泛在性。互联网无处不在、无时不有,任何时间、任何地点、任何人、任何物都能顺畅地互联,从过去的机器互联、人机互联、人人互联向万物互联发展。二是智能化。人工智能广泛应用,机器学习、计算机视觉、自然语言理解、机器人、自动驾驶等将逐步走入生活。三是颠覆性。量子信息、神经形态芯片、区块链等颠覆性技术快速迭代,一旦全面投入生产生活实践,将对网络空间治理产生重要影响。四是融合化。大数据、云计算、虚拟现实等新一代信息技术与生物、能源、材料等领域交叉融合,新产业、新业态、新模式大量涌现。

伴随着新技术新应用的广泛运用,新的网络文化现象将会不断产生。多元主体在网络空间治理中会扮演日益重要的角色。在这种情况下,一方面,网络文化治理需要迅速适应新技术的发展,同时充分利用这些新技术手段和工具,打造灵活治理、协同治理、创新治理的新型治理模式,构筑和谐稳固的网络文化秩序。另一方面,推进实施技术管网治网,运用先进技术手段,提高互联网内容监测预警、引导调控、综合研判、应急指挥和管控处置能力。办好用好信息技术平台,全面提升网络文化综合治理的技术系统建设的水平。一言以蔽之,信息技术作为网络文化物态层,对于我国网络文化治理具有重大战略意义。我们必须抢抓新的历史机遇期,发挥集中力量办大事的政治优势,实现弯道超车,切实为网络文化治理提供坚实可靠的技术支撑。

(二) 建设良法之治的制度文化

从制度文化层出发,以文化治理网络文化,就是要加强网络文化制度化、法治化建设。网络文化不是"法外之地",其公共领域特质决定了网络社会同现实社会一样,需要且必须遵循法治之路,坚定选择法治模式。[①] 首先,加快互联网法制建设,使网络文化治理有法可依。党的十八大以来,国家专门制定完善了《中华人民共和国网络安全法》《国务院关于授权国家互联网信息办公室负责互联网信息内容管理工作的通知》《互联网新闻信息服务管理规定》《微博客信息服务管理规定》等近百部与互联网有关的法律法规、规范性文件,初步形成了专门立法和其他立法相结合、涵盖不同法律层级、覆盖网络空间治理主要领域和主要环节的互联网法律法规体系。但是,问题导向下的网络文

[①] 徐汉明、张新平:《网络社会治理的法治模式》,《中国社会科学》2018 年第 2 期,第 49 页。

化治理在顶层制度设计和基础法律法规制定上存在"头痛医头、脚痛医脚"、被动跟进、应急出台的现象,造成网络文化立法缺位甚至空白的问题,使得互联网法制建设缺乏主动性。比如,网络安全法作为网络安全管理的基础性法律,既是被动跟进、应急出台的产物,也因自身框架结构设计问题而受到关注。我们要主动适应互联网技术快速发展的现实要求,从网络文化的本质特点出发,不断建立健全相关法律制度,力争让互联网法制建设走在问题的前面,为网络文化治理提供强有力的法律依据。

其次,依法加强治理,规范互联网传播秩序。一方面,要加强网络空间执法,特别是应坚决、及时处置网络空间文化垃圾,支持互联网管理部门"亮剑"、公正执法,为敢于担当者担当。各级党委、政府要敢于站在风口浪尖上同不法行为作斗争,敢于在关键时刻站出来,带头支持严格执法。另一方面,要加强网络空间司法,及时总结各地经验,适时在检察、审判机关推广设置互联网专门机构、配备专门力量。

最后,要继续强化法治思维,营造依法治理网络空间的良好生态。在全社会形成崇尚和遵守网络管理法律、维护网络管理权威的氛围,引导广大网民树立法律意识,理性认知社会,提高辨别能力,自觉抵制有害和不良信息,发展健康向上的网络文化。

（三）倡导健康理性的行为文化

网络文化秩序主要是针对网络空间上的行为而言。那么,行为是如何被规范的？布尔迪厄创设了行为的文化理论——习性。所谓习性,是指可持续的、可转换的倾向系统,倾向于使被结构的结构(structured structures)发挥具有结构能力的结构(structuring structures)的功能,也就是说,发挥产生与组织实践与表述的原理的作用,这些实践与表述在客观上能够与其结果相适应,但同时又不以有意识的目标谋划为前提,也不以掌握达到这些目标所必需的操作手段为前提。[①]

首先,在虚拟化的网络文化中,人的交往行为首先表现出强烈的技术性特征,换言之,信息技术的发展和提升直接影响到人们的交往空间和交往过程,大大提升了交往效率。但技术是把"双刃剑",它在深刻变革人的行为方式和行为习惯的同时,却也不断发挥出对人的社会行为的技术性规训作用,使得人异化为技术的工具,从而偏离自我的本质。即人在利用技术扩展自我交往空间的同时也不断被技术所掌控。从行为文化层出发加强网络文化治理,需要我们秉持"理性"的精神深刻把握人与技术之间的关系,在技术性的交往实践过程中保持人的独立性,真正使人的交往实践成为"自由自觉的活动"。

其次,网络文化中人的交往行为体现为较强的交互性特征。在这一交互过程中,多元化主体以更加平等和自由的状态参与到网络交往行动中来。然而,行为主体带有明显的隐蔽性,行为结果具有明显的责任消解性特征,非理性的行为表达就越发凸显,以致形成某种带有消极意义和负面效应的网络行为亚文化。这种亚文化的形成往往以反叛的姿态消解传统意义的理性的交往结构,严重影响正常的网络文化秩序。加强网络文化治理,需要在行为文化层面上对之进行有效引导和规范,培育网民良好的上网习惯和行为习性,自觉远离越轨性的网络行为。

最后,人们的网络交往行为并非孤立的,而是与现实社会有着千丝万缕的联系。尽管网络空间具有自身独特的运行特点和规律,但它在本

[①] [美]戴维・斯沃茨:《文化与权力:布尔迪厄的社会学》,陶东风译,上海:上海译文出版社2006年版,第116—117页。

质上依然是一种社会性空间形态，是现实社会空间在互联网技术条件下的延伸和拓展，社会性才是其根本属性。人们的交往方式和行为特点既具有网络化特征，又反映一般性的社会行为特征。具体而言，人们的网络交往行为和方式，往往直接反映了现实社会中的矛盾和问题，是现实社会关系和结构在虚拟空间中的体现。同时，人们的网络交往行为所产生的效果也会向现实社会蔓延，最终以现实意义上的社会问题表征出来。因此，加强网络文化治理，需要真正把线上与线下有机结合起来，规范和培育健康理性的交往行为文化。

（四）弘扬积极向上的心态文化

心态文化层主要包括价值观念、思维方式和审美情趣等因素。其中，价值观念是心态文化层最深层的要素，对其他要素具有决定性意义。因此，以文化治理网络文化，重在从文化的核心层——心态文化层出发，用社会主义核心价值观引领其内容供给、传播实效、服务机制、治理方式。

首先，坚持以社会主义核心价值观为准则，加强网络文化的内容供给。日新月异的互联网技术对网络空间的内容供给产生重大影响。比如，写稿机器人、智能推荐算法等新技术的广泛运用导致出现许多新的供给形式。面对新情况新要求，迫切需要探索如何更好地将人工智能运用在新闻采集、生产等环节中，用核心价值观驾驭算法。此外，还可精心组织实施中华文化新媒体传播、非物质文化遗产网上传播等工程，推动中华优秀传统文化数字化转化，不断发展、继承和创新社会精神财富。

其次，坚持以社会主义核心价值观为引领，提升网络文化的传播实效。现如今，网络空间的传播流程、传播技术、传播范围、传播效果都发生了颠覆性变革，迫切需要将核心价值观融入新的传播形式之中，在继承的基础上实现创新。要增加网络空间内容传播的"广度",加大互联网基础设施建设,深入推进"宽带中国""智慧中国"工程,努力普及移动互联网、广播电视网、卫星网络,为生活在革命老区、民族地区、边疆地区、贫困地区的老百姓提供用得上、用得起、用得好的网络服务,努力消除"数字鸿沟",在网络空间传播环节充分体现自由、平等。要增加网络空间内容传播的"深度",加快推动媒体融合发展,构建全媒体传播格局。伴随着新兴媒体的不断发展,移动互联网已成为信息传播主渠道。要完成新形势下宣传思想工作举旗帜、聚民心、育新人、兴文化、展形象的使命任务,必须坚持移动优先的发展战略,建好移动传播平台,牢牢掌握传播主阵地。要提升网络空间内容传播的"高度",借助新媒体应用推动国际传播能力建设,积极宣传中华优秀传统文化和当代中国价值观念,讲好中国故事,传播好中国声音。

再次,坚持以社会主义核心价值观为抓手,完善网络文化的服务机制。互联网也是一把"双刃剑",网络文化本身具有积极健康和消极腐朽之分。因此,要始终坚持趋利避害的原则,大力倡导文明上网、文明办网,深入开展"我们的价值观我们的中国梦""争做中国好网民""网络社会组织同心圆工程""网络公益工程"等网络空间主题文化活动,强化"时代楷模""道德模范""最美人物""身边好人"等典型示范引领作用,将教育和服务融为一体,提升网络文化的认同性,引导广大网民自觉培育和践行社会主义核心价值观。

最后,坚持以社会主义核心价值观为依归,塑造网络文化治理方式。在立法环节,使互联网管理法律法规更好地体现国家的价值目标、社会的价值取向、公民的价值准则。在执法环节,坚持文明公正执法,坚决铲除网上造谣欺诈、攻击谩骂、诚信缺失等违背社会主义核心价值观的网络空间文化。在司法环节,坚持以事实为依据、以法律为准绳,严格依照事实和法律办理互联网案件，确保办案过程符合程序公正、办案结果符合实体公正。在守法环节，加强对互联网管理法律法规的宣传教育，持续弘扬法治精神，不断增强法治意识。

五、强化网络文化的人才支撑

国以才立，文以才兴。人才是最具有潜力和活力的不可替代的重要力量。网络文化人才是网络文化建设的关键和核心力量，是网络文化事业发展的第一资源。习近平总书记在 2018 年全国"两会"期间，提出"发展是第一要务、创新是第一动力、人才是第一资源"的科学论断。进行社会主义网络文化建设，队伍是基础，人才是关键。加强新时代网络文化建设，必须加大网络文化人才培养、引进和使用力度，建设一支规模宏大、结构合理、素质优良的创新人才队伍。[1]

（一）建立健全网络文化人才发展机制

盖有非常之功，必待非常之人。文化人才能力的培养和发展需要一种适合其成长的环境和组织。[2] 人才发展机制创新是激发人才活力、充分发挥人才作用的根本举措。强化网络文化的人才支撑，首先要建立健全网络文化人才发展机制，创新人才培养、引进、评价、流动和激励机制。

一是优化人才培养机制。注重贯通现代国民教育与终身教育，建立健全教育与实践相结合的网络文化人才培养体系。主动适应网络文化人才成长规律，结合网络文化人才多样性、多层次性特点，在系统培养、分类培养和个性化培养上狠下功夫。

---

[1]《习近平谈治国理政》第 2 卷，北京：外文出版社 2017 年版，第 275 页。
[2] 方言富：《新时期文化人才队伍建设的若干思考》，《东南学术》2010 年第 5 期，第 163 页。

　　二是健全人才引进机制。加大海外高层次人才和智力的引进力度，大力实施海外高层次人才引进计划，对主动参与国际人才竞争、优化现有网络文化人才结构层次具有重要意义。坚持以国家和省级重大引才工程为牵引，实行刚性引才与柔性引才并进，不求为我所有、但求为我所用，大力引进留学人才与外籍人才、优秀人才与顶尖人才、个体与团队。

　　三是完善人才评价机制。破除唯学历、唯资历、唯论文的不良倾向，评价人才主要看实际能力、看业绩、看贡献，让那些有真才实学的人才脱颖而出、得到重用。通过全面、客观、科学的考察和评价，真正识别、鉴定出优秀网络文化人才。与此同时，着力培养一批网络文化产业和网络文化事业发展上有专长的人才，在增强网络文化产品数量的基础上，提高网络文化产品的质量，实现网络文化事业和网络文化产业大发展、大繁荣。

　　四是形成人才合理流动配置机制。以建立健全人才流动配置机制为重点，以充分发挥市场决定性作用和更好发挥政府作用为保障，加快建立政府宏观调控、市场公平竞争、单位自主用人、个人自主择业、人力资源服务机构诚信服务的人才流动配置新格局。建设更加完善的人力资源市场，提升人才中介组织服务质量和水平，加快人事管理、户籍和档案管理等方面的制度改革，为人才自由流动、自主择业营造良好的条件。对人才流向进行科学调节，促进人才合理分布，引导人才向网络文化建设一线流动。

　　五是构建有效激励保障人才机制。通过实施政策激励、感情激励、竞争激励和强化激励、榜样激励等手段，充分调动广大人才积极性。需要强调的是，党的政策反映着最广大人民的根本利益，在强化人才队伍建设的进程中，要善用政策激励人才，既给予精神鼓励，又给予物质奖励，进而更大程度地调动广大人才积极性。此外，还要充分发挥榜样的作用,鼓舞、教育和鞭策广大人才,进而在其感情上引发共鸣。

(二) 培养高层次高素质网络文化人才

网络文化名家等高层次高素质顶尖网络文化人才队伍是建设社会主义先进网络文化的中坚力量。搞好马克思主义理论研究,需要培养一批学贯中西、在国内外有广泛影响的马克思主义理论大家,培养一批各学科专业的领军人物。[①] 党的十七届六中全会强调要抓紧培养既善于开拓文化新领域的拔尖创新人才,又掌握现代传媒技术的专门人才,还懂经营善管理的复合型人才,并能适应文化走出去需要的国际化人才。[②]

在当前我国网络文化建设中,存在高精尖人才短缺和文化创新动力不够等问题。鉴于此,首先,要培养出一批敢于担当、勇于创新、善于作为的网络文化人才。探索建立网络文化名家培养机制,推动网络文化人才队伍对中国特色社会主义先进文化、革命文化和中华优秀传统文化进行创造性转化和创新性发展,使其能够充分挖掘符合中国特色的先进网络文化,从而加大对网络文化新领域开拓力度。通过开展"请进来"和"走出去"相结合的培训活动,适时组织网络文化名家讨论班,按个性化需求,组织网络文化名家开展实践活动,有助于其在网络文化建设领域取得新建树,切实发挥出网络文化名家的引领作用。其次,要重点培养一批掌握现代传媒技术的专业人才。主动适应互联网时代发展形势,充分发挥大众传媒的作用,培养一批掌握现代传媒技术的专业人才,培养一批高层次领军人物。再次,结合网络文化发展的现实需求,培养一批

[①] 胡锦涛:《在十六届中共中央政治局第二次集体学习时的讲话》,《人民日报》2005 年 11 月 27 日。
[②]《中共中央关于深化文化体制改革、推动社会主义文化大发展大繁荣若干重大问题的决定》,《人民日报》2011 年 10 月 26 日。

复合型经营管理人才,真正培养出一批既懂网络又熟悉文化,而且还擅长经营管理的高素质人才。除此之外,还要大力宣传网络文化建设中的先进典型事迹,营造重视网络文化产业发展、尊重网络文化企业家和网络文化创业者的良好氛围。复次,要重视网络文化基础人才队伍建设,有意识地为网络文化基础人才提供锻炼、成长的平台,让他们多与全国有影响力的优秀网络文化名家进行学习交流。大力实施"名师带徒"计划,指派名师对网络文化优秀青年实行"一对一"单独指导,把出精品和出人才有机结合起来,努力造就一批有影响的各领域网络文化领军人物。最后,要培养一批国际化网络文化人才,推动网络文化走出去。高层次高素质网络文化顶尖人才队伍,需要主动担当起推动中华文化走出去的历史重任。既要继承优秀传统文化,更要与时俱进,实现中华优秀传统文化的创造性转换和创新性发展,推动中国网络文化更好地走向世界。

(三) 加强基层网络文化人才队伍建设

基础不牢,地动山摇。只有加强基层文化人才队伍建设,推动广大网络文化优秀青年人才扎根基层、服务基层,才能切实强化网络文化的人才支撑。首先,强化基层网络文化人才培养。加大对基层网络文化人才队伍教育培训的力度,提高基层网络文化工作人员的文化素养和理论水平。适当提高基层福利待遇,吸引广大高素质的网络文化人才走入基层,做到基层文化工作机构健全,人才队伍及其待遇福利到位。与此同时,大力发展基层网络文化建设志愿者队伍,鼓励社会各界优秀人才参与到网络文化建设之中。

其次,配强基层网络文化工作干部。当前,部分地区对基层网络文化建设工作重视不够,导致出现干部配备不完善的情况。对此,要从根本上推动解决基层宣传文化单位人员配备不强、基本待遇不高、工作条件较艰苦等方面的实际问题，建立健全激励机制，对长期坚守基层、业绩突出的先进工作者要加大表彰力度，想方设法建强基层宣传文化干部队伍，从而进一步推进基层网络文化建设不断健康繁荣。

再次，配齐基层宣传文化专职干部。增强基层网络文化人才队伍建设，积极鼓励优秀大学生下乡为宣传文化事业服务。通过设立城乡社区公共文化服务岗位，定向招聘相关专业的大学生，提高基层工作人员的专业水平。此外，实施"筑巢引凤"计划，通过设立农家电子书屋、提高网络文化设施建设水平等方式，不断丰富基层公共文化内容和形式，吸引广大人才赴基层开展网络文化建设。

最后，用好乡土文化人才。大部分基层文化工作者长期生活在农村，成长在农村，扎根于农村。生活环境决定了他们不仅具有良好的群众基础，而且能够依托互联网平台创造更多能够被群众所喜爱的网络文化产品，以此进一步发挥扎根基层的乡土文化能人的作用。这也为传承和弘扬中华优秀传统文化，创造性转化、创新性发展社会主义先进文化提供了良好的条件，从而极大丰富了基层网络文化建设。

（四）优化现代网络文化人才治理模式

在当前网络文化人才发展过程中，一定程度上还存在培养、评价、使用、流动、激励等关键环节机制不完善不灵活，以及网络文化人才对外开放度不高、流动不畅、效能不高等问题，需要通过"以人才为本位"的机制创新作出源头性制度安排①，持续优化现代网络文化人才治理模式。

一是坚持问题导向的动态治理。把区域、行业的"公共问题的解决"

---

① 周学馨、曾巧：《海外高层次人才治理机制创新研究》，《领导科学》2019 年第 10 期，第 93—96 页。

作为网络文化人才发展机制改革的逻辑起点，聚焦于破除束缚网络文化人才发展的思想观念和制度障碍，针对网络文化人才发展关键环节面临的突出问题，适时调整网络文化人才政策制度。结合区域的不同发展阶段，坚持以用为本，以人才成长全周期需求导向分类分层推进人才机制改革，提升政策的可操作性和有效性。建立循环往复的动态治理机制，委派第三方专业机构对创新机制开展评估、跟踪和反馈，形成"跟踪问效"的长效机制和闭环管理。

二是坚持重点突破的创新治理。把握重点突破与整体推进的关系，以评价机制改革作为基础与核心，以点上突破带动人才培养、吸引、使用、激励等网络文化人才发展机制的全面创新。在评价导向上要注重创新创造，评价标准上要从重学历、资历、论文、数量向重能力、业绩、贡献、质量转变，并且要强化市场、行业组织和用人单位的主体作用，建立"问东家、问专家、问大家"的多主体评价机制。譬如，引入国际同行评价制度，带动整个人才发展机制与国际规则的接轨，从而主动参与国际人才竞争与合作。

三是坚持有机衔接的系统治理。立足人才发展的"全方位、全过程"与"跨层级、跨区域"特征，统筹谋划、配套网络文化人才发展机制。当前网络文化人才机制改革处于密集实施阶段，但存在的政策割裂及不对称、各自为政、细则滞后等问题，导致运行机制的碎片性极大地削弱了政策实施成效。"人才发展机制"系统改革就是要避免"政策孤岛"，要充分建立起区域合作、互动协调、共建共享等机制，有效缓冲或化解利益冲突，实现网络文化人才的资源共享、统筹协调、制度衔接和服务贯通，最大限度发挥网络文化人才整体竞争力。

从供给、传播、服务、治理、人才支撑等环节出发，提出建设健康向上的网络文化的现实路径，其核心要义是强化共建共治共享理念。一是共建网络文化。坚持以习近平新时代中国特色社会主义思想为统领，围绕党委、政府重大活动、重大方针政策以及人民群众关心的热点问题，建强主流阵地，主动设置议题，鼓励群众参与，持续组织"网络文化季""文明办网创建"等群众喜闻乐见群众性活动，扶持优秀文化作品创造生产，加大具有地域特色的网上文化供给，吸引全社会参与共同建设优质网络文化。二是共治网络文化。强化各级政府抓网络治理的责任意识，严格落实网络意识形态和网络安全责任制，积极参与协同治理。坚持广泛动员网民、依靠网民，采取有效手段鼓励全社会参与网络治理，真正调动起广大网民力量，让网民影响网民、带动网民、引导网民，自觉规范网络行为、守护网络环境。三是共享网络文化。通过共建共治，让人民群众共享清朗网络空间，以优质丰富的网上内容供给满足广大人民群众的物质文化需求，用健康有序的互联网信息提供更为便捷、可靠、精准、个性化的服务，真正让人民放心用网、安心上网，有实实在在的获得感、幸福感、安全感，形成在共建中共治、在共治中共享、在共享中共建的生动局面。

第六章 新时代江苏网络文化建设的生动探索

近年来,江苏省委、省政府认真贯彻习近平新时代中国特色社会主义思想特别是习近平总书记关于新时代网络文化建设的重要论述,坚持"创新发展、依法治理、保障安全、兴利除弊、造福人民"的原则,紧紧围绕高水平全面建成小康社会发展大局,积极运用网络文化成风化人、凝心聚力,新时代江苏网络文化建设得到全面拓展、取得明显成效,为全国新时代网络文化建设作了有益探索。比如,江苏镇江"三抓三促三少"(抓体制机制创新、抓人才队伍培养、抓网络文化品牌,促进实际工作、促进热点问题的引导、促进突发事件的处置,负面舆情少、负面话题炒作少、网上偏激言论少)互联网属地管理经验得到中央充分肯定。时任中央政治局委员、书记处书记、中宣部部长刘云山来苏调研,给予高度评价。国家互联网信息办公室、公安部、工信部在江苏镇江召开"加强互联网属地管理镇江现场经验交流会"。此外,江苏还打造了具有江苏特色的"紫金网络传播创新峰会"品牌,持续加强网上正面宣传,不断创新网上宣传理念、内容、形式、方法、手段等。组织开展"互联网企业党建"高峰论坛,涌现出苏宁"网商党建"、途牛"牛人党建"、运满满"红色方向盘"、软通动力

"红色雁阵"等一批具有全国影响力的互联网企业党建品牌。

一、深化网络文化建设整体设计

习近平总书记在党的十九大报告中提出，"要深化文化体制改革，完善文化管理体制，加快构建把社会效益放在首位、社会效益和经济效益相统一的体制机制。"①江苏按照全国统一部署，持续深化文化体制改革、加大对外开放力度，着力加强网络文化建设、运用和管理，不断提升文化软实力。

（一）深入推进网络文化建设改革

江苏从整体规划设计、管理体制机制建设等方面着手，对网络文化建设进行改革。与此同时，伴随着江苏省人均国民收入水平的不断提升，人们对包括网络文化在内的精神文化消费需求也日益增强，这为深化网络文化建设改革提供了直接动力。

1. 强化规划引领

江苏把"三强三高"作为建设文化强省的战略目标，引领着包括网络文化在内的文化建设，即建设成为文化凝聚力和引领力强、文化事业和产业强、文化人才队伍强的文化强省，努力构筑思想文化建设高地、道德风尚建设高地、文艺精品创作高地。江苏文化建设"三强三高"有四个发展阶段。第一个阶段，提出建设文化大省。1996 年，江苏召开了全省第一次文化工作会议，这个会议提出了建设与江苏经济发展相适应的文化大省的战略目标，以这次全省文化工作会议为标志，江苏文化大省建设

---

① 习近平：《决胜全面建成小康社会　夺取新时代中国特色社会主义伟大胜利——在中国共产党第十九次全国代表大会上的报告》，北京：人民出版社 2017 年版，第 44 页。

进入了全面发展的新阶段。

第二个阶段,从"三强"到"新三强"。2009年7月,江苏省委、省政府召开了全省文化建设工作会议,会议提出要"全面推进文化体制改革,进一步解放和发展文化生产力,努力建设文化事业强、文化产业强、文化人才队伍强、文化综合实力位居全国前列的文化强省"。2011年4月,江苏省委十一届十次全会提出通过实施"八项工程"落实"六个注重",把"文化更繁荣"作为"两个率先"的新内涵,把"文化建设工程"列为"八项工程"之一,努力建设文化凝聚力和引领力强、文化事业和文化产业强、文化人才队伍强的文化强省。

第三个阶段,从"新三强"到"三强两高"。2015年6月9日,江苏省委、省政府召开的推动文化建设迈上新台阶工作会议,提出"三强两高",即"把江苏建设成为文化凝聚力和引领力强、文化事业和产业强、文化人才队伍强的文化强省,努力构筑思想文化建设高地、道德风尚建设高地"。"三强两高"目标,赋予了新形势下江苏文化强省建设的时代内涵,明确了文化建设迈上新台阶的具体方向。江苏文化建设目标和内涵更加丰富,路径更加明确,"迈上新台阶"有了强大的价值引导力、文化凝聚力、精神推动力的支撑。

第四个阶段,从"三强两高"到"三强三高"。2019年3月4—5日,全省文艺工作年度会议暨文艺精品创作创新研讨会在南京召开。会议指出,江苏文化强省建设目标由"三强两高"丰富提升为"三强三高",在努力构筑思想文化建设高地、道德风尚建设高地的基础上,增加构筑文艺精品创作高地。

2. 创新网络文化行政管理体制

一直以来,江苏高度重视网络文化体制机制建设。早在2012年1月,江苏省委成立省互联网信息工作领导小组及其办公室。全省形成以宣传、通信、公安三个部门为主，分别主管互联网信息内容、互联网行业发展、打击网络违法犯罪工作，文化、广电、新闻出版、工商等相关部门根据各自职责积极配合的互联网管理工作格局。2014 年 5 月，成立中共江苏省委网络安全和信息化领导小组及其办公室，省委网信办充分发挥指挥平台、沟通平台、服务平台、聚力平台作用，各地各部门按照属地管理和"谁主管、谁负责"原则，加强协作联动，做到重大事项及时报告、重大事件协同处置、重大问题会商会办、重大信息通报共享，形成网络文化建设一盘棋工作局面。2017 年 11 月，成立实体化运作的正厅级单位省委网信办，统筹全省包括网络文化建设在内的网络安全和信息化工作。随后，各设区市市委网信办也相继成立。2018 年 8 月，根据机构改革统一安排，设立中共江苏省委网络安全和信息化委员会及其办公室。

（二）培育和打造先进网络文化

进入新时代，江苏对照文化建设高质量走在全国前列的要求，突出重点环节创新，在增强网络文化影响力、传播力、保障力上出实招，全力培育和打造先进网络文化。

其一，提高站位，高质量提升网络文化影响力。坚持以习近平新时代中国特色社会主义思想统领新时代网络文化建设，旗帜鲜明坚持正确政治方向、舆论导向、价值取向。充分发挥网络特色优势，深入开展理想信念教育，大力弘扬新时期江苏精神，积极培育和践行社会主义核心价值观，用社会主流思想价值和道德文化滋养人心、滋养社会、滋养网络。围绕党委、政府重大活动、重要方针政策以及群众关心的热点问题，主动设置议题，实施精准引导，进一步凝聚共识、争取人心，让党的主张始终成为网络空间最强音。

其二，拓展渠道，高质量提升网络文化传播力。一是建强主流网络阵地。推进媒体深度融合,把更多人财物投向互联网,进而实现传统媒体和新兴媒体优化整合、深度融合,打造精锐传播力量,让分散在网下的力量尽快进军网上、深入网上,推动信息内容、平台终端、技术应用、人才队伍、管理服务共享融通,向移动端倾斜,打造一批具有强大影响力、竞争力的新型主流媒体。加强引导国有资本和社会力量进入互联网行业,支持符合条件的重点网站上市。扶持建设重点文艺网站,加强其与传统媒体、网络新闻平台、社交平台、视听平台的有效衔接,拓展传播深度和广度。二是打造网上立体传播格局。跟踪传播形态迭代,适应社交化、移动化、智能化传播趋势,建立完善立体多元、活跃畅通、高效可控的渠道体系。优化新闻网站、商业网站、论坛等传统渠道,充分运用社交平台、即时通讯等新兴渠道,促进网络文化优质内容传播。深入研究、加快推动智能技术发展,如"算法推荐"和社交网络在内容传播领域的深度应用,实现网络文化产品和用户的精准匹配,实现个性化定制、精准化生产、智能化推送,满足人民群众日益增长的个性化需求。三是突出线上线下活动引领。围绕网络文化、网络公益、网络诚信、网络文明等主题,抓活动开展、抓载体建设、抓系统推进,精心组织"网络文化季""网络中国节""争做中国好网民""文明网站创建""网络公益 E 起来"等群众性活动,常做常新,一年一个升级版。擦亮有全国性影响的"紫金网络传播创新峰会"品牌,集众智、汇良策,推动网络文化产品网上有效传播。扶持一批网络文化社会组织,团结一批文化名人、网络文化"大 V",加强线上互动、线下沟通,增进其政治认同、文化认同和情感认同,引导其生产叫好又叫座、到达率阅读率点赞率高的网络文化精品。

其三,强化治理,高质量提升网络文化保障力。一是净化网络环境。加强网络生态治理,传播健康向上的网络文化,构建天朗气清、生态良好的亿万民众网上精神家园,符合人民利益。强化属地管理责任,持续深入开展"清朗"系列专项行动，集中整治互联网领域存在的突出问题，对涉政治类、暴力色情、虚假谣言、庸俗低俗、泛娱乐化等各类有害不良信息，精细分类、精确甄别、精准打击。夯实网络平台主体责任，严格网上内容生产、信息发布和传播流程，落实好网上内容"把关人"职责。二是加强网上舆论引导。统筹推进"551"网军建设工程（构建5级网评队伍、打造5支精锐网评战队、组建1个百名网络名人朋友圈），建立健全"三联盟两矩阵一论坛"（江苏网媒评论联盟、江苏网络社区联盟、江苏网络辟谣联盟、江苏政务新媒体矩阵、江苏社会新媒体矩阵，江苏网络正能量V论坛），推动形成以宣传、网信部门牵头抓总、涉情地（部门）各司其职、媒体积极作为、社会各界协同参与的网评新格局，推动形成主动引导、及时引导、深度引导、有效引导机制，牢牢掌握网上舆论引导主动权主导权。三是优化综合治理。树立共建共享共治新理念，形成党委政府领导、企业履责、社会监督、网民自律等多主体参与，经济、法律、技术、宣传等多种手段相结合的综合治网格局。坚持党管新媒体，把阵地和人员都管起来，把所有从事新闻信息服务、具有媒体属性和社会动员功能的各类网络平台纳入许可管理范围。网络不是法外之地，严格依法管网、办网、建网、上网。网上斗争，不是光靠人海战术，而是以技术对技术，加强互联网核心技术研发，全面提升技术治网能力水平，把网络文化建设发展建立在自主安全可控的网络平台之上。

其四，深化统筹，高质量提升网络文化驱动力。一是数字江苏建设高水平推进。研究建立"数字江苏"发展水平评价指标体系，首次对数字江苏建设发展总体水平进行测评，编制发布了《数字江苏建设发展报告（2018）》。作为主宾身份参加第二届数字中国建设峰会，组织"数字经济、大道致远"数字江苏成果展、"第二届数字中国建设峰会江苏参展企业网上巡礼"主题宣传。完成扬子江城市群国家数字经济示范区申报。

研究制定《江苏省数字经济发展实施意见》。二是信息基础设施提档升级动力强劲。牢牢抓住国家"新基建"的新一轮利好,推动电信企业加快5G试验网规模部署,开展5G试点创新应用。截至2019年底,全省5G基站数量达1.35万个,先后完成骨干网扩容、农村光纤全覆盖等国家任务,扎实推进千兆城市建设和下一代广电网部署,全省光网城市已全面建成,4G网络和窄带物联网城乡基本实现全覆盖。着力加快工业互联网网络建设,各类产业园区光纤宽带接入能力均达50G,物联网连接数超2亿。全面推进IPv6规模部署,全省LTE网络、固定宽带网络城域网和接入网、电信和光电运营企业所有大型数据中心全部完成IPv6升级改造。全球25台IPv6根服务器中的1台已落户南京,45个省级部门门户网站应用支持IPv6访问,江苏IPv6发展指数位列全国第三。三是"两化"融合与技术创新更具活力。全力做好"产业数字化"和"数字产业化"两篇大文章,加快高端软件、新一代软件等领域关键共性技术创新。培育42个省级重点工业互联网平台,全年新增上云企业超过3.5万家,重点打造近3 000家星级上云企业和34家工业互联网标杆工厂,创建首批11个"互联网＋先进制造业"特色产业基地。四是信息便民惠民持续释放红利。完成国家电子政务综合试点,江苏"互联网＋政务服务"、治理平台和工作模式、信息技术应用创新等特色优势更加凸显。深入实施"12345"行动,推动实施57项智慧江苏重点工程,举办智慧江苏建设优秀成果展,发布首批50家服务企业和81个优秀产品(服务)名录。印发《江苏省2019—2020年网络扶贫行动计划》,召开网信企业网络扶贫工作座谈会,组织网络扶贫东西部合作,实施首期"苏陕协作、E企筑梦"暑期游学项目。

(三) 全面落实网络意识形态工作责任制

落实网络意识形态工作责任制,既是加强党对网络意识形态工作全面领导的重大举措,也是网络文化建设沿着正确方向发展的重要保障。党的十八大以来,根据中央《党委(党组)网络意识形态工作责任制实施细则》,江苏各级党委和宣传思想战线坚定守好网络意识形态阵地,全面落实意识形态工作责任制。

其一,构建巡视巡察全方位监督机制。江苏组织开展年度责任制落实情况检查考核,在省委巡视中开展责任制落实情况专项检查,推动纳入各地巡察工作安排,构建巡视巡察全方位监督机制,层层传递压力,构建党委领导、宣传部门牵头、各部门齐抓共管的工作格局。譬如,南京市制定《关于贯彻落实〈党委(党组)网络意识形态工作责任制实施细则〉的实施意见》,出台推进落实网络意识形态工作责任制工作清单,在巡察中开展网络意识形态工作责任制落实情况专项检查,推动网络意识形态工作责任压紧压实。无锡市制定印发意识形态责任清单制度、分解考核指标体系表,将网络意识形态责任制检查纳入市委巡察和党风廉政责任制检查统筹开展,其结果作为年度绩效考核重要依据。

其二,建立健全网络意识形态领域情况分析研判和通报制度。一方面,建立健全网络意识形态领域情况分析研判制度。深入梳理排查风险点,开展净化网上舆论环境专项整治。加强重点部位、重点环节管理,加强重要敏感时间节点和重点人的管理,推进"网上扫黄打非"深入基层,切实管好网上意识形态阵地。譬如,连云港市制定出台《关于落实网络意识形态工作责任制和政务舆情回应工作责任制的实施细则》,按季度分析研判报告全市网络意识形态领域工作情况。徐州市组织召开全市党委(党组)意识形态工作责任制座谈会,专题部署年度意识形态工作。

建立由 23 家单位组成的联席会议制度,健全检查指导、追责问责工作机制。强化对意识形态领域情况的分析研判,召开意识形态领域情况分析研判会,对重大突发情况及时分析研判。另一方面,健全和落实意识形态领域情况通报制度。江苏把党委(党组)的主体责任、"一把手"的第一责任、分管领导的直接责任、班子成员的领导责任列得清清楚楚。各级宣传部门要按照中央和省委的要求,进一步细化实施方案、明晰责任清单,积极推动党委旗帜鲜明地站在意识形态工作第一线,把握方向、守住阵地、管好队伍,敢于发声、善于发声、主动发声,切实把责任扛在肩上、落实情况通报制度,针对重大时间节点、敏感事件,及时通报情况,积极有效应对。

其三,严肃处理网络意识形态工作失职行为。各级党委(党组)全面压紧压实意识形态工作的主体责任,一把手要落实"第一责任",分管领导要落实直接责任,班子其他成员要履行"一岗双责"。各级领导干部要带头深入排查防范网络意识形态领域的风险,切实加强各类意识形态阵地的管理。江苏将明责、督责、问责紧密结合起来,加强跟踪问效,加强检查考核,健全问责机制,既查失职、渎职,也查"不作为""慢作为"等行为,对履责不到位、问题较多、造成不良后果的要严肃问责,不搞情有可原、下不为例,让失责必问成为常态,真正把意识形态工作的规矩立起来、挺起来,确保铁规发力、制度发威。

二、推进网络文化建设"三轮驱动"

在建设网络文化强省具体过程之中,江苏把全面繁荣网络文化事业、推动网络文化产业高质量发展和建设高水平网络文化人才队伍作为关键抓手,一以贯之予以全力推进。

（一）全面繁荣网络文化事业

随着互联网技术的飞速发展，网络文化事业迎来大发展。江苏紧紧抓住这一发展机遇，运用现代科技手段丰富文化产品与服务的生产和供给，大力发展网络文化事业。

其一，着力打造基于新媒体的图书馆服务新业态，实施"数字图书馆推广工程"，覆盖全省的数字图书馆服务网络已经形成。例如，江苏为加强数字图书馆基础服务平台建设，建设"江苏省公共图书馆馆际互借云服务系统""江苏省公共图书馆馆情及运行大数据分析系统"等全省数字图书馆基础性应用平台。大力建设覆盖全省的数字图书馆虚拟网、数字图书馆系统平台和海量分布式数字资源库群，形成完整的数字图书馆标准规范体系。与此同时，借助"三网融合"（电信网络、有线电视网络和计算机网络）工程，实现全省图书馆资源的无障碍共享。开展珍贵古籍修复和数字化工作，建设"江苏省古籍数据资源库"，大力推进全媒体传输服务平台建设，统筹推进文化信息资源共享、数字图书馆推广、公共电子阅览室和古籍整理、保护与阅读传播数字化工程，建立统一高效的基层公共数字文化服务平台。

其二，加强公益性文化单位网络服务平台建设。江苏率先打通基层文化服务的智慧联通渠道，积极加强公益性文化单位基础数据库建设，发展网络服务平台，开展网上展览、网上辅导、远程指导等数字文化服务，将文化馆的数字化建设纳入文化共享工程体系建设，促进群众文化活动资源的数字化和网络化，提高公共文化服务的数字化、网络化水平。推进建设公共电子阅览室，构建内容健康、服务规范、环境良好、不以营利为目的的互联网服务体系。加大数字资源培训力度，依托南京图书馆，重点举办全省公共数字文化工程网络管理培训班，全省地方特色数字资源建设技术培训班。为全省1 200个乡镇基层文化服务点购置共享工程"中国文化网络电视"互动播出终端,实现了全省基层文化服务点资源互动播出终端的全覆盖。继续建设基层服务点,实现了共享工程的"全省基层万里数字文化长廊"要求。

其三,大力发展社区微博、微信等新媒体网络服务,实现文化服务供给的主动与精准。江苏积极推广微博微讯等网络媒体,努力让社区民众体验到更权威的政务公开、更贴心的便民服务和更轻松的网络问政。2013年10月,南京市鼓楼区开通了"鼓楼微讯"微信公众号,并全新改版官方微博,微博"头条速递""关注南京""聚焦鼓楼"等栏目为粉丝随时收集提供不同层次的政务信息;微信"食尚鼓楼""微天气""爱生活"等栏目为粉丝精心设计生活的每一个环节。当年"鼓楼微迅"微信粉丝人数过百万,微博影响力排名位列新浪全国微博政府影响力外宣类排行榜前列。

与此同时,江苏强调媒体融合,积极探索公共文化服务的融合性与多元性。一是大力推进多媒体融合传播手段和能力建设。新华报业传媒集团建立中央指挥体系和全新的薪酬管理体系、考核激励机制,实现报网端一体化运作,依托"中央厨房"和新的指挥体系,实现报网端微一体化运作;推进"交汇点"新闻客户端升级,加快形成由客户端、微媒体、手机报、手机网站等组成的移动传播矩阵。省广电总台融媒体调度指挥中心投入使用,"荔枝新闻"下载量突破1 500万人次,自创网络直播品牌"荔直播"点击量突破3亿,"我苏网""我苏"客户端全面上线,形成"五位一体"新媒体矩阵,融媒体新闻中心运行良好,成功入驻央视"新闻移动网"。二是推动国际文化服务提档升级。顺应媒体融合发展大势,立足江苏实际,创新思路举措,推动省级涉外媒体在融合发展中提质增效。新华报业传媒集团成立全媒体国际传播部,强化对外宣传功能。中江网国际在线改版升级,建设网站 wap 版+官方微信(JiangsuNow)+自媒体平台(今日头条、网易、企鹅号)全方位移动端传播平台,覆盖 189 个国家和地区。省广电总台新建集资讯、交流、互动为一体的综合性外宣平台我苏网(我苏 App),开设 Jiangsu Story 英文专栏,打造面向国际的江苏特色名片。江苏国际频道围绕文化、新闻资讯、青少年国际交流三大主题推出多档节目,拓展江苏外宣阵地。与人民网合作运营江苏脸谱和推特海外账号,累计推送图文信息 2 681 条,总阅读量达 1 632 万,粉丝总数超 99.4 万。

(二) 推动网络文化产业高质量发展

江苏主动拥抱互联网,搭乘"互联网+"时代便车,充分借助互联网优势,大力培育发展新型业态,引领文化产业转型升级,推动网络文化产业高质量发展。

其一,科技助力,促进网络文化产业创新发展。文化产业的产业关联性很强,推进产业间的跨界融合、实现多元的交互融合发展模式是文化产业发展的新趋势,比如"文化+旅游""文化+科技""文化+商业""文化+金融"等。江苏近年在文旅产业的开发和经济收益上大幅度提高,结合江南文化衍生出众多的精品化的文化旅游产品,吸引了来自长三角和全国各地的游客,旅游收入大幅度提升。可以预见,产业融合发展是未来发展的主流模式,将成为经济发展新的增长点,构建出新的业态。此外,江苏鼓励和支持科技在电影电视节目制作和传播中的应用,鼓励和支持科技在会展和广告服务、出版发行、演艺娱乐等传统文化产业中的应用,推进传统文化产业在内容创作、传播方式和表现手段等方面的创新,促进传统文化产业转型升级;鼓励和培育基于大数据、人工智能、增强现实、物联网等新技术的新型文化业态,推动科技与文化产业的相互融合。

其二,创新机制,激发市场活力和产业发展动力。如今全球知识生产方式因为社会的演化发生了重大变化,江苏积极适应新形势新阶段下对文化产业发展提出的新要求,全省文化企业取得骄人的成绩,江苏凤凰出版传媒集团是国内出版行业的龙头企业,连续八年在全国新闻出版业总体经济规模和综合实力评估中位列第一,而且连续十年入选全国"文化企业30强"。其一大特点就是牢牢抓住互联网发展机遇,一直推动先进网络文化产品创作。截至2019年底,入库图书资源超过万种,教育资源库已完成1万多个视频、10多万种助教资源开发,整理入库中小学试题100多万道。大众数字出版方面,凤凰出版传媒集团将手机、PC、大屏等终端相结合,推出了面向学校、机关、企事业单位的享读书数字阅读产品,整合近2万种电子书。对接党建出版内容,为党员干部量身打造"江苏党员干部e读本"咪咕、掌阅版电子书阅读器。教育数字出版方面,凤凰出版传媒集团旗下学科网会员数达2 600多万,签约合作学校3万所,通过向偏远地区学校提供优质教育资源,对教育均衡发展作出贡献。与中央电教馆、省教育厅联合打造智能语音学习系统的订户数超过200万,取代磁带、光盘等传统产品。凤凰创壹致力于AR/VR/MR仿真教学培训软件研发,为3 000多所院校开发110个专业大类、700门VR/AR仿真教学培训课程,700多万个三维互动教学实训资源。在专业数字出版方面,凤凰出版传媒集团在全省建成13 617个数字农家书屋,整合10 000多本图书、1 300多种期刊、3 000多小时视频,满足农民群众的阅读需求。与省农林厅合作推出农技耘平台,服务基层农业生产需要,注册用户30万人,农户提问3.9万条,专家答疑1.6万次。

（三）建设高水平网络文化人才队伍

文化归根结底都是由人创造的。网络文化人才是建设网络文化强省的根本支撑。一直以来，江苏坚持以多出高端网络文化人才为重点，统筹各类各层次网络文化人才的培养、引进和使用，创新网络文化人才工作理念和举措，更加注重制度的完善、平台的设计、品牌的打造，出台《江苏文化人才高质量发展三年行动计划（2018—2020）》，着力优化网络文化人才政策环境、发展环境和激励机制、保障机制。

其一，壮大高端网络文化人才队伍力量。高层次网络文化人才是文化人才队伍发展水平的集中体现，是文化苏军核心竞争力的关键要素。一是加快高端网络文化人才的引进。进一步打破体制机制障碍，在网络文化人才的职称评定、课题申请、项目支持等方面，实行体制内外待遇同等，探索建立体制外的文化单位及其从业人员的资质、职称认定机制，让更多的体制外高端人才贡献他们的力量。比如，江苏网络作家协会为网络作家开通职称申报平台，推荐省网络作协主席陈彬（笔名：跳舞）担任省政协常委。打破学历和资历的界限，开展竞争上岗，选拔一批既懂业务和管理，又具有较强创新、创业能力的高层次人才。打破地域和所属关系的界限，签约国内外高端文化人才，"不求所有、但求所用"，让更多的高端文化人才通过作品的方式为江苏服务。二是加快高端网络文化人才的本地培养。根据"互联网＋"的新形势，通过定向培养、公开招聘、业外引进等方式，加快培养一批创新型、复合型、科技型的文化人才；根据文化管理的需要，重点培养善统筹规划、具备较强组织协调能力的文化管理人才等。三是开展青年人才培养工程，为网络文化苏军建设储存后备力量，深入推进深化网络文化行业博士集聚计划和文化人才双创计划。

　　其二,稳固基层网络文化队伍建设。一是针对长期在基层工作的文化干部,在政策允许的范围内,设立绿色通道,为各区县文化馆、图书馆、博物馆的业务骨干和街镇文化站长的职称申报、评定等制定可变通的"通关模式",将市各个区县公共文化服务单位的选人、进人、用人的话语权和决定权还给各用人单位,从而使这支队伍能够真正长期扎根基层,引导并服务好基层群众。二是加大培训力度,提高基层文化人才能力,组织重点骨干人才多形式、多渠道参加各类培训班,注重普遍轮训与重点培训相结合,增强培训效果,逐步形成集中培训、在职教育、挂职实践和远程教育相结合的工作格局。持续完善从业人员职业资格制度,推行持证上岗。三是更加注重用干事创业平台、广阔发展空间吸引人才、留住人才,加强对各类网络文化人才特别是高端人才、大家大作的宣传推介,真正让江苏成为网络文化人才施展才华、攀登高峰的热土和沃土。

　　其三,加强网络文化志愿者人才队伍建设。一是加强网络文化志愿者宣传,提高文化志愿服务参与度。一方面,借鉴国外的经验,把志愿服务纳入学校教育体系;另一方面,运行新媒体等创新宣传手段,增强文化志愿服务知晓率,让志愿服务精神深入人心。二是建立健全志愿者组织网络,增强网络文化志愿服务凝聚力,进一步抓好各级志愿者服务中心建设和管理,继续探索行政化推动、社会化运作和事业化管理的路子,完善志愿者管理系统;设立退出机制,加强志愿者队伍规范化建设。三是建立网络文化志愿者培训机制,提升文化志愿服务水平。如采取网络教学、远程教学与现场教学相结合的教学方式,对志愿者进行培训。

三、构筑网上三大高地

　　党的十八大以来,全国各地掀起了网上思想文化高地、道德风尚高地、文艺精品创作高地建设的热潮。在国家文化建设方略指导下，江苏立足国内国际形势，着眼区域特色，及时制定总体战略，明确三大高地建设的具体行动，并落到实处、取得显著成效。

（一）网上思想文化建设高地

习近平总书记强调，人在哪儿，宣传思想工作的重点就在哪儿，网络空间已成为人们生产生活的新空间，也应该成为我们党凝聚共识的新空间。[①] 当前，江苏坚持正能量是总要求，不断创新传播手段，拓展传播渠道，提升网上舆论引导能力，扎实推进网上思想文化高地建设。

首先，主旋律宣传"永远在线"，网上正面舆论不断增强。组织各网络媒体围绕重大主题和热点话题，在专业、深挖、鲜活上下功夫，用主流价值、优质内容占牢网络空间。践行网上群众路线，传递网民心声，将正能量宣传的理论说教转变为身边的感动，取得良好社会反响。在学习贯彻习近平新时代中国特色社会主义思想和党的十九大精神、全国"两会"等重大主题宣传工作中，原创稿件被中央网信办全网推送数量居全国前列。开展的"我拍家乡新变化""我苏这五年"等主题活动，网上阅读量突破3亿，形成良好的舆论氛围。广泛开展"在习近平新时代中国特色社会主义思想指引下——新时代新作为新篇章"和"网聚新时代，苏写新篇章"专题专栏宣传，全方位、多角度展示习近平总书记系列重要讲话精神在江苏落地生根开花结果，奏响新时代"最强音"。组织开展"网信新时代，智联新未来"网络主题活动，全景展示全省认真贯彻落实全国网信工作会议精神特别是习近平总书记关于新时代网络文化建设重要论述，扎实推进网络文化事业高质量发展的思路举措。在宣传中，注重提高整体

[①] 习近平：《加快推动媒体融合发展　构建全媒体传播格局》，《求是》2019年第6期，第4页。

驾驭能力,站在全国的维度看江苏,展现江苏的作为和担当,保持了网上报道常态化、强势化、精品化,在众声喧哗中唱响主旋律,当好领唱者。

其次,新媒体产品"如影随行",刷屏之作不断出现。网络媒体要做好重大主题宣传,必须深度创新传播理念思路、形态语态和渠道路径。运用无人机航拍、VR、3D 等新技术,利用全媒体多屏互动、虚拟植入、在线包装等新应用,推出一批到达率、阅读率、点赞率均高的作品。中国徐州网的系列创意沙画作品《总书记来到咱徐州》,让人耳目一新。中江网"马克思主义青年说"、荔枝网"厉害了,我们的新时代"等网上理论宣讲节目,深受青年网民欢迎。《现代快报》多个现象级产品点击量破亿,其中 H5 作品《无人区·52 载守边人》荣获第 27 届中国新闻奖网络专题类二等奖。策划开展"'苏'说四十载——庆祝改革开放 40 周年"网上主题活动,各级各类网络媒体在主题的高度广度深度上展功力、下功夫,创意表达、众筹内容形成多层次多角度传播强势。推出"改革开放进行时"江苏大型网络系列发布活动,前 6 场发布活动全网浏览量突破 1.1 亿。坚持移动端优先,联合人民日报新媒体中心推出《江苏一分钟》短视频和微信图文,点击量瞬间突破 10 万,短时间内全网播放达 3 000 万,点赞达 20 万。围绕纪念马克思诞辰 200 周年,加强网上理论传播,荔枝网推出《马克思是对的》系列微视频,27 篇(条)被中央网信办全网推送,呈现理论节目霸屏网媒的态势。弘扬爱国奉献精神,深入开展王继才同志先进事迹网上宣传工作,制作短视频、VR 等新媒体产品,36 篇报道被中央网信办全网推送。积极开展"寻找老支书"网上宣传活动,形成典型宣传的新思维新范式。宣传中,尤其注重精准策划开掘选题,创新手段语态,发挥网络传播优势,增强吸引力感染力,让江苏好故事好声音插上互联网的翅膀,"飞入寻常百姓家"。

再次,传播矩阵"一呼百应",网络平台渠道不断拓展。强化统筹引领,建立重大主题策划和协同报道机制、优秀作品全网推送和通报激励机制、重大活动线上线下联动机制,形成了以省主要新闻网站为主体、中央重点新闻网站协同、商业网站配合的多元传播格局。省内各媒体结合自身实际,搭建融合传播平台,再造采编流程,优化体制机制,巩固壮大主流媒体,构建"一次采集、多种生成、多元传播"的新闻生产格局。各地各部门以政务微媒体建设扩大主流舆论,共同传播"指尖上的正能量"。成功举办"紫金网络传播创新峰会",在更大范围、更高平台、更大力度推介江苏网络传播新媒体运用创新优秀案例,推动网络传播内容创新、平台创新、形式创新,有力打造江苏创新网络传播线上线下新平台,也为全国网络传播创新发展提供了开放共享交流平台。发布江苏省政务和重点新闻媒体微博、微信排行榜,不断完善传播效果评估指标体系,推进全省政务微博、微信入驻省级新媒体平台"微博江苏""微讯江苏",汇聚各设区市、各有关部门的政务新媒体力量,构建横向到边、纵向到底、统一高效、联动有力的全省新媒体正能量传播矩阵。

最后,网络苏军"锐不可当",舆论引导能力不断提高。构建精干队伍,实施为期三年的"网络苏军"建设"551工程",即构建5级网评员队伍体系、打造5支精锐网评战队、组建1批网络名人朋友圈。培育知名品牌,在省重点网站、"网信江苏"开设"紫金e评"网评栏目,邀请专家、骨干网评员对网上热点话题进行阐释剖析,引导网民观点,凝聚网民共识。认真贯彻实施好网络安全法、制定出台网络安全应急预案等政策法规,加强互联网企业主体责任和管理部门监管责任,强化网络执法体系建设、技术管网能力建设,及时清理网上各类有害、不良信息。

(二)网上道德风尚建设高地

国无德不兴,人无德不立。习近平总书记强调,必须强化全社会的思想道德建设,激发人们形成善良的道德意愿、道德情感,培育正确的道德判断和道德责任,不断提高道德实践能力尤其是自觉践行能力,引导人们追求讲道德、尊道德、守道德的生活,形成向上、向善的力量。只要中华民族一代接着一代追求美好崇高的道德境界,我们就永远充满希望。① 这一重要论断给江苏网上道德风尚高地建设指明了方向、明确了内容。江苏大力推动网络道德和网络文明建设,使网络空间成为传播正能量、弘扬新风尚的新载体。

第一,广泛汇聚网上正能量。适应网络传播特点和网民接受习惯,在互联网上讲好中国梦的故事,叫响传开核心价值观。开设网络专题专栏,积极宣传"时代楷模""道德模范""最美人物""身边好人"的感人事迹和崇高精神,让更多道德模范和先进典型走进互联网。省文明办和省网信办联合打造"网上道德讲堂",围绕道德建设领域热点问题,加强议题策划,组织互动交流,引导网民形成正确的道德判断和道德责任,发出网上道德最强音。南京市玄武区积极拓展与网络"大 V"协调沟通的渠道,借助网络"大 V"的力量网聚正能量、弘扬真善美,为建设清朗网络空间助力加分。建立网络"大 V"信息联同发布机制,充分发挥网络"大 V"的信息传播快、范围广、影响力强的优势,增强信息公信力。2018 年 4 月 9 日下午,珠江大厦附近有老人晕倒,路过的两名医生施以援手,"大 V"们得到消息立即与区有关部门联系确认救援人员身份,与宣传部门对救人医生的善行义举进行同步报道。同时利用网络影响力,积极向各类网络媒体进行推送,人民网、搜狐网、北青网、《现代快报》、《南京日报》、龙虎网以及各类自媒体平台等纷纷转发,共同传播网络正能量。2018 年 4 月 15 日全国抗癌日,南京市玄武

---

① 《习近平谈治国理政》,北京:外文出版社 2014 年版,第 160—161 页。

区志愿者组织"小霞癌友驿站"发起"为爱行走"公益活动,网络"大 V"们第一时间对活动进行报道,南京市玄武区各主要网络平台同时进行联动转发,为传递人间大爱增强网络舆论力量。镇江丹阳、泰州靖江等地同步推进"两中心一平台"建设,即新时代文明实践中心、县级融媒体中心、"学习强国"学习平台,使最大变量转变为事业发展的最大增量。在南京市江宁区,以区级融媒体中心"中央厨房"为依托,建立极具江宁元素的"新时代文明实践云平台",紧紧围绕群众关注的领域和亟须解决的问题,采用群众喜闻乐见的方式,实现服务项目精准设置、精确配送。在南通如皋市,依托融媒体中心研发的新时代文明实践云平台,通过信息交互、统一管理,可实现群众对服务内容在线"点单",做到"线下活动、线上直播"。通过网上网下同步、线上线下互动,使党的创新理论宣传教育有机融入政务服务、便民服务。

第二,深入开展网络文明传播活动。运用微博、微信、客户端"两微一端"阵地,搭建扶贫帮困、支教助学、无偿献血、捐献造血干细胞等公益服务平台,引导广大网民踊跃参与"微公益"、传播"微文明",让文明风尚充满网络空间。推动网络公益组织规范健康发展,引导他们积极参与网络文明传播、开展线下公益活动,以实际行动践行核心价值观。如太仓市近年来加大网络文明建设宣传力度,依托"中国文明网太仓站""太仓志文明网""太仓志愿网"等网络平台,开展社会主义核心价值观、"我们的节日"、未成年人思想道德建设、文明创建等主题宣传,制作《我感动的城市文明》《微笑让城市更温暖》《文明之城需要你》等文明宣传微视频,制作"文明太仓　温暖新春:志愿服务铸就温馨之城""倡导移风易俗营造文明祭祀良好风尚"等专题网页。"一报两台"网站开设"创全国文明城市　建幸福美好家园""文明 365""不文明行为曝光台""创建文明城市大家谈"等专题专栏,组建创建记者团,集中报道文明城市创建工作以及产生的社会效果,宣传各级各部门的经验做法,传播道德模范感人事迹和崇高精神,取得较好成效。

第三,实施网德建设工程。引导广大网络从业者和网民树立正确的网络观,强化行业自律,大力开展文明办网、文明上网活动,引导广大网站、网民争做文明网站、文明版主和文明网民。持续开展"净网"行动,净化网络环境,清朗网络空间。就互联网出现的突发事件和戾气,及时组织导向正确的网络评论,彰显美德善行,鞭挞歪风邪气,传递向上向善力量。通过新媒体积极传播身边好人、道德模范、公益达人等,"网聚"爱心,汇聚"微力量",打造网络文明新风尚。南京、苏州、常州、扬州、宿迁、徐州等地分别组织开展成立网络公益爱心联盟、慈善义卖、网民快闪、"一袋牛奶的暴走"、行走大运河等特色活动,省市重点互联网企业及爱心单位为外来务工困难家庭孩子捐赠营养早餐奶;各地各网站推出原创稿件、评论近120条,省广电总台荔枝网制作了江苏网络公益年度宣传片及"阔步冲关爱心捐步数"小程序,开设微博互动话题,播放传唱活动主题曲《走起我苏》,网上总阅读量近5 000万次;常州抓住网络技术推进道德讲堂的创新发展。2017年1月,常州推出"掌上道德讲堂",提出"温暖你,只需一秒"的宗旨,通过讲述指尖上的"温暖故事"改变"济济一堂""你讲我听"的单一模式,实现线上线下互动、堂内堂外结合,让市民可以借助网络随时随地走进道德讲堂。

(三) 网上文艺精品创作高地

习近平总书记指出,"一个时代有一个时代的文艺,一个时代有一个时代的精神"①。江苏深入贯彻习近平新时代中国特色社会主义思想特

---

① 《习近平谈治国理政》第2卷,北京:外文出版社2017年版,第350页。

别是习近平总书记关于新时代网络文化建设的重要论述,制定印发《构筑文艺精品创作高地三年行动计划(2019—2021)》,担当以精品奉献人民的重要使命,加强文艺创作规划引导,提升文艺原创能力,充分发挥文艺的力量,构筑网上文艺精品创作高地。

一方面,大力推动网络文艺创作。网络文艺创作是繁荣网络文化的重中之重,要积极推动实施网络文艺精品创作工程,扶持优秀网络文艺作品创作生产,打造传播当代中国价值观念、体现江苏地域特色、反映江苏形象气质的网络文艺精品和网络文艺品牌。加强重点文艺网络平台建设,推动传统文艺与网络文艺创新性融合,推进网络文学、网络音乐、网络电影、网络表演、网络演出剧(节目)、网络动漫等新型文艺有序发展。扶植一批以爱国主义为重点的重大革命题材、历史题材、社会主义建设题材的网络文艺精品创作。加强正面引导力度,整合省内网络文艺社群、民间文艺工作室等文艺组织以及网络作家、签约作家、自由撰稿人等文艺群体力量,支持鼓励网络文化原创作品版权衍生及开发,加强网络文艺评论和推介,营造网络文艺创作良好环境。指导和鼓励中小微文化企业,以专、精、特、新的发展思路满足网民多样化文艺需求。

另一方面,加大江苏地域文化的网上内容有效供给。围绕大运河文化、江南文化和"一带一路",弘扬"雨花英烈精神""周恩来精神""新四军铁军精神""淮海战役精神",大力推动江苏文化数字资源开放共享,加强江苏各地传统文化、历史文化典籍、音乐舞蹈、书法绘画等各类文艺形式的数字化典藏建设,推动江苏非物质文化遗产、古籍资源、民间口头文学、曲艺杂技等珍稀文化资源数据库建设,深入挖掘传统文化时代价值,赋予新的时代内涵和现代表现形式,激活其强大生命力,让沉睡的传统文化在网上活起来、传开来。推动江苏爱国主义教育示范基地、红色旅游项目与网络传播有机结合,建设各类具有红色基因的网上展馆,丰富网上红色文化教育内容。大力破除妨碍网络文化发展的体制性障碍和制度性障碍,把江苏地域文化资源优势在网络空间转化为产业优势、话语优势、引领优势。

在 2020 年抗击新型冠状病毒肺炎期间,文艺工作者难以深入现场,本应限制了文艺的创作;但由于网络传播和自媒体的发展,特别是非虚构文学和短视频艺术的兴起,这一时期反而涌现出一批抗疫题材的网络文艺精品。江苏广大文艺工作者更是在第一时间展现出勇气、担当、情怀与思想的力量,以各种不同的形式创作大量的文化作品,会同其他社会力量,共同加入到对这场灾难的抗争中。比如,江苏文艺志愿者打造的"以艺抗疫,用爱相守"主题活动受到社会广泛好评;江苏省国画院"打赢疫情防控阻击战艺术作品主题创作"通过互联网得到广泛传播。

第七章 研究结论与展望

一、研究结论

(一) 网络文化建设领域正在发生历史性变化

国家之魂,文以化之,文以铸之。实现中华民族伟大复兴的中国梦,要有文化的繁荣兴盛作为强有力的支撑。我们党始终把文化建设作为一项重要事业来推进。而随着大数据、云计算等新技术的广泛应用,新时代网络文化建设已成为文化强国战略的重要内容,为中华民族伟大复兴提供了强有力的文化条件。党的十八大以来,以习近平同志为核心的党中央站在事关党的前途命运、国家长治久安、民族凝聚力向心力的战略高度,准确把握网络文化建设的基本规律,发表了一系列重要论述,作出了一系列重大部署。习近平总书记亲自谋划、亲自指导、亲自推动,带领全党举旗亮剑、强基固本、正本清源,从根本上扭转了网络文化建设领域一度出现的被动局面,使新时代网络文化建设领域发生了开创性、长远性、全局性、根本性的转变。这主要有以下六个方面的明显变化。

一是网络文化建设的指导思想更加明确。习近平总书记准确把握信息时代发展大势和互联网建设、管理、运用规律,站在党和国家事业全局高度,在党的十八大、十九大,全国宣传思想工作会议、全国网信工作会议、网信工作座谈会、中央网络安全和信息化领导小组会议等重要场合多次就网络文化建设工作发表重要讲话,鲜明提出,"文化自信是更基础、更广泛、更深厚的自信,是更基本、更深沉、更持久的力量","互联网是我们面临的最大变量","过不了互联网这一关,就过不了长期执政这一关"等一系列新理念新思想新论断,明确了网络文化建设的重大意义、科学内涵、目标任务、重点举措等,成为习近平新时代中国特色社会主义思想的重要组成部分,为我们做好新时代网络文化建设提供了根本遵循。

二是网络文化建设更加主动。党的十八大以来,在以习近平同志为核心的党中央坚强领导下,坚持"正能量是总要求、管得住是硬道理、用得好是真本事"的总原则,大力开展网络文化建设、管理和运用,一手抓先进网络文化建设,一手抓有害和不良网络文化清除。对于低俗和有害网络文化特别是恶性政治网络谣言,按照"高标准""零容忍"的要求,出重拳、亮利剑,坚决粉碎敌对势力网上煽动"街头政治""颜色革命"等图谋,坚决批驳"普世价值"、西方"宪政民主"和历史虚无主义等错误思潮,打赢网络文化建设领域一系列重大斗争,根本扭转了过去网上乱象丛生、阵地沦陷、被动挨打的状况。

三是网络文化生态得到明显改善。我们围绕党和国家工作大局,不断改进和创新网上正面宣传,让习近平总书记相关报道牢牢占据首页首屏头条,党的声音成为网络空间最强音,拥护核心、维护核心、爱戴核心成为亿万网民的思想自觉和行动自觉。网络内容建设扎实推进,重大主题宣传浓墨重彩,一大批符合网络特点、群众喜闻乐见的现象级新闻报道和文化产品相继涌现、广受好评。网络文化治理科学化、规范化水平不断提升，网上正能量更强劲、主旋律更高昂，网络空间日益清朗。

四是网络文化国际话语权和影响力显著提升。习近平总书记把握全球互联网发展治理大势，站在人类道义制高点，创造性地提出"四项原则""五点主张""四个共同"等国际治网主张，日益成为国际社会广泛共识。在习近平总书记的国际治网主张的正确指引下，我们积极参与全球互联网治理进程，高举网络主权大旗，推动构建网络空间命运共同体，成功举办 4 届世界互联网大会，加快推进网络国际传播能力建设，中国主张、中国方案赢得越来越多认同和支持。

五是网络空间法治化加快推进。坚持党对网络立法工作的统一领导，积极推进依法治网、依法办网、依法上网，加快推进网络立法进程。在立法理念上兼顾防范风险与促进发展，在立法内容上注重推进互联网立法和传统法律向互联网领域延伸并重，在立法规划上注重分步推进、渐次覆盖、成熟一个推进一个、实践发展到什么程度出台什么层级的法规，相继出台了《中华人民共和国网络安全法》《中华人民共和国刑法修正案（九）》等一批重点法律法规，实施了《互联网新闻信息服务管理规定》《网络内容信息生态治理规定》等一系列部门规章和政策文件。截至2019 年 12 月，涉互联网管理的法律法规、司法解释和管理规定已逾 120 项，其中党的十八大以来制定修改的近 70 项，覆盖网络文化建设各个重点领域。同时，积极推进网络普法、司法、执法，促进网络空间法治化水平不断提升。

六是网络文化建设全党动手、齐抓共管的局面初步形成。党对网络文化建设的领导全面加强，各地各部门认真落实意识形态工作责任制和网络意识形态工作责任制，把导向、管阵地、防风险、强队伍，有效扭转了党的领导在网络文化建设领域一度被忽视、淡化、削弱的状况。各级领导干部学网、懂网、用网的主动性和自觉性明显提高,对互联网规律的把握能力、对网络舆论的引导能力进一步增强,广大党员干部在网络意识形态斗争中敢于发声、敢于亮剑,马克思主义在意识形态领域的指导地位更加鲜明,全党全社会思想上的团结统一更加巩固。

(二) 网络文化建设的"七个一"

基于此,本书从新时代这一历史方位出发,紧扣"新时代网络文化建设为实现中华民族伟大复兴的中国梦提供有力的思想保证、强大的精神力量、丰润的道德滋润、坚实的文化条件"这一主题主线,围绕网络文化"是什么""为什么""怎么办",就新时代网络文化建设理论和实践的"七个一"进行深刻分析和详细论述。

阐述一个新思想——习近平总书记关于新时代网络文化建设的重要论述。党的十八大以来,以习近平同志为核心的党中央高度重视网络文化建设,对加强和改进网络文化建设作出一系列重大部署,从国际和国内、历史和现实、理论和实践结合上全面回答了新时代网络文化"是什么""为什么""怎么办"的重大问题,围绕建设文化强国和网络强国,提出了一系列富有创见的新思想、新观点、新论断、新要求。指出习近平总书记关于新时代网络文化建设重要论述是以马克思主义立场、观点、方法科学分析解决我国网络文化建设问题的重大成果,是习近平新时代中国特色社会主义思想的重要组成部分,是当代中国的马克思主义,是21世纪的马克思主义,为马克思主义中国化增添了新的内容。

紧扣一个重要组成部分——网络文化是中国特色社会主义文化的重要组成部分。随着网络信息技术的快速发展和日益普及,网络文化已成为中国特色社会主义文化越来越重要的组成部分。加强新时代网络文化建设,不忘本来、吸收外来、面向未来,注重民族性、科学性、大众化,大力发展先进网络文化建设,对中华优秀传统文化和革命文化进行创造性转化和创新性发展,这对于进一步坚定文化自信,为实现中华民族伟大复兴中国梦提供有力的思想保证、强大的精神力量、丰润的道德滋养和坚实的文化条件,汇聚起强大的网络文化力量具有十分重要的现实意义。

立足一个新视域——网络文化环境下的思想政治教育研究。网络文化作为基础要素环境,可以分为宏观层面上的网络社会、中观层面上的赛博空间和微观层面上的虚拟活动领域。① 一言以蔽之,网络文化作为一种全新的环境,对思想政治教育工作产生了重大影响,极大地提升了思想政治教育工作的实效性。网络文化传播广,为思想政治教育工作拓展了广阔的空间。任何网络文化都是全球性散布和全球性接收的,这种网络结构的无边无际,极大地拓展了思想政治教育工作的空间,提高了教育覆盖面,为做好网络社会思想政治教育工作创造了前所未有的条件。网络文化扩散快,极大地提高了思想政治教育工作的时效。网络文化的迅速传播,使得"即时文化"已成现实,并且正以分钟为周期更新信息。运用互联网宣传得当,网民可以更快速、更准确地获得所需要的内容,这大大提高了思想政治教育工作的效率。网络文化载体的多样性,可进一步增强思想政治教育工作的艺术感染力。互联网技术的日新月异,使网络文化传播方式更加多姿多彩。网上信息传播的多媒体形式,从文字到声音、图片、影像或数据无所不包,这极大丰富了网上信息的表现形式,从而使宣传思想工作更具感染力。网络文化的交互性,有利于提高思想政治教育工作的针对性。互动性是网络文化吸引网民的主要方面。网民不再只被动地接受信息,而成为信息的传播者。这种交互式

---

① 张再兴:《网络思想政治教育研究》,北京:经济科学出版社 2009 年版,第 1 页。

沟通,可吸引人们由传统的被动式接受"灌输"教育转为主动参与思想交流,在思想碰撞的火花中自觉接受真理的感召。最后,网络文化处于一种全新的社会环境,主客体关系表现出新的特点和运动规律,对思想政治教育产生了重大影响。比如,网络空间中的主体呈现出虚拟交互、流变交互和界面交互等交互主体性特征,在虚拟交往实践基础上形成了具有主体际性的主客体关系。①

围绕一个社会基本矛盾——生产力和生产关系矛盾。网络文化具有一般生产力的特征,比如具备大量高素质的劳动者,在各个领域拥有世界范围内的高新科学技术,利用先进技术和管理方法生产的产品必须符合国家法律和政策、适应市场需求、能够取得良好的经济效益等。在生产关系体系上,人与人之间的交往更多被"人机"关系所替代。从生产力和生产关系这对社会基本矛盾出发,在"五位一体"的总体布局中,全面分析了网络文化在经济建设、政治建设、文化建设、社会建设和生态文明建设中发挥的积极作用。

健全一个治理体系——推进国家治理体系和治理能力现代化。先进网络文化是社会主义先进文化的重要组成部分,承担着巩固全体人民团结奋斗的共同思想基础的职能,为国家治理体系和治理能力现代化提供保障。同时,由于网络空间具有自身相对的独立性,体现出独特的运行规律和特点,与现实社会之间纵横交错、共生共存、相互作用,成为人们共同活动的重要空间。加强网络文化治理,提高网络空间治理能力既是提高国家治理能力的内在逻辑,也是新时代实现国家治理现代化的必然要求。

指出一个根本属性——意识形态属性是网络文化的根本属性。互

---

① 张再兴:《网络思想政治教育研究》,北京:经济科学出版社2009年版,第2页。

联网具有意识形态属性和产业属性，但从根本上讲，意识形态性是网络文化的最本质属性。任何社会的文化在形式和内容上都受到统治阶级思想的支配和影响，文化的这种意识形态属性又直接决定了社会文化建设必须符合一定阶级、社会主流意识形态的根本要求，发挥出维护意识形态安全的重要作用。正是基于文化产品和文化服务的特殊性质，很难把文化产业列入中性产业之列。① 网络文化是伴随互联网技术的发展在文化领域中产生的新的文化形态，网络文化建设反映和体现社会文化建设的一般性规律和基本特征。网络文化建设归根结底也是为一定的阶级、社会服务的，主流意识形态总是影响乃至决定着网络文化建设的方向和方式。

建构一个思维体系——科学思维方法。本书通过分析网络文化建设的鲜明特征，结合文化强国和网络强国战略建设实践，深刻分析了网络文化建设中统揽全局的战略思维、与时俱进的创新思维、对立统一的辩证思维、循规而治的法治思维、居安思危的底线思维，为实现网络文化建设高质量发展提供了科学思维方法。

（三）网络文化建设的自信与自觉

本书构建了新时代网络文化建设的基本逻辑体系，而这一逻辑体系最深层的要素则在于价值观建设。在人类发展的不同历史阶段和社会发展的不同进程中，都有着相应的经济、政治、文化呈现方式，并在其中渗透着相应的社会价值观，尤其是核心价值观。核心价值观决定着一个社会意识形态的性质，并对该社会的发展、社会成员的发展起着根本性的导向作用；从精神意义上来说，核心价值观是一定社会秩序得以保持、

---

① 厉以宁：《文化经济学》，北京：商务印书馆 2018 年版，第 45 页。

一定社会形态得以维系的深层次依托。社会建设和社会成员的价值追求、价值实践密切相关,社会成员的价值追求从精神层面支撑着社会建设的展开,社会成员的价值实践从行为层面决定着社会建设的成效。从这个意义上说,社会的价值体系建设,是社会建设得以顺利进行的价值保证。积极、科学、理性的价值追求对社会建设有着正面的促进作用,消极、落后、片面的价值追求对社会建设有着负面的阻碍作用。一个社会的价值体系如果不能得到有效整合,听任各种价值观恣意发展,将会使社会陷入混乱和动荡之中。

作为社会价值体系核心的核心价值观,并不是一种先验性、恒定性的存在,而是在历史发展和社会演进进程中,经由社会成员的不断实践、发展、建构生成的。在特定的社会形态中,核心价值观的建构总是与该社会相应制度的设计、完善,与该社会的发展、建设是同时进行且互促互益的。由此,在当前社会主义社会形态中,"价值观的建构本身也构成现实社会主义运动和社会主义建设实践的重要内容"[1]。

追寻正确的理想和信念是近代中华民族爱国志士坚持不懈的追求。党的十八大以来,以习近平同志为核心的党中央团结带领全国各族人民,紧密结合中国实际,坚持从中华民族需要解决的时代问题出发,在国家层面倡导富强、民主、文明、和谐,在社会层面倡导自由、平等、公正、法治,在个人层面倡导爱国、敬业、诚信、友善。以"三个倡导"为重点的社会主义核心价值观包含了社会公德、职业道德和家庭美德,进一步明确了国家的价值目标、社会的价值取向和公民的价值准则,揭示了社会主义核心价值体系的根本理念,是全国各族人民共同认同的价值观"最大公约数",承载着全体中华儿女的美好愿景,体现了中华民族伟大复兴中

---

① 吴向东:《社会主义价值观的当代建构》,《科学社会主义》2005 年第 4 期,第 3—5 页。

国梦的价值维度，是当代中国科学的、主流的价值观。社会主义核心价值观反映了中华民族全体社会成员在当代中国的理想、信念、取向、态度，是对中国特色社会主义"为什么做""做什么""怎么做"等问题的价值自觉。社会主义核心价值观针对中国特色社会主义的伟大实践究竟要"建立一个什么样的国家、建设一个什么样的社会、培育什么样的公民"的问题进行了价值目标规范的顶层设计，为中华民族伟大复兴指明了方向和目标。

社会主义核心价值观的性质决定社会主义先进网络文化的性质。其一，社会主义核心价值观凝练成社会主义先进网络文化的特征。社会主义核心价值观表明，开展社会主义文化强国建设，必须坚持走中国特色社会主义文化发展道路，坚持"双为"方向，即为人民服务、为社会主义服务，坚持"双百"方针，即百花齐放、百家争鸣，贴近实际、贴近生活、贴近群众，推动社会主义精神文明和物质文明全面发展，建设面向现代化、面向世界、面向未来的，民族的科学的大众的社会主义文化。社会主义核心价值观的基本要求凝练成社会主义先进文化的重要特征，成为我们马克思主义政党精神思想上的旗帜，是区别于其他类型文化的显著标志，也是判定一种文化是否具有先进性的重要标准。

其二，社会主义核心价值观为社会主义先进网络文化发展指明了方向。马克思主义指导思想是我们立党立国之本，是社会主义先进文化的指导思想和灵魂。以马克思主义为指导思想的社会主义核心价值观，必然是在马克思主义理论的指导下形成的价值观的凝聚，是关于社会主义、共产主义的认识和理解，代表了先进网络文化的前进方向。在当代，以"发展面向现代化、面向世界、面向未来的，民族的科学的大众的社会主义文化"为目标的社会主义先进文化集中体现了中国共产党以马克思主义为指导的文化创新，成为社会主义先进文化形成的逻辑起点。马克思主义中国化的成果不断涌现,中国特色社会主义理论体系作为马克思主义中国化最重要的理论成果,已成为马克思主义理论指导下社会主义先进文化的一部分,其中所蕴含的社会主义核心价值观为人类全面自由发展,提供了根本的价值导向,鼓舞、鞭策人们为追求美好未来不断向前奋斗。

其三,社会主义核心价值观践行了社会主义先进网络文化的实践成果。社会主义先进网络文化是在新民主主义文化基础上建立,植根于中华优秀传统文化,立足于中国实际,吸收国外文化有益成果,不断改革创新,是具有中华民族特色的先进网络文化。不但如此,社会主义先进网络文化的建立与发展符合先进生产力发展的要求,代表着历史发展的方向,在改革创新的实践中实现了社会主义先进文化的民族性、科学性、大众性以及开放性、包容性的有机统一,强力推动着社会生产力的发展。这是社会主义先进文化的优越性所在,也彰显出社会主义核心价值体系的精髓。当前的社会主义核心价值观是以马克思主义指导思想为灵魂,以中国特色社会主义共同理想为主题,以爱国主义为核心的民族精神,以改革创新为核心的时代精神为精髓,以社会主义荣辱观为基础,体现了时代发展的要求,是在实践发展中不断与时俱进的成果。因此,社会主义先进文化所体现出的历史性、实践性,是最能够体现社会主义核心价值的实践成果。

因此,习近平总书记多次强调,要把社会主义核心价值观贯穿于社会生活方方面面,使核心价值观的影响就像空气一样无所不在、无时不有。[1] 社会主义核心价值观体现了马克思主义文化思想和中华优秀传统文化,是我国网络文化建设的价值依归。要实现网络文化自觉,就必

---

[1]《习近平谈治国理政》,北京:外文出版社 2014 年版,第 164—165 页。

须始终牢牢坚持以核心价值观为引领。首先,坚持以社会主义核心价值观引领网络文化建设,有利于夯实国家文化软实力。作为马克思主义中国化的创新性成果,核心价值观与当代中国的文化精神高度契合。唯有始终坚持把核心价值观引领贯穿网络文化建设始终,才能牢固确立我国网络文化的本质和方向,保证中国特色社会主义先进文化沿着正确的方向前进,进而筑牢我国文化软实力的根基。其次,坚持以社会主义核心价值观引领网络文化建设,有利于弘扬当代中国价值观念。"三个倡导"体现了国家、社会和个人三个层面的价值追求,符合社会文化发展规律,传播了正能量、唱响了主旋律,巩固了主流意识形态,压缩了负面社会思潮的生存空间。这对不断弘扬当代中国价值观念,持续增强中国特色社会主义道路自信、理论自信、制度自信、文化自信具有重要作用。[①] 最后,坚持以社会主义核心价值观引领网络文化建设,有利于展示中华文化魅力。核心价值观源于中华传统文化,发展于中华文化环境。

当前,我们正在实施中国文化"走出去"战略,关键一环是要靠增强自身文化实力和魅力,增强文化自信。文化自信本质上就是对核心价值观的自信,并在此基础上延伸为对道路、理论和制度的自信。任何发展道路、理论学说、制度模式,离开了丰厚文化滋养和核心价值观支撑,就如无源之水、无本之木,无所依归。[②] 以社会主义核心价值观为引领,让人民有信仰,民族有希望,国家有力量。这对进行伟大斗争、建设伟大工程、推进伟大事业、实现伟大梦想具有巨大的推动作用,对展示、弘扬中华文化具有积极影响。反之,如果在网络文化建设中不以社会主义核心价值观为引领,任由各种价值观肆意增长,甚至不加区分和鉴别地成为

---

① 韩文乾:《核心价值观是文化软实力的灵魂》,《前线》2015年第5期,第37页。
② 唐洲雁:《坚定中国特色社会主义文化自信》,《求是》2016年第23期,第47页。

西方价值观的应声虫,那么网络文化自信和自觉将无从谈起,中国特色社会主义文化建设也会举步维艰,更严重的是我们的国家和民族就会失去自己的精神乃至政治、思想、文化、制度各方面的独立性,进而影响和耽搁中华民族伟大复兴的进程。因此,要在社会主义核心价值观的引领下,以富强、民主、文明、和谐为最高目标,以自由、平等、公正、法治为社会基础,以爱国、敬业、诚信、友善为人本要求,坚定文化自信,全力推进网络文化建设,最终实现网络文化自觉。

马克思曾经说过:"理论只要说服人,就能掌握群众;而理论只要彻底,就能说服人。所谓彻底,就是抓住事物的根本。"①在坚持社会主义核心价值观引领网络文化建设过程中,"抓住事物的根本",就是要牢牢把握网络传播规律,贯彻落实新发展理念,从自发到自觉,知行统一,用社会主义核心价值观引领网络文化建设的内容供给、传播实效、服务机制、治理体系等全过程。

网络文化给中国特色社会主义文化建设提供了一个崭新的领域,也对中华民族的文化发展提出了一系列的挑战。挑战和机遇总是并存的,中国的每一个网民都客观面临着"路漫漫其修远兮,吾将上下而求索"的选择。中华民族文化要做到的,不是在昔日的辉煌中对悠久历史的回顾与缅怀,不是在网络社会中自甘落寞与哀叹,而应是一种民族精神的弘扬与培育,一种坦然面对现实的求实进取精神。新时代新征程,我们要在社会主义核心价值观的引领下,坚定文化自信,秉持"各美其美,美人之美"态度,既不能"简单复旧",也不能"全盘西化",②打造出面向现代化、面向世界、面向未来的优秀的中国特色社会主义网络文化,从而实现

---

① 《马克思恩格斯选集》第1卷,北京:人民出版社1995年版,第9页。
② 《费孝通文集》第十四卷,北京:群言出版社1999年版,第196页。

网络文化自觉。①

二、研究展望

（一）新时代网络文化建设可持续推进面临的全新挑战

习近平总书记在党的十九大报告中指出："文化是一个国家、一个民族的灵魂。文化兴国运兴，文化强民族强。没有高度的文化自信，没有文化的繁荣兴盛，就没有中华民族伟大复兴。"这一振聋发聩、掷地有声的重要论断，时常警醒我们以更高的站位、更开阔的视野去认识和把握文化建设，要求我们善于运用战略思维、创新思维、辩证思维、法治思维、底线思维去完成这一铸魂工程，为中华民族伟大复兴提供强有力的文化支撑。与此同时，党的十九届四中全会着重强调了坚持和完善中国特色社会主义制度、推进国家治理体系和治理能力现代化的若干重大问题，网络空间作为国家治理体系和治理能力现代化的重要领域，网络文化的现代化建设必将成为推动国家治理现代化建设的重要引擎。当今世界正在经历百年未有之大变局。在这一变局之中，文化依然是基本的、深沉的、持久的力量，互联网成为极富时代特征的新型变量，堪为至关重要的关键因素。新时代网络文化建设，必然不能绕开国际国内两个大局，必须在伟大变革中找到自身的位置，在时代大潮中不断发展和完善。尤其是要认识到，作为中国特色社会主义文化建设的重要组成部分，新时代网络文化建设在中华民族伟大复兴的伟大征程中具有特殊的地位和意义。

---

① 邓海林：《网络文化自觉：网络文化建设价值引领及其路径建构》，《江苏社会科学》2018 年第 3 期，第 12—16 页。

　　显然，如何顺应国际国内大局，以网络文化生态为依托、以网络文化自觉为中轴，建设具有时代特征、中国特色的网络文化，从而实现网络文化现代化，这将成为下一步研究的发力方向。我们必须更加清醒地认识到，新时代网络文化建设必须以坚持社会主义核心价值观为引领，以强大的"价值之锚"稳固"网络巨轮"，发挥出主流价值的驾驭力、引领力。文化生态理论最早由美国人类文化学家 Steward 提出，认为文化与生态环境之间是相互影响、相互作用、互为因果的关系。① 这种观点目前被学界多数学者接受，成为解释具有地域性差异的生态文化特征及其模式的理论基础。对于新时代网络文化建设，也可从文化生态角度切入，坚持系统思维，从互联网技术属性、国际社会思潮、国内经济转型三个维度，指出日新月异的网络信息技术模糊着价值引领方向，多元化社会思潮瓦解着网络文化主流价值取向，国内经济深刻转型加大价值引领难度。这些情形正严重弱化着网络文化自觉。

（二）守正创新开拓新时代网络文化建设新境界

　　时代不断前进，文化必然向前发展。日新月异的信息技术发展，带动经济社会发展的深刻变化，而人们的认识和体验也将不断被"刷新"，网络文化势必不断迭代演进。展望未来，网络空间会发生什么样的变化？新时代的网络文化又将如何发展？这些问题值得我们深思和追问。对事物未来趋向的把握，归根到底是基于对发展规律的认知。开展新时代网络文化建设，实现网络文化现代化，首先是把其作为一种文化现象而存在，必须坚持中国特色社会主义文化发展方向。党的十九大报告指

---

① Steward J. H. *Theory of Culture Change：The Methodology of Multilinear Evolution*，Urbana：University of Illinois Press，1955：36 - 42.

出，发展中国特色社会主义文化，就是以马克思主义为指导，坚守中华文化立场，立足当代中国现实，结合当今时代条件，发展面向现代化、面向世界、面向未来的，民族的科学的大众的社会主义文化，推动社会主义精神文明和物质文明协调发展。这启示我们，新时代网络文化无论如何发展，都必须坚持以马克思主义为指导，保持面向现代化、面向世界、面向未来的应有自觉，注重民族性、科学性、大众化等关键问题。具体而言，需要着眼于技术因素、本土因素、时代因素、国际因素，从四个维度展望未来发展方向。

1. 技术之维：始终与时俱进推进网络文化建设

建设新时代网络文化，决不能忽视技术发展的因素，否则就是无本之木、无源之水。回顾过去，网络文化建设的诸多特征、要求，都是基于信息技术发展及应用而展现出来的。在未来，随着信息技术发展，网络文化必将展现出更加丰富多彩的表现形式，但不论如何发展，必须与时俱进，符合主流价值。比如，区块链技术作为一个共享数据库，存储于其中的数据或信息，具有"不可伪造""全程留痕""可以追溯""公开透明""集体维护"等特征。这对弘扬中华优秀传统文化，壮大中华文化具有积极意义，但同时要防止有害低俗不良信息借机扩散和传播。再比如，神经形态芯片、生物芯片等新技术，必须以更加注重人的尊严，保护个人隐私为前提。一言以蔽之，唯有更加注重技术伦理，才能符合时代发展。

2. 本土之维：坚持中华文化立场推进网络文化建设

习近平总书记多次强调，要"坚守中华文化立场"。他指出："无论哪一个国家、哪一个民族，如果不珍惜自己的思想文化，丢掉了思想文化这个灵魂，这个国家、这个民族是立不起来的"，"一个民族、一个国家，必须知道自己是谁，是从哪里来的，要到哪里去"。如何认识和处理好网络文化与中华文化的关系，是新时代网络文化建设的重要研究方向。值得注意的是,"中华文化"不完全等同于"中华传统文化",前者具有更为开阔的理论意蕴,作为文化发展的基本立场而存在。坚持中华文化立场,就是要强化新时代网络文化建设的本土性,植根中华民族的文化土壤,从五千多年的历史文化中汲取丰富营养,更好地滋养和服务广大中国人民。这也就是我们所说的"民族性",只有体现这一特性,才能找到根系、温润心灵。缺乏中华文化之维,就无法理解今天的诸多网络文化现象,同时,也无法预判未来的网络文化走势。同时,我们也要认识到,网络文化对中华文化构成了无法回避的影响和冲击,这在当代中国人身上有明显的表现,比如"宅""潮"等文化现象。所以,如何实现网络文化与中华文化的相生相融,是未来研究中值得进一步回答的问题。

3. 现代之维:适应社会主要矛盾变化推进网络文化建设

"两个一百年"目标渐行渐近。2021 年 7 月,中国已全面建成小康社会,这是具有里程碑意义的大事件。这也对新时代网络文化建设提出了新的问题——在"后小康时代",网络文化如何适应走向现代化的要求? 质言之,我们如何建设现代化的网络文化? 对此,我们首先要准确理解社会主义现代化,这里的"现代化",和西方现代化道路既有共通之处也有不同之处。我们所追求的现代化,不仅是经济发展的现代化,而且更加关注人的现代化。当今时代,人的现代化就与网络文化建设具有非常密切的关系。如果缺乏应有的网络文化,缺乏基本的网络文明素养,就滞后于时代发展的步伐,谈不上人的现代化。现代化之路如何走? 仍然是一个开放的课题,没有现成的模式可循,有待全国各地实践探索。其中,最为本质的特征,是实现从富起来到强起来的伟大飞跃。作为人的现代化的重要内容,新时代网络文化建设必须坚持以人民为中心的发展思想,紧跟时代变化更好地服务于人的全面发展、社会全面进步,推动中华民族真正"强起来"。党的十九大报告提出,中国特色社会主义进入新时代，我国社会主要矛盾已经转化为人民日益增长的美好生活需要和不平衡不充分的发展之间的矛盾。这是对中国特色社会主义进入新时代作出的重大判断，具有极其重要的理论和现实意义。这也意味着，当代中国从富起来向强起来的过程中，中国人的需求也在发生深刻变化，正在由主要满足物质需求，转变为更加注重满足精神需求。新时代网络文化建设，就是为了更好地满足人们的美好生活向往，特别是更好地满足人们的精神需求提升，为中国人提供互联网时代的精神食粮。基于此，新时代网络文化建设，必须适应我国社会主要矛盾的变化，更好满足人民在经济、政治、文化、社会、生态等方面日益增长的需要，更好推动人的全面发展、社会全面进步。

4. 国际之维：以包容互鉴理念推进网络文化建设

互联网发展是无国界、无边界的，新时代网络文化建设也必须坚持国际化理念，朝着更加开放、更加包容、更加多元的方向前进。2019 年 5 月 15 日，习近平总书记在亚洲文明对话大会开幕式上的主旨演讲中深刻指出，应对共同挑战、迈向美好未来，既需要经济科技力量，也需要文化文明力量。新时代网络文化建设，与经济科技力量、文化文明力量都息息相关，是两种力量的交汇交集之处，在应对共同挑战、迈向美好未来的进程中应当承担起更大使命。利用好、发展好、治理好互联网，必须深化网络空间国际合作，携手构建网络空间命运共同体，扩展网络文化发展方向。不同国家、不同民族的网络文化，不可避免有不同的特点和表现，但这并不影响多种文化之间的交流互鉴、交融共生，共同服务于世界文化文明发展。新时代网络文化的国际之维，必须着重关注如下两个方面：一方面，要坚持以相互尊重的态度对待不同国家民族的网络文化。每个国家、每个民族都可以有不同特色的网络文化，应当相互尊重、相互理解，不能以偏概全，执意改造甚至取代其他网络文化，促进网络文化的多样化、差异化发展,形成姹紫嫣红、美美与共的网络文化景象。另一方面,要坚持以开放包容的理念对待他国网络文化。在当今世界,国与国之间的交流交往日益密切,任何国家网络文化发展都不能盲目乐观、走向封闭,否则必然失去活力、走向衰落。在网络文化建设中,必须以宽广的胸怀打破文化偏见、文化壁垒,善于学习其他各国网络文化的优秀成分、文明养分,不断充实和提升自己。

主要参考文献

（一）经典文献

[1] 马克思恩格斯选集(1—4卷)[M].中共中央马克思恩格斯列宁斯大林著作编译局译.北京:人民出版社,2012.

[2] 马克思恩格斯文集(1—10卷)[M].中共中央马克思恩格斯列宁斯大林著作编译局译.北京:人民出版社,2009.

[3] 马克思恩格斯全集(第3卷)[M].中共中央马克思恩格斯列宁斯大林著作编译局译.北京:人民出版社,2002.

[4] 列宁选集(1—4卷)[M].中共中央马克思恩格斯列宁斯大林著作编译局译.北京:人民出版社,1995.

[5] 毛泽东文集(1—8卷)[M].北京:人民出版社,1993,1996,1999.

[6] 毛泽东选集(1—4卷)[M].北京:人民出版社,1991.

[7] 邓小平文选(1—3卷)[M].北京:人民出版社,1993,1994.

[8] 江泽民文选(1—3卷)[M].北京:人民出版社,2006.

[9] 胡锦涛文选(第2卷)[M].北京:人民出版社,2016.

[10] 十四大以来重要文献选编(上、中、下)[G].北京:人民出版社,1996—1999.

[11] 十五大以来重要文献选编(上、中、下)[G].北京:人民出版社,2000—2003.

[12] 十六大以来重要文献选编（上、中、下）[G].北京:中央文献出版社,2005—2008.

[13] 十七大以来重要文献选编（上、中、下）[G].北京:中央文献出版社,2009—2013.

[14] 十八大以来重要文献选编(上)[G].北京:中央文献出版社,2014.

[15] 习近平.干在实处 走在前列[M].北京:中共中央党校出版社,2006.

[16] 习近平.之江新语[M].杭州:浙江人民出版社,2007.

[17] 习近平. 知之深　爱之切[M]. 石家庄：河北人民出版社，2015.

[18] 习近平. 摆脱贫困[M]. 福州：福建人民出版杜，1992.

[19] 习近平谈治国理政(第 1 卷)[M]. 北京：外文出版社，2018.

[20] 习近平谈治国理政(第 2 卷)[M]. 北京：外文出版社，2017.

[21] 习近平. 决胜全面建成小康社会夺取新时代中国特色社会主义伟大胜利——在中国共产党第十九次全国代表大会上的报告[M]. 北京：人民出版社，2017.

[22] 中共中央宣传部. 习近平同志系列重要讲话读本(2016 年版)[M]. 北京：人民出版社，2016.

[23] 中共中央宣传部. 习近平新时代中国特色社会主义思想三十讲[M]. 北京：学习出版社，2018.

（二）国内著作

[1] 崔陵. 网络文化[M]. 北京：高等教育出版社，2011.

[2] 戴锐. 列宁社会主义改革思想述论[M]. 合肥：合肥工业大学出版社，2003.

[3] 丹纳. 艺术哲学[M]. 北京：人民文学出版社，1963.

[4] 杜骏飞. 互联网思维[M]. 南京：江苏人民出版社，2015.

[5] 费孝通. 文化与文化自觉[M]. 北京：群言出版社，2016.

[6] 高放. 马克思主义与社会主义[M]. 哈尔滨：黑龙江教育出版社，1994.

[7] 郭渐强. 网络内容建设的保障机制研究[M]. 北京：人民出版社，2017.

[8] 郭玉锦，王欢. 网络公共领域建构研究[M]. 北京：北京邮电大学出版社，2015.

[9] 国家信息化发展战略纲要[M]. 北京：人民出版社，2016.

[10] 国务院关于积极推进"互联网＋"行动的指导意见[M]. 北京：人民出版社，2015.

[11] 贺麟. 文化与人生[M]. 北京：商务印书馆，1988.

[12] 黄明理. 马克思主义魅力与信仰研究[M]. 北京：人民出版社，2016.

[13] 黄明理. 社会主义道德信仰研究[M]. 北京：人民出版社，2006.

[14] 金林南. 思想政治教育学科范式的哲学沉思[M]. 南京：江苏人民出版社，2013.

[15] 荆学民. 当代中国社会信仰论[M]. 北京：中国人民大学出版社，2008.

[16] 雷辉. 多主体协同共建的行动者网络构建研究[M]. 北京：人民出版社，2017.

[17] 李程骅. 文化自信[M]. 南京：江苏人民出版社，2018.

[18] 李文明，吕福玉. 网络文化通论[M]. 北京：学习出版社，2012.

[19] 厉以宁. 文化经济学[M]. 北京：商务印书馆，2018.

[20] 刘建军. 马克思主义信仰论[M]. 北京：中国人民大学出版社，1998.

[21] 马骏，殷秦. 中国的互联网治理[M]. 北京：中国发展出版社，2011.

[22] 孟迎辉. 政治信仰与苏联剧变[M]. 北京：中国社会科学出版社，2005.

[23] 秦维红. 人的基本理论研究[M]. 北京：中央编译出版社，2007.

[24] 尚庆飞. 国外毛泽东学研究[M]. 南京：江苏人民出版社，2008.

[25] 双传学. 新民主主义革命时期毛泽东干部教育思想研究[M]. 南京：江苏人民出版社，2006.

［26］宋元林.网络文化与大学生思想政治教育［M］.长沙：湖南人民出版社，2006.

［27］孙成武.中国共产党文化建设史论［M］.北京：人民出版社，2013.

［28］孙隆基.中国文化的深层结构［M］.北京：中信出版社，2015.

［29］孙其昂.思想政治教育学前沿研究［M］.北京：人民出版社，2013.

［30］孙其昂.思想政治教育现代转型研究［M］.北京：学习出版社，2015.

［31］王灵芝.网络舆情引导与政府治理创新［M］.北京：人民出版社，2017.

［32］王铭铭.人类学是什么？［M］.北京：北京大学出版社，2003.

［33］王文宏，高维纺.网络文化研究［M］.北京：中国言实出版社，2006.

［34］王永贵等.意识形态领域新变化与坚持马克思主义指导地位研究［M］.北京：人民出版社，2015.

［35］向志强.中国网络内容国际传播力提升研究［M］.北京：人民出版社，2017.

［36］徐建军.大学生网络思想政治教育理论与方法［M］.北京：人民出版社，2010.

［37］杨仁忠.公共领域论［M］.北京：人民出版社，2009.

［38］余一凡.从马克思到列宁："社会主义意识形态"的确立［M］.北京：人民出版社，2012.

［39］袁峰.网络反腐的政治学：模式与应用［M］.北京：中央编译出版社，2012.

［40］张海鹰.网络传播概论［M］.上海：复旦大学出版社，2001.

［41］张耀灿.思想政治教育学前沿［M］.北京：人民出版社，2006.

［42］张再兴.网络思想政治教育研究［M］.北京：经济科学出版社，2009.

［43］赵建国.终极关怀：信仰及其传播［M］.北京：中国传媒大学出版社，2008.

［44］郑永廷.思想政治教育方法论［M］.北京：高等教育出版社，2011.

［45］中共中央关于制定国民经济和社会发展第十三个五年规划的建议［M］.北京：人民出版社，2015.

［46］钟忠.中国互联网治理问题研究［M］.北京：金城出版社，2010.

［47］周凤霞.生态学［M］.北京：化学工业出版社，2005.

（三）国外译著

［1］［德］本雅明.本雅明文选［M］.陈永国，马海良译.北京：中国社会科学出版社，1999.

［2］［德］哈贝马斯.公共领域的结构转型［M］.曹卫东等译.上海：学林出版社，1999.

［3］［德］克劳斯·施瓦布.第四次工业革命［M］.李菁译.北京：中信出版社，2016.

［4］［俄］卡拉·穆尔扎.论意识操纵（上下）［M］.徐昌翰译.北京：社会科学文献出版社，2004.

［5］［法］阿尔贝特·施韦泽.文化哲学（第3版）［M］.陈泽环译.上海：上海人民出版社，2017.

［6］［美］爱德华·L.伯内斯.宣传［M］.胡百精译.北京：中国传媒大学出版社，2014.

［7］［美］爱德华·萨义德.文化与帝国主义［M］.李琨译.上海：三联书店，2003.

［8］［美］布鲁斯·兰尼斯·史密斯.宣传、传播和舆论指南［M］.王海等译.广州：中山大学出版社，2008.

［9］［美］丹尼尔·贝尔.资本主义文化矛盾［M］.赵一凡等译.上海：三联书店，1989.

［10］［美］哈罗德·D.拉斯韦尔.社会传播的结构与功能［M］.何道宽译.北京：中国传媒大学出版社，2013.

［11］［美］哈罗德·D.拉斯韦尔.世界大战中的宣传技巧［M］.张洁等译.北京：中国人民大学出版社，2003.

［12］［美］赫伯特·马尔库塞.单向度的人：发达工业社会意识形态研究［M］.刘继译.上海：上海译文出版社，2008.

［13］［美］亨利·基辛格.世界秩序［M］.胡利平，林华，曹爱菊译.北京：中信出版社，2015.

［14］［美］凯斯·桑斯坦.网络共和国——网络社会中的民主问题［M］.黄维明译.上海：上海世纪出版集团，2003.

［15］［美］劳伦斯·哈里森.多元文化主义的终结［M］.王乐洋译.北京：新华出版社，2017.

［16］［美］李普曼.舆论学［M］.林珊译.北京：华夏出版社，1989.

［17］［美］理查德·罗蒂.偶然、反讽与团结［M］.徐文瑞译.北京：商务印书馆，2003.

［18］［美］诺姆·乔姆斯基，戴维·巴萨米安.宣传与公共意识［M］.信强译.上海：上海译文出版社，2006.

［19］［美］沙培德.战争与革命交织的近代中国［M］.高波译.北京：中国人民大学出版社，2016.

［20］［美］尼古拉·尼葛洛庞帝.数字化生存（20周年纪念版）［M］.胡泳，范海燕译.北京：电子工业出版社.2007.

［21］［美］亨廷顿.文明的冲突与世界秩序的重建［M］.周琪等译.乌鲁木齐：新疆人民出版社，2003.

［22］［美］约瑟夫·奈.软实力［M］.马娟娟译.北京：中信出版社，2013.

［23］［日］池田德真.宣传战史［M］.朴世俣译.北京：新华出版社，1984.

［24］［匈］卢卡奇.历史与阶级意识［M］.杜章智等译.北京：商务印书馆，2014.

［25］［英］米歇尔·基恩.信仰的疆国——漫谈世界宗教［M］.张兴明译.北京：北京大学出版社，2004.

［26］［英］汤普森.文化间性与现代文化［M］.高铦等译.南京：译林出版社，2012.

［27］［英］维特根斯坦：文化和价值［M］.楼巍译.北京：清华大学出版社，1987.

［28］［英］英格利斯.文化［M］.韩启群译.南京：南京大学出版社，2008.

［29］［英］约翰·基恩.媒体与民主［M］.刘士军译.北京：社会科学文献出版社，2003.

（四）外文文献

［1］Chris Tonlouse, Timothy Luke. The Politics of Cyberspace：A New Politics Science Reader［M］. London；New York：Routledge, 1998.

［2］Edward Burnett Tylor. The Origins of Culture［M］. New York：Harper and Row，1958.

［3］Fred M Newman. Skills in Citizen Action：an English-social Studies Program for Secondary Schools［M］. London：Cambridge University Press，1977.

［4］Paul J. Braisted. Culture cooperation：Keynote of the Coming Age［M］. New Haven：The Edward W. Hazen Foundation，1945.

［5］Raymond Williams. Culture and Society：1780—1950［M］. London：Chatto and Win-dus,1963.

［6］Ron Westrum. Technologies and Society［M］. San Francisco：Weatview Press,1990.

［7］Simon，S and Olds，S. Helping Your Child Learn Right From Wrong：A Guide to Values Clarification［M］. New York：Simon Alld Schuster，1976.

［8］Tafei H，Turner JC. The Social Identity Theory of Intergroup Behavior. In Worchel S，Austin W(eds). Psychology of Intergroup Relations［M］. Chicago：Nelson Hall,1986.

［9］Tafei H，Turner JC. Differentiation Between Social Groups：Studies in the Social Psychology of Intergroup Relations［M］. London：Academic Press，1978.

［10］Tim Jordan. Cyberpower：The Cuture and Politics of Cyberspace and the Internet［M］. London ；New York ：Routledge，1999.

（五）博士论文

［1］陈慧. 中国共产党政治宣传方法研究［D］. 徐州：徐州师范大学,2011.

［2］高海波. 拉斯韦尔战时传播理论研究［D］. 武汉：华中科技大学,2010.

［3］胡海波. 马克思恩格斯文化观研究［D］. 长春：东北师范大学,2010.

［4］李丹丹. 网络文化环境下大学生思想政治教育研究［D］. 沈阳：辽宁大学,2018.

［5］李晓平. 和谐社会的舆论环境研究［D］. 北京：中共中央党校,2008.

［6］李宗建. 建国以来中国共产党宣传思想工作转变研究［D］. 天津：南开大学,2013.

［7］刘胜君. 大众传媒的思想政治教育功能研究［D］. 北京：北京交通大学,2014.

［8］刘燕. 中国共产党政治信仰建设研究（1921—1949）［D］. 上海：华东师范大学,2018.

［9］马可. 80 后与网络文化［D］. 西安：陕西师范大学,2013.

［10］宋黎明. 中国共产党的政治传播机制研究［D］. 北京：中共中央党校,2007.

［11］田贵平. 中国特色社会主义文化中的网络文化研究［D］. 天津：天津师范大学,2006.

［12］王璜. 马克思主义大众化传播研究——基于传播学的视域［D］. 扬州：扬州大学,2015.

［13］王井. 我国网民对网络文化价值体系的态度适应研究［D］. 武汉：华中科技大学,2011.

［14］王艺儒. 公共舆论治理研究［D］. 长春：吉林大学,2018.

［15］吴保顺. 网络公共领域中的政治哲学研究［D］. 南宁：广西师范大学,2019.

［16］徐瑾. 大学生思想政治教育的说服传播研究［D］. 上海：复旦大学,2013.

［17］徐伟红. 互联网时代青年亚文化现象研究［D］. 北京：中国青年政治学

院,2016.

（六）期刊和理论网文章

[1] 蔡熙.关于文化间性的理论思考[J].大连大学学报,2009 (1).

[2] 曾昕.新媒体语境下的独特性与公共性:公共空间视域下的青年网络文学[J].外国语文研究(辑刊),2018(2).

[3] 陈占安.论习近平治国理政思想的主题[J].思想理论教育,2017(8).

[4] 崔新建.文化认同及其根源[J].北京师范大学学报(社会科学版),2004(4).

[5] 戴锐,揭春兰.思想政治教育视域中公共空间的教育价值及其实现[J].理论与改革,2013(6).

[6] 戴锐.思想政治教育的公共化转型[J].马克思主义与现实,2013(1).

[7] 戴锐.思想政治教育共同体的运行机制与发展战略[J].思想政治教育研究,2014(6).

[8] 戴锐.思想政治教育现代化研究:现状与趋向[J].思想理论教育,2014(12).

[9] 高枫.从空间和时间维度看网络威胁与防护[J].计算机与网络,2019(16).

[10] 韩升,方雷.新媒体时代社会治理的政治哲学分析——以实现公共生活的优化为视角[J].社会主义研究,2016(5).

[11] 韩震.论国家认同、民族认同及文化认同——一种基于历史哲学的分析与思考[J].北京师范大学学报(社会科学版),2010(1).

[12] 胡惠林.我国文化产业创新体系的若干问题[J].学术月刊,2001(11).

[13] 黄明理.当前我国意识形态文化安全现状探究[J].党政研究,2015(4) .

[14] 黄庭满.习近平网络空间治理新理念新思想新战略研论[J].网络空间研究,2017(1).

[15] 金惠敏.文化自信的对话性建构[J].中山大学学报(社会科学版),2019 (4) .

[16] 金林南.经验科学、意义理解与实践批判——思想政治教育学科知识的三重维度[J].江西师范大学学报(哲学社会科学版),2015(2).

[17] 阚侃.文化间性的理论根源:从主体间性到文化间性[N].中国社会科学报,2019-6-27.

[18] 康兆春.间性视角下的跨文化交际研究[J].湖南社会科学,2011(2).

[19] 梁鸿飞.网络公共领域的兴起、失落与重构[J].安徽师范大学学报(人文社会科学版),2016(6).

[20] 陆宇峰.中国网络公共领域:功能、异化与规制[J].现代法学,2014(4).

[21] 邱雨.网络时代公共领域的转型契机[J].领导科学论坛,2019(3).

[22] 邱月.虚拟"公共领域"话语权的表达及影响[J].吉林师范大学学报(人文社会科学版),2019(4).

[23] 任晓林.新时代国家治理体系中网络公共领域新秩序建构[J].延安大学学报(社会科学版),2018(5).

[24] 沈壮海.担负起新的文化使命[J].思想理论教育导刊,2017(11).

[25] 沈壮海.文化强国建设的中国逻辑[J].文化软实力研究,2017(2).

[26] 石云霞.习近平治国理政的科学思想方法和工作方法[J].马克思主义理论学科研究,2017(6).

[27]双传学.高举21世纪马克思主义的思想旗帜[J].红旗文稿,2017(10).

[28]双传学.提升党的思想引领力的内在逻辑与时代回应[J].中国特色社会主义研究,2019(2).

[29]双传学.抗战相持阶段马克思主义文化边界的守护及当代启示[J].湖北社会科学,2019(3).

[30]双传学.历史唯物主义视域下的社会主义核心价值观教育[J].东岳论丛,2018(4).

[31]双传学.社会主义核心价值观与国家治理现代化的契合性——基于软实力的一种考察视角[J].中国特色社会主义研究,2014(6).

[32]双传学.习近平新时代中国特色社会主义思想形成的理论渊源和实践基础[J].江苏社会科学,2019(4).

[33]双传学.中国特色社会主义实践的文化根基与传承维度[J].中国特色社会主义研究,2017(4).

[34]孙其昂,侯勇.论社会主义核心价值观建设的现代性境遇与超越[J].中国特色社会主义研究,2011(2).

[35]孙其昂.论思想及思想政治教育内生机制[J].思想政治教育研究,2014(3).

[36]孙其昂.突出人的因素推进马克思主义理论学科建设——兼论"以人民为中心的发展思想"[J].学校党建与思想政治教育,2017(1).

[37]谭伟.网络舆论概念及特征[J].湖南社会科学,2003(5).

[38]王宝义,方晨晨.主体间性视阈下的核心素养文化特征及价值意蕴[J].长春师范大学学报,2019(9).

[39]王才勇.文化间性问题论要[J].江西社会科学,2007(4).

[40]王海.习近平互联网治理的思维方法探析[J].中共云南省委党校学报,2016(4).

[41]王明国.全球互联网治理的模式变迁、制度逻辑与重构路径[J].世界经济与政治,2015(3).

[42]萧新桥.网络强国战略思想的四梁八柱[N].人民日报,2017-2-4.

[43]熊澄宇.对新媒体未来的思考[J].现代传播(中国传媒大学学报),2011(12).

[44]熊光清.中国网络公共领域的兴起、特征与前景[J].教学与研究,2011(1).

[45]徐国源.网络公共空间与知识分子价值重构[J].新闻大学,2015(5).

[46]杨嵘均.论网络空间国家主权存在的正当性、影响因素与治理策略[J].政治学研究,2016(3).

[47]余梦月.构建网络公共领域新秩序[J].人民论坛,2019(20).

[48]张传平.论准确把握习近平新时代中国特色社会主义思想的方法论原则[J].南京社会科学,2017(8).

[49]张忠.网络空间作为一种公共领域的可能性分析[J].北京邮电大学学报(社会科学版),2014(5).

[50]赵丽涛.网络公共空间的知青议题与舆论引导[J].中国青年研究,2018(5).

[51]郑昌兴,严明.新形势下我国网络空间治理的新理念新思想新战略探析[J].南京政治学院学报,2016(5).

[52]周敏.走向人类命运共同体:一个比较文化的视角[J].上海交通大学学报(哲学社会科学版),2019(2).

[53]周显信,程金凤.网络安全:习近平同志互联网思维的战略意蕴[J].毛泽东思想研究,2006(2).

附录：网络文化建设研究代表性成果

新时代网络空间治理及其文化秩序建构[*]

邓海林

当前，以互联网为代表的信息技术日新月异，在引领社会生产新变革的同时，创造了人类生活新空间，拓展了国家治理新领域。加强网络空间治理是新时代实现国家治理现代化的必然要求，提高网络空间治理能力亦是提高国家治理能力的内在逻辑。习近平总书记在第二届世界互联网大会上发表主旨演讲时指出，"网络空间同现实社会一样，既要提倡自由，也要保持秩序。自由是秩序的目的，秩序是自由的保障"[②]。在党的十九大报告中指出，"要加强互联网内容建设，建立网络综合治理体系，营造清朗的网络空间"[③]。在看望参加全国政协十三届二次会议的

---

[*] 本文系 2017 年江苏省社会科学基金课题指导项目"习近平总书记关于网络强国思想研究"（项目号：17TQD002）的阶段性成果。

② 习近平：《在第二届世界互联网大会开幕式上的讲话》，《中国信息安全》2016 年第 1 期。
③ 习近平：《决胜全面建成小康社会夺取新时代中国特色社会主义伟大胜利》，人民出版社 2017 年版，第 41—42 页。

文化艺术界、社会科学界委员时又强调，要"以文化人、以文育人、以文培元"①。可见，深入推进新时代网络空间治理、建构良好的文化秩序，成为当前推进国家治理现代化的应有之义。

网络空间治理的现实镜像与内在悖结

网络空间治理是"包括网络空间基础设施、标准、法律、社会文化、经济、发展等多方面内容的一个范畴"②。随着 5G、大数据、云计算、区块链等新技术新应用快速迭代，网络空间治理"看不见、管不住"的风险愈加突出，网络空间治理的紧迫性日益凸显。"网络空间是亿万民众共同的精神家园。网络空间天朗气清、生态良好，符合人民利益。网络空间乌烟瘴气、生态恶化，不符合人民利益。"③然而，囿于治理理念、手段、平台、体制机制等，我国网络空间治理目前还处于临时、被动应付的专项治理阶段，即在某段时期内对特定互联网顽症和痼疾进行专项治理。譬如，针对淫秽色情和低俗信息的野蛮生长，开展"净网"行动和网络生态专项治理；针对网络侵权盗版内容，组织实施"剑网"行动；等等。不可否认，专项治理在打击特定的网络乱象、规范网络传播秩序方面发挥了不可替代的积极作用，并且已经取得非常明显的成效。但是专项治理针对的是"外在秩序"而非"人心秩序"④，往往是"按下葫芦浮起了瓢"，难以取得长效治理、根本治理的效果。

究其原因，主要在于现实社会、网络技术等方面存在一些不容忽视

---

① 《习近平在看望参加政协会议的文艺界社科界委员时强调坚定文化自信把握时代脉搏聆听时代声音坚持以精品奉献人民用明德引领风尚》，《人民日报》，2019 年 3 月 5 日。
② Panayotis A. Y annakogeorgos. Internet Governance and National Security, International Strategic Studies Quarterly, 2012, p. 6.
③ 习近平：《在网络安全和信息化工作座谈会上的讲话》，人民出版社 2016 年版，第 8 页。
④ 人心秩序也可以称为"性情气质"，舍勒将它描述为一种体验结构，作为世界的"价值等级秩序"的基石。

的悖结。第一，意识形态导向一元性与社会思潮价值取向多元性的矛盾。改革开放史是一部解放思想史，中国向前跨越的每一步都闪烁着解放思想的光辉，但也带来差异性社会思潮涌动、价值观念多元等问题。特别是随着网络空间的迅速崛起，在经济全球化、市场化和信息化的背景下，思想文化交流、交融、交锋进一步加剧，网络空间在价值观方面呈现出多元的局面，具有普遍意义的价值评价标准被不断解构，道德个体主义、相对主义乃至虚无主义此起彼伏。由此，一些人的是非、善恶、美丑界限和标准出现模糊甚至颠倒的现象，滋生了利己主义、拜金主义、享乐主义、个人主义、功利主义等消极思想观念。① 这对社会主义主流价值观构成严重威胁和挑战。基于此，如何处理好一元主导与多元发展之间的矛盾关系，成为网络空间治理的关键环节。在"百花齐放、百家争鸣"的网络空间中，通过一元去引领多元，在多样中凝聚价值共识，最终实现网络空间的长效治理和根本治理，是新时代赋予的重要历史使命。

第二，官方舆论场与民间舆论场之间的矛盾。历史和现实的经验表明，新闻舆论工作处在意识形态斗争的最前沿，正向舆论可以成为发展的"推进器"、民意的"晴雨表"、社会的"黏合剂"、道德的"风向标"，负向舆论则可以成为民众的"迷魂汤"、社会的"分离器"、杀人的"软刀子"、动乱的"催化剂"。然而，互联网时代的媒介主体多元、诉求多样、渠道复杂等特征正在重塑共同意见形成的时空环境，造成官方和民间两个不同的舆论场在一定范围内、一定程度上的冲突和对立。官方舆论场主要由党报、国家通讯社、国家电台、电视台等传统媒体构成，而民间舆论场则主要由互联网门户网站、微博、微信等新媒体构成。民众通过充分运用网络等新媒体而获得了更多的话语权，打破了以往官方舆论一统的局面，

---

① 李春华、宁波：《当前有效引导社会舆论的三个着力点》，《马克思主义研究》2017年第7期。

网络空间成为许多公共话语和公民行为的策源地，甚至成为"无组织的组织力量"。在极端的情况下，一些人不负责任地发布不实消息、夸大甚至肆意捏造事实造谣惑众，一些人站在自己的主观立场上进行片面评论，把网络空间当成非理性宣泄的场所，对网络空间不良情绪的泛起起到了推波助澜的作用。有人戏言"一上网就好像要天下大乱，一看新闻联播就感觉天下太平"。因此，如何规范网络空间秩序，提高两个舆论场的相互认同度、实现两个舆论场的良性互动以构建和谐的舆论环境，就成为亟须解决的重大课题。

第三，技术目标与秩序目标之间的矛盾。从历史上看，历次重大技术发明与应用或多或少改变着人们的生活，一定程度上解构了原有的文化秩序，因而也向人们抛出新的文化难题。网络空间是一种以数字化方式重塑的特殊交往环境，源于以技术专家为主导的原发性技术创新。特别是在互联网早期发展阶段，网络空间是以技术目标为主，追求效率与便利。以技术目标为导向的治理是一种基于效率的治理，强调在网络空间中降低成本、提高效率、突破时空、提升自由度等目标。然而，一些投机取巧者正是利用技术目标这一特性，恶意发表攻击性言论、肆意传播虚假信息以期获得某种收益，吸引网民眼球，导致在网络空间中产生"劣币驱逐良币"现象。以秩序目标为导向的治理则是基于合法性的强化社会价值的治理，强调在网络空间中实现社会稳定、政治体系良性运转等目标。随着网络空间的日渐发展与成熟，有序化发展成为越来越多人的共识，对以秩序目标为导向进行治理的呼声和诉求越来越大。如何缓解技术目标与秩序目标之间的冲突，避免盲目信奉"技术决定论"，成为网络空间治理必须加以解决的现实难题。

网络空间的公共领域属性与文化治理的契合

针对当前中国网络空间治理的现实镜像,要有效提高网络空间的治理能力,就必须科学认识和牢牢遵循网络空间的形成和发展规律,把握网络空间的本质属性。

网络空间作为一个社会性的公共空间,从本质上讲具有公共领域的基本属性。所谓公共领域,按照哈贝马斯的观点,"首先意指社会生活的一个领域,在这个领域中,像公共意见这样的事务能够形成。报纸和期刊、广播和电视是这种公共领域的媒介。当公共讨论涉及国家活动相关的问题时,我们称之为政治的公共领域。"[1]互联网时代的最大特点就是整个社会的"互联网+",特别是互联网赋予人们更加平等的话语权力,网络空间越来越体现出公共领域所具有的一般性特征和功能。具体而言,网络空间作为崭新的公共交往、自由对话和自由表达意见的场域,体现出公共领域的三大特质。首先,网络空间有自由、平等的交往主体。一方面,网络空间的虚拟性、匿名性特征,解构了网络参与主体的社会地位、经济收入、教育背景等身份性特征,这种符号化的存在方式促使网络主体更加自由、平等地参与到交往互动中来;另一方面,网络技术的去中心化特征,型构了一种扁平化的交往关系结构,在一定意义上解构了现实社会中趋向于垂直性的权力位阶,从而赋予网络主体更加平等的参与权利。总而言之,网络空间为消除时空限制、社会规约和身份影响提供了极大便利,实现了交往主体的平等性。这种平等既是身份的平等,也是话语权的平等。其次,网络空间有开放、互动的交往过程。网络空间

---

[1] [德]尤尔根·哈贝马斯:《公共领域》,汪晖译,载汪晖、陈燕谷主编《文化与公共性》,生活·读书·新知三联书店 1998 年版,第 125 页。

的开放性，一方面为交往主体提供了一个自由发表见解的空间，另一方面打破了时间与空间的限制，不同群体、不同个体可以自由地与其他网民进行交往。同时，网络空间的交互性改变了传统媒介的传受关系，对话双方可以是传者也可以是受者，任何人在网络空间中不仅是信息资源的消费者，也是信息资源的生产者和提供者。由此，网络空间中多元主体间的交往关系真正改变了传统媒介下的单向性特点，表现出明显的交互性。再次，网络空间有广泛、多元的交往内容。网络空间的开放性带来了交往内容的广泛、多元化。网络空间汇聚了不同地域的、不同种族的、不同身份的、不同职业的交往主体，呈现出涉及经济、政治、文化、社会、环境等不同领域中各种类型的话题。网络空间能够容纳多样的意见表达，尤其是为弱势群体表达诉求提供了重要的平台。广泛多元的交往内容承载的是不同的价值和意义，在交往互动过程中，多元价值和意义的交流碰撞，在一定条件下便能够生成某种公共舆论或意见。

可见，网络空间作为特殊的社会空间形态具有明确的公共领域属性与功能，体现出明显的公共性特征。而网络空间治理对这种公共性特征的体现，要积极培育并遵循公共理性，使之成为驱动社会治理的必要支撑。① 所谓公共理性，是指具有平等公民资格的社会成员为追求公共善而持有的理性，其精神旨在实现公共生活的民主化与效能化的一系列精神观念、文化要素、思维方式与心理习惯。② 公共理性与网络空间技术、法律、舆论、价值观等联系密切，在网络空间治理中占有不可或缺的地位。其一，公共理性是技术的价值追求。网络空间具有极强的技术属

---

① 周谨平：《社会治理与公共理性》，《马克思主义与现实》2016 年第 1 期。

② Fred D'Agostino, Gerald F. Gaus. Introduction：Public Reason：Why, What and Can（and Should）It Be//from Public Reason. Fred D'Agostino, Gerald F. Gaus, ed（s）, Dartmouth：Dartmouth Publishing Company Limited,1998,pp. 1-72.

性。技术"必须"以人民为根本服务取向,其价值依归和方法手段都需经受人民立场的拷问,强调的是公共理性,决不能以"技术决定论"为由肆意破坏公共理性。其二,公共理性是法律的基本内涵。公共理性传达的是国家与社会、政府与公民之间权利义务契约的元规则,从而为政治国家与私人社会之间的权力与权利确立合适的边界,即为网络空间行动主体的理性协作与博弈提供行为守则。其三,公共理性是舆论导向正确的坚强保证。网络空间如果缺乏公共理性,网络舆论就会充斥个人情绪化的宣泄,虚假信息、网络暴力等非理性现象层出不穷,这与构筑网上网下同心圆的要求背道而驰。其四,公共理性是弘扬核心价值观的前提基础。任何公民都生活在特定的社会历史时期,都生活在确定的政治共同体内,也必然受到一定价值观的熏陶和影响。通过长期的共同体生活,形成公共理性,才能将核心价值观深入所有社会成员的血液,做到内化于心、外化于行。

与此同时,网络空间治理对网络公共领域公共性特征的体现还表现为综合治理方式的运用。按照"善治"理念,国家治理是一个系统工程,强调综合治理,突出治理主体的多元性、治理主客体角色的可转换性和治理体系的开放性。网络空间治理强调通过协商、协调的手段联合政府部门、社会组织和个人等多元化主体,针对网络空间中出现的问题进行协同治理。从互联网管理的自身规律看,网络空间治理大致可以分为三个阶段。第一个阶段,以管理部门直接管理为主。第二个阶段,强化网站的主体责任,突出主管责任和网站主体责任并举。第三个阶段,对网民行为进行直接治理,这是网络空间治理的高级阶段,也是现代国家治理的应有之义。目前,网络空间治理正处于从第二阶段向第三阶段过渡的过程。这阶段的网络空间治理突出综合治理,包括技术治理、组织治理、制度治理、法规治理和文化治理等。

值得注意的是,基于网络空间的平等性、自由开放性、虚拟性等特征,在扁平化的权力结构中,作为一种软实力,文化治理在网络空间治理中发挥的作用越来越突出。所谓文化治理即通过文化培育形成良好的网络秩序来引导、影响、感染、化育网民,以致形成健康有序的网络生态。首先,网络空间的自由性需要文化治理引导。人们用言语交流,事实上是用思想意识在交往。网民通过文字和表情等媒介开展交流,借助网络空间场域,有时候还有新的独特寓意。比如,"神马都是浮云"有抱怨感叹之意,"佛系"体现与世无争、看淡一切的消极心态,"硬核"表示认同、表达敬意、点赞义举等。因此,对于网络空间治理,仅仅靠单一的行政手段进行"封、堵、删"是远远不够的,更需要通过文化治理进行有效引导。其次,网络空间的多元性需要文化治理规范。由于虚拟、不可视的特征,网络空间往往表现出无序性。比如,由网民的非理性引发的言语攻击和不健康信息,以及网络侵权和网络诈骗等,迫切需要进行彻底的治理。需要指出的是,在现有社会条件下,网络无序性无法根除,相对有效的方式就是借助文化治理的手段对网络空间进行规范。再次,网络空间的开放性需要文化治理浸润。互联网将整个世界联系在一起,网络空间是没有边界的,很难采取一种有形的手段对网络空间开展彻底的治理。文化治理作为一种无形的治理方式,对无边的网络空间来说是最佳的治理方式,其显著特点就在于文化能够凭借其无形的力量渗透到网络空间的每一个角落,做到"春风化雨,润物无声"。

网络空间治理的文化秩序建构

网络空间具有明显的文化属性,在一定意义上就是一种文化的空间形态。冯天瑜、何晓明、周积明在他们合著的《中华文化史》一书中,将文化分为物态文化层、制度文化层、行为文化层、心态文化层四个层次。① 这一理论同样适用于分析网络空间治理的文化秩序问题,即可以把网络空间的文化治理体系具体分为物态文化层、制度文化层、行为文化层和心态文化层四个层次。物态文化层居于最外层,是可感知的、具有物质实体的文化事物,是其他三个层次的物质性基础。对于网络空间而言,它主要指向各类软硬件系统,以信息技术最为关键,直接反映网络空间文化的技术性特征。制度文化层位于次外层,由人类在社会实践中建立的各种社会规范、民风民俗等构成,既受行为文化层和心态文化层引导,又受物态文化层制约。在网络空间中,它主要涉及各类互联网管理法律法规和规范要求。行为文化层位于次内层,反映人们在一定条件下的行为方式和行为结果,经常性地受到人际交往中的习惯和风气等习惯性定势的影响。在网络空间中,这种行为文化主要指涉网络参与者的行为方式和习惯,突出表现为虚拟性、符号化的交往互动。心态文化层即精神文化层,由人类社会实践和意识活动中经过长期孕育而形成的价值观念、审美情趣、思维方式等构成,是文化的核心部分。在网络空间中,心态文化主要指涉自由、平等、开放、共享的互联网精神以及人们在技术性的交往实践中型构的精神世界,其核心是价值观问题。总体而言,网络空间的文化四层次由表及里,由外在的、直观的形态出发,逐渐向纵深推进,四个层次相互渗透和影响,共同构成了网络空间文化统一的整体。

因此,加强网络空间治理的关键在于文化治理。亦言之,就是在坚持"创新发展、依法治理、保障安全、兴利除弊、造福人民"原则的基础上,通过文化培育形成良好的网络秩序来引导、影响、感染、化育网民,凭借其无形的力量对网络空间实行全方位、全过程、全领域的"浸润",做到规

---

① 冯天瑜、何晓明、周积明:《中华文化史》,上海人民出版社 1990 年版,第 33 页。

范有序、秩序井然，最终实现网络空间的长效治理和根本治理。

（一）物态文化层：以"自主研发"增强网络空间治理技术支撑能力，构筑坚实可靠的物质文化

从物态文化层出发，进行网络空间文化治理，首当其冲是要重视信息技术的自主研发。核心技术是国之重器，是维护网络空间安全的"秘钥"。网络综合治理体系建立在信息保障的基础之上，既要充分运用现有技术，又要放眼长远，占领未来网络空间发展的技术高地。对于网络空间的颠覆性技术，诸如移动互联网、物联网、云计算、大数据、人工智能、区块链、新型互联网接入、太赫兹技术、量子信息、神经形态芯片、生物芯片等，要加强顶层设计，牢牢掌握主动权、主导权。对于网络空间的基础性技术，诸如核心芯片、操作系统等，要咬住不放、攻坚克难。总的来说，当前和今后一段时期，互联网新技术新应用的发展将呈现四大特征。一是泛在性。互联网无处不在、无时不有，任何时间、任何地点、任何人、任何物都能顺畅地互联，从过去的机器互联、人机互联、人人互联向万物互联发展。二是智能化。人工智能广泛应用，机器学习、计算机视觉、自然语言理解、机器人、自动驾驶等将逐步走入生活。三是颠覆性。量子信息、神经形态芯片、区块链等颠覆性技术快速迭代，一旦全面投入生产生活实践，将对网络空间治理产生重要影响。四是融合化。大数据、云计算、虚拟现实等新一代信息技术与生物、能源、材料等领域交叉融合，新产业、新业态、新模式大量涌现。

伴随着新技术新应用的广泛运用，新的网络空间现象将会不断产生。多元主体在网络空间治理中会扮演日益重要的角色。在这种情况下，一方面，网络空间治理需要迅速适应新技术的发展，同时充分利用这些新技术手段和工具，打造灵活治理、协作治理、创新治理的新型治理模式，构筑和谐稳固的网络空间文化秩序。另一方面，推进实施技术管网

治网,运用先进技术手段,提高互联网内容监测预警、引导调控、综合研判、应急指挥和管控处置能力,办好用好信息技术平台,全面提升网络空间综合治理的技术系统建设的水平。一言以蔽之,信息技术作为网络空间文化物态层,对于我国网络空间治理具有重大战略意义。我们必须抢抓新的历史机遇期,发挥集中力量办大事的政治优势,实现弯道超车,切实为网络空间治理提供坚实可靠的技术支撑。

(二)制度文化层:加快推进网络空间法治化建设,构筑良法之治的制度文化

从制度文化层出发,以文化治理网络空间,就是要加强网络空间制度化、法治化建设。网络空间不是"法外之地",其公共领域特质决定了网络社会同现实社会一样,需要且必须遵循法治之路,坚定选择法治模式。[①] 首先,加快互联网法制建设,使网络空间治理有法可依。党的十八大以来,国家专门制定完善了《中华人民共和国网络安全法》《国务院关于授权国家互联网信息办公室负责互联网信息内容管理工作的通知》《互联网新闻信息服务管理规定》《微博客信息服务管理规定》等近百部与互联网有关的法律法规、规范性文件,初步形成了专门立法和其他立法相结合、涵盖不同法律层级、覆盖网络空间治理主要领域和主要环节的互联网法律法规体系。但是,问题导向下的网络空间治理在顶层制度设计和基础法律法规制定上存在"头痛医头、脚痛医脚"、被动跟进、应急出台的现象,造成网络空间立法缺位甚至空白的问题,使得互联网法制建设缺乏主动性。比如,网络安全法作为网络安全管理的基础性法律,既是被动跟进、应急出台立法实践的产物,也因自身框架结构设计问题而受到关注。下一步,需要主动适应互联网技术快速发展的现实要求,

---

① 徐汉明、张新平:《网络社会治理的法治模式》,《中国社会科学》2018 年第 2 期。

从网络空间的本质特点出发,不断建立健全相关法律制度,力争让互联网法制建设走在问题的前面,为网络空间治理提供强有力的法律依据。其次,依法加强治理,规范互联网传播秩序。一方面,要加强网络空间执法,特别是对网络空间文化垃圾,应坚决、及时处置,支持互联网管理部门"亮剑"、公正执法,为敢于担当者担当。各级党委、政府要敢于站在风口浪尖上同不法行为作斗争,敢于在关键时刻站出来,带头支持严格执法。另一方面,要加强网络空间司法,及时总结各地经验,适时在检察、审判机关推广设置互联网专门机构、配备专门力量。另外,还要继续强化法治思维,营造依法治理网络空间的良好生态。在全社会形成崇尚和遵守网络管理法律、维护网络管理权威的氛围,引导广大网民树立法律意识,理性认知社会,提高辨别能力,自觉抵制有害和不良信息,营造清朗的网络空间。

(三)行为文化层:引导规范网络行为方式和行为习惯,构筑健康理性的行为文化

网络空间秩序主要是针对网络空间上的行为而言。那么,行为是如何被规范的?布尔迪厄创设了行为的文化理论——习性。所谓习性,是指可持续的、可转换的倾向系统,倾向于使被结构的结构(structured structures)发挥具有结构能力的结构(structuring structures)的功能,也就是说,发挥产生与组织实践与表述的原理的作用,这些实践与表述在客观上能够与其结果相适应,但同时又不以有意识的目标谋划为前提,也不以掌握达到这些目标所必需的操作手段为前提。[①] 在虚拟化的网络空间中,人的交往行为首先表现出强烈的技术性特征,换言之,信息

———————

① [美]戴维·斯沃茨:《文化与权力——布尔迪厄的社会学》,陶东风译,上海:上海译文出版社2006年版,第116—117页。

技术的发展和提升直接影响到人们的交往空间和交往过程,大大提升了交往效率。但技术是把"双刃剑",它在深刻变革人的行为方式和行为习惯的同时,却也不断发挥出对人的社会行为的技术性规训作用,使得人异化为技术的工具,从而偏离自我的本质。即人在利用技术扩展自我交往空间的同时也不断被技术所掌控。从行为文化层出发加强网络空间治理,需要我们秉持"理性"的精神深刻把握人与技术之间的关系,在技术性的交往实践过程中保持人的独立性,真正使人的交往实践成为"自由自觉的活动"。其次,网络空间中人的交往行为体现为较强的交互性特征。在这一交互过程中,多元化主体以更加平等和自由的状态参与到网络交往行动中来。然而,行为主体带有明显的隐蔽性,行为结果具有明显的责任消解性特征,非理性的行为表达就越发凸显,以致形成某种带有消极意义和负面效应的网络行为亚文化。这种亚文化的形成往往以反叛的姿态消解传统意义的理性的交往结构,严重影响正常的网络空间秩序。加强网络空间治理,需要在行为文化层面上对之进行有效引导和规范,培育网民良好的上网习惯和行为习性,自觉远离越轨性的网络行为。最后,人们的网络交往行为并非孤立的,而是与现实社会有着千丝万缕的联系。尽管网络空间具有自身独特的运行特点和规律,但它在本质上依然是一种社会性空间形态,是现实社会空间在互联网技术条件下的延伸和拓展,社会性才是其根本属性。人们的交往方式和行为特点既具有网络化特征,又反映一般性的社会行为特征。具体而言,人们的网络交往行为和方式,往往直接反映了现实社会中的矛盾和问题,是现实社会关系和结构在虚拟空间中的体现。与此同时,人们的网络交往行为所产生的效果也会向现实社会蔓延,最终以现实意义上的社会问题表征出来。因此,加强网络空间治理,需要真正把线上与线下有机结合起来,切实规范和培育健康理性的交往行为文化。

（四）心态文化层：以核心价值观引领网络空间治理全过程，构筑积极向上的心态文化

如前所述，心态文化层主要包括价值观念、思维方式和审美情趣等因素。其中，价值观念是心态文化层最深层的要素，对其他要素具有决定性意义。因此，以文化治理网络空间，重在从文化的核心层——心态文化层出发，用社会主义核心价值观引领其内容供给、传播实效、服务机制、治理方式。首先，坚持以社会主义核心价值观为准则，加强网络空间的内容供给。日新月异的互联网技术对网络空间的内容供给产生重大影响。比如，写稿机器人、智能推荐算法等新技术的广泛运用导致出现许多新的供给形式。面对新情况新要求，迫切需要探索如何更好地将人工智能运用在新闻采集、生产等环节中，用核心价值观驾驭算法。此外，还可精心组织实施中华文化新媒体传播、非物质文化遗产网上传播等工程，推动中华优秀传统文化数字化转化，不断发展、继承和创新社会精神财富。其次，坚持以社会主义核心价值观为引领，提升网络空间的传播实效。现如今，网络空间的传播流程、传播技术、传播范围、传播效果都发生了颠覆性变革，迫切需要将核心价值观融入新的传播形式之中，在继承的基础上实现创新。要增加网络空间内容传播的"广度"，加大互联网基础设施建设，深入推进"宽带中国""智慧中国"工程，努力普及移动互联网、广播电视网、卫星网络，为生活在革命老区、民族地区、边疆地区、贫困地区的老百姓提供用得上、用得起、用得好的网络服务，努力消除"数字鸿沟"，在网络空间传播环节充分体现自由、平等。要增加网络空间内容传播的"深度"，加快推动媒体融合发展，构建全媒体传播格局。伴随着新兴媒体的不断发展，移动互联网已成为信息传播主渠道。要完成新形势下宣传思想工作举旗帜、聚民心、育新人、兴文化、展形象的使命任务，

必须坚持移动优先的发展战略,建好移动传播平台,牢牢掌握传播主阵地。要提升网络空间内容传播的"高度",借助新媒体应用推动国际传播能力建设,积极宣传中华优秀传统文化和当代中国价值观念,讲好中国故事,传播好中国声音。再次,坚持以社会主义核心价值观为抓手,完善网络空间的服务机制。互联网也是一把"双刃剑",网络空间内容有积极健康的,也有消极腐朽的。因此,要始终坚持趋利避害的原则,大力倡导文明上网、文明办网,深入开展"我们的价值观我们的中国梦""争做中国好网民""网络社会组织同心圆工程""网络公益工程"等网络空间主题文化活动,强化"时代楷模""道德模范""最美人物""身边好人"等典型示范引领,将教育和服务融为一体,提升网络文化的认同性,引导广大网民自觉培育和践行社会主义核心价值观。最后,坚持以社会主义核心价值观为依归,塑造网络空间治理方式。在立法环节,使互联网管理法律法规更好地体现国家的价值目标、社会的价值取向、公民的价值准则。在执法环节,坚持文明公正执法,坚决铲除网上造谣欺诈、攻击谩骂、诚信缺失等违背社会主义核心价值观的网络空间文化。在司法环节,坚持以事实为依据、以法律为准绳,严格依照事实和法律办理互联网案件,确保办案过程符合程序公正、办案结果符合实体公正。在守法环节,加强对互联网管理法律法规的宣传教育,持续弘扬法治精神,不断增强法治意识。

(该文发表于 2019 年第 3 期《江海学刊》,同年先后被第 18 期《新华文摘》、第 8 期人大《复印报刊资料·公共行政》全文转载)

网络文化自觉:论网络文化建设中的价值引领及其路径构建

邓海林

习近平总书记在党的十九大报告中指出:"文化是一个国家、一个民族的灵魂。文化兴则国运兴,文化强则民族强。"①当前,随着互联网信息技术的迅猛发展,网络空间成为亿万民众共同的精神家园,网络文化亦成为中国特色社会主义文化的重要组成部分。在网络文化的众多要素中,价值观是网络文化最深层的要素,决定着网络文化的性质和方向。价值引领是网络文化建设的重点,是网络文化建设的铸魂之举。实现网络文化自觉,构建以主流价值为引领的先进的网络文化,必须把社会主义核心价值观作为网络文化的压舱石、定盘星、度量衡,这对于巩固马克思主义在意识形态领域的指导地位,巩固全党全国人民团结奋斗的共同思想基础,具有十分重要的现实意义。

一、网络文化建设中价值引领的现实冲突

网络文化是指建立在计算机网络技术基础上的精神创造活动及其各种文化现象的总称,是人文与技术的新结合,是人类文化发展的新形态。"文化自觉"最早由费孝通先生在 1997 年北京大学举办的"第二届社会学人类学高级研讨班"上提出,讲的是"在西方文化的强烈冲击下,现代中国人能不能继续保持原有的文化认同"②。网络文化自觉意指在经济全球化影响下,在改革开放以来经济社会领域全面变革的环境中,

---

① 习近平:《在中国共产党第十九次全国代表大会上的报告》,北京:人民出版社 2017 年版,第 40、41 页。
② 费孝通:《全球化与文化自觉——费孝通晚年文选》,方李莉编,北京:外语教学与研究出版社 2013 年版,第46 页。

以主流价值为引领,内生中国特色社会主义网络文化的思想认同和情感认同。鉴于网络文化发展态势和网络文化的匿名性、开放性、去中心化、无限制过滤等特点,要实现网络文化自觉,坚持"各美其美,美人之美"态度,既不"简单复旧",也不"全盘西化"①,实现以网络文化为重点的中国特色社会主义文化的科学发展,需要坚持以主流价值引领网络文化建设。然而,在现实实践中,网络文化建设的价值引领在内容、形式、业态、体制、机制上存在冲突,特别是在内容上的冲突较为突出,分别表现在内容的指导思想、方式方法、文化渊源等方面。

1. 一元指导与多元趋向

在网络文化建设过程中,我们既要面对和提倡网络文化的多样化,又要坚持指导思想的一元化。"统治阶级的思想在每一时代都是占统治地位的思想"②。我国是以马克思主义为指导的人民民主专政的社会主义国家,网络文化建设也必然要求坚持马克思主义的指导。如今,中国特色社会主义已进入新时代,用发展了的马克思主义指导网络文化建设,最根本的就是要坚持以21世纪中国马克思主义——习近平新时代中国特色社会主义思想为指导,研究新情况,解决新问题,提出新方案。与此同时,受全球化和改革开放40年来经济社会领域全面变革的影响,思想文化交流、交融、交锋进一步加剧,网络文化呈现出多元多样发展的局面。在"百花齐放、百家争鸣"的网络文化中,如何增强网络文化自觉,通过一元去引领多元,在多样中凝聚共识,实现网络文化的健康有序发展,是新时代的重要课题。

---

① 费孝通:《费孝通文集》第14卷,北京:群言出版社1999年版,第196页。
② 《马克思恩格斯选集》第1卷,北京:人民出版社1995年版,第98页。

2. 内化于心与外化于形

增强网络文化自觉，坚持网络文化建设的价值引领，贵在知行统一、重在落地生根。然而，在具体实践中，价值引领却更多地体现于"形"，而非"行"。这突出表现为价值引领的空泛化，即仅仅通过网络的话语来引领，而没有形成实践效应。比如，在以社会主义核心价值观为引领的网络文化建设现实实践中，方法上，属于随机、随意的自发行为，而不是经过深思熟虑的自觉行为；方式上，更多采取的是传统的单向灌输式"我说你听"，而非双向互动式的"我说你问"；内容上，仅仅注重通过网络展现"三个倡导"和二十四个字，却没有考虑相关内容的到达率、阅读率和点赞率。长此以往，无法让广大网民对社会主义核心价值观内生思想认同、政治认同、情感认同，最终转化为行为自觉的效果则大打折扣。

3. 传承发展与妄自菲薄

中华优秀传统文化是中华民族的"根基"与"灵魂"。网络文化自觉不是一个空想概念，需要传承发展中华优秀传统文化。讲仁爱、重民本、守诚信、崇正义、尚和合、求大同等传统文化①，是中华优秀传统文化的典型代表。它们既为网络文化传承提供积淀几千年的深厚文化土壤，也以其独特的精神标识和价值观念，为主流价值提供最直接、最深厚的根底。但现实中，少数人依然妄自菲薄，全盘否定传统文化，认为我们的传统文化就是封建迷信，属于糟粕范畴或已陈旧过时。因此，在网络文化建设的价值引领实践中，尚需进一步坚定文化自信，更好地传承和弘扬中华优秀传统文化，对中华优秀传统文化进行创造性转化，实现中华优秀传统文化的创新性发展。

---

① 黄坤明：《培育和践行社会主义核心价值观》，《人民日报》2017年11月16日。

4. 洋为中用与全盘西化

增强网络文化自觉,坚持网络文化建设的价值引领是一个兼容并蓄、交流互鉴的过程。为此,我们既要坚持对外开放,又要坚持独立自主;既要认真学习借鉴世界其他国家创造的优秀文化成果,又要始终坚持以我为主。但是,现实社会中有的人以洋为尊,唯洋是从;有的人盲目崇拜西方所谓的"现代潮流",跟在后面亦步亦趋,甚至搞削足适履、全盘西化。当下,我们在网络文化建设的价值引领实践中,尤其需要客观对待,辩证分析,妥善处理好西方文化与中国当代文化的关系,做到洋为中用。

二、根源探究:网络文化建设中价值引领的文化生态分析

繁荣发展以网络文化为重点的中国特色社会主义文化,需要坚持系统思维,从文化生态着手,深入研究网络文化建设和发展的基础、环境、状态及规律。马克思主义认为,社会存在决定社会意识。目前,网络文化生态表现出来的价值引领冲突,归根结底是由社会客观存在引起。本文从互联网技术属性、国际社会思潮、国内经济转型三个维度,探析网络文化建设中价值引领现实冲突的深层次原因。

1. 网络信息技术日新月异,模糊价值引领方向

互联网是技术变革的产物。正如前文所述,网络文化是一种以技术为范式的新型文化形态。技术作为一种文化,蕴涵着精神层面的价值。[①] 这种精神作为一种文化逻辑深刻影响着网络文化建设的进程,重塑着网络文化的生产、传播、服务和治理环节,使网络文化建设的价值引

---

① 李兴平:《当前网络文化与我国主流意识形态调适发展的新认识》,《甘肃理论学刊》2013 年第1 期。

领面临严峻挑战。首先,网络文化与其他文化载体的物质基础不同。网络文化载体是互联网,是信息技术,强调的是技术上的自由性,表现为网络文化建设的自由性和开放性,与网络文化建设的价值引领具有内在的矛盾。其次,由于网络技术提供了便捷的网络文化,让人们在享用中逐渐放弃对社会价值的思考,渐渐淡化了价值理念,消解了网络文化建设的价值引领。最后,随着先进技术的日趋发展和成熟,逐渐出现技术垄断,从而产生"网络文化寡头"现象。这些"寡头"利用技术优势对网络文化进行控制,操纵着普通网民的思想,压迫网民固有的价值观念,使网络空间沉沦为善恶不分之地。随之,导致网络文化建设的价值引领成为"水中月"和"雾中花"。

2. 多元化社会思潮激烈交锋,瓦解网络文化主流价值取向

当今世界正在发生深刻变化,经济全球化、政治多极化、社会信息化趋势愈加明显,各种思想文化交流交融交锋更为激烈,社会思潮多元多样多变。一方面,亚文化思想还不同程度地在一定范围内存在。有"宁可在劳斯莱斯里哭,也不在自行车上笑"的拜金主义,有"与其扫黄、不若反腐"的比坏心态,也有"读书无用、赚钱王道"的反智倾向,还有"口碑越差,越想围观"的审丑文化,等等。另一方面,多元的社会思潮在网络文化上呈现出"四化"倾向,包括西方意识形态渗透的常态化,不同民族文化在网络空间竞争的加剧化,西方工具主义、操作主义、金钱文化的泛滥化,道德相对主义、极端私利主义的盛行化。[①] 这些思潮严重削弱了人们在价值取向上的正确共识,直接异化乃至解构了主流价值,对网络文化建设的价值引领形成巨大挑战和冲击。

---

① 魏美妮:《社会主义核心价值观引领网络文化发展研究》,《新疆师范大学学报(哲学社会科学版)》2013 年第 5 期。

3. 国内经济转型打破传统利益格局，加大价值引领难度

目前，我国经济已由高速增长阶段转向高质量发展阶段，正处在转变发展方式、优化经济结构、转换增长动力的攻关期。随着社会阶层分化的日益加剧和利益格局的深度调整，贪污腐败、贫富差距、环境污染、教育卫生资源分配不均等一系列社会矛盾和问题尚未根本扭转，甚至一些问题还在持续扩大。这些问题导致部分人的幸福感、获得感缺失，促其产生"底层抵抗"的负面社会心态。受这种社会负面反向情绪和失衡心态的驱使，加之"群体极化"和"蝴蝶效应"的影响，大量失真无序、情绪化言论、非理性表达等文化垃圾时不时地在互联网上集中呈现。比如，涉官、涉贪、涉警、涉腐等话题在网络上极易被恶意炒作。这极大地冲击了网络文化建设中价值引领的实效，让人们对主流价值及主流价值引领下的网络文化产生怀疑和抵触，不断扩大主流价值和社会民众心理之间的张力，从而加大网络文化建设中价值引领的难度。

三、社会主义核心价值观是我国网络文化建设的价值依归

探寻正确的理想和信念是近代中华民族爱国志士一直以来的不懈追求。党的十八大以来，以习近平同志为核心的党中央紧密结合中国人民正在进行的奋斗，从中华民族需要解决的时代问题出发，明确倡导富强、民主、文明、和谐，倡导自由、平等、公正、法治，倡导爱国、敬业、诚信、友善。上述以"三个倡导"为主要内容的核心价值观包含了社会公德、职业道德和家庭美德，清晰地明确了国家的价值目标、社会的价值取向以及公民的价值准则，深刻揭示了社会主义核心价值体系的根本理念，反映全国各族人民共同认同的价值观"最大公约数"，承载着全体中华儿女的美好愿景，标明中华民族伟大复兴中国梦的价值维度，是当代中国科学的、主流的价值观。

习近平总书记强调，要切实把社会主义核心价值观贯彻于社会生活方方面面，使核心价值观的影响像空气一样无所不在、无时不有。[1] 社会主义核心价值观体现了马克思主义文化思想和中华优秀传统文化，是我国网络文化建设的价值依归。要实现网络文化自觉，就必须始终牢牢坚持以核心价值观为引领。首先，坚持核心价值观引领网络文化建设，有利于夯实国家文化软实力。作为马克思主义中国化的创新性成果，核心价值观与当代中国的文化精神高度契合。只有始终坚持把核心价值观引领贯穿至网络文化建设各环节，才能牢固确立我国网络文化的本质和方向，方可保证中国特色社会主义先进文化沿着正确的方向前进，从而筑牢我国文化软实力的根基。其次，坚持以核心价值观引领网络文化建设，有利于弘扬当代中国价值观念。"三个倡导"体现了国家、社会和个人三个层面的价值追求，符合社会文化发展规律，传播了正能量，唱响了主旋律，巩固了主流意识形态，压缩了负面社会思潮的生存空间。这对不断弘扬当代中国价值观念，持续增强中国特色社会主义道路自信、理论自信、制度自信、文化自信具有重要作用。[2] 再次，坚持以核心价值观引领网络文化建设，有利于展示中华文化魅力。核心价值观源于中华传统文化，发展于中华文化环境。当前，我们正在实施中国文化"走出去"战略，关键一环是要靠增强自身实力和魅力，让世界相信中国。通过以核心价值观为引领，让人民有信仰，民族有希望，国家有力量。这对进行伟大斗争、建设伟大工程、推进伟大事业、实现伟大梦想具有巨大的推动作用，对展示、弘扬中华文化产生积极影响。反之，如果在网络文化建设中不以社会主义核心价值观为引领，任由各种价值观肆意增长，甚至

---

[1]《习近平谈治国理政》，北京：外文出版社 2014 年版，第 164、165 页。
[2] 韩文乾：《核心价值观是文化软实力的灵魂》，《前线》2015 年第 5 期。

不加区分和鉴别地成为西方价值观的应声虫,那么中国特色社会主义文化建设将举步维艰,更严重的是我们的国家和民族就会失去自己的精神乃至政治、思想、文化、制度各方面的独立性,进而影响和耽搁民族复兴的进程。① 因此,要在社会主义核心价值观的引领下,以富强、民主、文明、和谐为最高目标,以自由、平等、公正、法治为社会基础,以爱国、敬业、诚信、友善为人本要求,全力推进网络文化建设,最终实现网络文化自觉。

四、社会主义核心价值观引领网络文化建设的基本理路

马克思曾经说过:"理论只要说服人,就能掌握群众;而理论只要彻底,就能说服人。所谓彻底,就是抓住事物的根本。"②在以社会主义核心价值观引领下的网络文化建设过程中,"抓住事物的根本",就是要牢牢把握网络传播规律,贯彻落实新发展理念,从自发到自觉,知行统一,用社会主义核心价值观引领网络文化建设的全过程。③

1. 坚持用社会主义核心价值观加强网络文化的内容供给

供给是网络文化建设的第一环节。坚持以社会主义核心价值观为引领,前提是要用社会主义核心价值观加强网络文化的内容供给。首先,加大先进网络文化产品创作力度。发展"互联网+文化"相关产业,把社会主义核心价值观引入网络文化和广播影视全媒体生产。运用网络文学、网络剧、网络动漫、网络音乐等丰富多样的载体形式,充实、丰富网上革命文化、红色文化和社会主义先进文化等优秀文化内容,打造网络文艺精品和网络文化品牌。推动全社会广泛开展网络公益,创作更多

---

① 高长武:《习近平文化建设思想的核心要义》,《东岳论坛》2017年第4期。
② 《马克思恩格斯选集》第1卷,人民出版社1995年版,第9页。
③ 徐缨:《办好"道德讲坛" 传扬核心价值》,《红旗》2015年第19期。

弘扬社会主义核心价值观的网络文化产品。其次，推进中华优秀传统文化数字转化。精心组织实施中华文化新媒体传播、非物质文化遗产网上传播等工程，推动中华优秀传统文化数字化转化。结合重大纪念活动、重要纪念日、民族传统节日等，加强对中华优秀传统文化蕴涵的思想观念、人文精神、道德规范的阐发，大力弘扬民族精神和时代精神。再次，强化网络文化生产行为自觉。引导网站自觉培育和践行社会主义核心价值观，始终坚持经济效益和社会效益相统一，坚决反对以"标题党""重口味内容"等形式博取点击量、吸引眼球，自觉抵制生产低俗、庸俗、媚俗的网络文化产品行为，创作更多积极向上的网络文化。比如，在春节期间，阿里巴巴企业开展的"支付宝·集五福"网络文化活动，把社会主义核心价值观部分内容分成富强福、和谐福、爱国福、敬业福、友善福，集齐"五福"即可分享5亿奖金，吸引全球亿万网民参与，仅集齐支付宝"五福"的用户达2.51亿。这不仅创造了深受网民喜爱的网络文化，也弘扬了社会主义核心价值观。

2. 坚持用社会主义核心价值观提升网络文化的传播实效

唯有自觉把社会主义核心价值观融入网络文化的传播环节，才能增加广大网民对中国特色社会主义网络文化的认同度。其一，增加网络文化传播的"广度"。加大互联网基础设施建设，深入推进"宽带中国""智慧中国"工程，努力普及移动互联网、广播电视网、卫星网络，为生活在革命老区、民族地区、边疆地区、贫困地区的老百姓提供用得上、用得起、用得好的网络文化，努力消除"数字鸿沟"，在网络文化上体现自由、平等。其二，增加网络文化传播的"深度"。推进传统媒体与新兴媒体深度融合发展，在融合中型塑核心价值。积极发挥社会主义核心价值观的引领作用，在多元价值中达成共识，引领建成一批具有强大竞争力的新型主流媒体和融合媒体集团,提升主流媒体在社会主义核心价值观上的传播力、引导力、影响力、公信力。其三,增加网络文化传播的"高度"。借助新媒体应用推动国际传播能力建设,讲好中国故事,传播好中国声音。建设线上线下相结合的海外中国文化中心,支持我国文化企业与各国,特别是与"一带一路"沿线国家有影响力的媒体合作,积极宣传中国优秀传统文化和当代中国价值观念。

3. 坚持用社会主义核心价值观完善网络文化的服务机制

网络文化建设离不开网络文化服务,服务本身也是一种建设。以社会主义核心价值观引领网络文化服务机制,需要着重在公共文化、舆论引导、网络道德上狠下功夫。第一,加强推进公共文化服务数字化建设。统筹实施全国文化信息资源共享工程、数字博物馆建设等项目,构建标准统一、互联互通的公共数字文化服务网络。[1] 进一步向网络开放公共文化资源,推动网络文化共建共享,借助大数据、云计算、人工智能等新技术,拓展公共数字文化覆盖范围。第二,加强网络舆论引导。紧紧把握网络传播规律,加大对具有网络特色、符合网民接受习惯的网络文化产品的服务力度,提升网络舆论引导能力和水平。坚持正确舆论导向,深入开展习近平新时代中国特色社会主义思想的宣传,开展中国特色社会主义和中国梦的宣传,开展统筹推进"五位一体"总体布局、协调推进"四个全面"战略布局的宣传,引导网民科学认识世情、国情、党情,不断增强对中国特色社会主义的道路自信、理论自信、制度自信、文化自信。持续开展社会主义核心价值观宣传阐释工作,在网上鲜明核心价值观导向,不断增强广大网民对社会主义核心价值观的认知认同和自觉践行。

---

[1] 邓海林、双传学:《共享视域下的网络文化建设:从问题分析到系统建构》,《南京社会科学》2017年第10期。

第三，加强网络道德建设，大力倡导文明上网、文明办网，深入开展"我们的价值观，我们的中国梦""中国梦践行者""奋斗的青春最美丽"等网络文化主题活动，强化"时代楷模""道德模范""最美人物""身边好人"等典型示范引领，引导广大网民自觉培育和践行社会主义核心价值观。

4. 坚持用社会主义核心价值观塑造网络文化的治理方式

建设健康向上的网络文化，打造网络综合治理体系，关键是把社会主义核心价值观融入网络文化治理方式，全面推动网络空间法治化。首先，融入立法环节。深入分析社会主义核心价值观引领网络文化建设的立法需求，结合法律的规范性和引领性，积极推进互联网领域立法，使互联网管理法律法规更好地体现国家的价值目标、社会的价值取向、公民的价值准则。其次，融入执法环节。坚持文明公正执法，加大网络空间治理力度，坚决铲除网上造谣欺诈、攻击谩骂、传播淫秽色情和网络道德失范、网络诚信缺失等违背社会主义核心价值观的网络文化。再次，融入司法环节。坚持以事实为依据、以法律为准绳，严格依照事实和法律办理互联网案件，确保办案过程符合程序公正、办公结果符合实体公正，以社会主义核心价值观引领司法公正。最后，融入守法环节。加强对《中华人民共和国网络安全法》和新修订的《互联网新闻信息服务管理规定》的宣传教育，持续弘扬法治精神，不断增强法治意识，形成崇尚法律、遵守法律、维护法律权威、保障法律实施的良好氛围。强化行业自律，充分发挥社会组织作用，打造"网络文化季""网络社群大会"等网络文化品牌，营造全民守法的网络文化环境。

五、结　语

在"问题导向"指引下，本研究从网络文化最深层的要素——价值观出发，结合我国网络文化建设中价值引领的实际，指出增强网络文化自觉，坚持以主流价值引领网络文化建设的现实冲突，深入分析冲突背后的深层次的原因,明确提出社会主义核心价值观是我国网络文化建设的价值依归。基于此,本文提出实现网络文化自觉,构建网络文化建设中价值引领路径的思路:主动适应互联网快速发展形势,牢牢遵循网络传播规律,用社会主义核心价值观引领网络文化建设的全过程。即,坚持用社会主义核心价值观加强网络文化的内容供给;坚持用社会主义核心价值观提升网络文化的传播实效;坚持用社会主义核心价值观完善网络文化的服务机制;坚持用社会主义核心价值观塑造网络文化的治理方式,从而建设更加健康、更加绿色、更加清朗的网络空间,使网络文化正能量更充沛、主旋律更高昂,进而实现网络文化自觉。

(该文发表于 2018 年第 3 期《江苏社会科学》)

共享视域下的网络文化建设:从问题分析到系统建构[*]

邓海林　双传学

随着互联网的普及和信息技术的迅猛发展,网络文化日益成为人们精神文化生产和消费的重要内容。党的十八届五中全会提出了以"人人参与、人人尽力、人人享有"为主要内涵的共享发展理念,明确了新时期国家发展的核心目标是为了"使全体人民在共建共享发展中有更多获得感,增强发展动力,增进人民团结,朝着共同富裕方向稳步前进"。2016年4月19日,中共中央总书记、国家主席、中央军委主席、中央网络安全和信息化领导小组组长习近平同志在网络安全和信息化工作座谈会上强调,"网信事业要在践行新发展理念上先行一步,让互联网更好造福国家和人民"[①]。在新形势下,以共享发展理念为指引,重点解决我国网络文化建设过程中的共享机会不平等、共享能力缺失或不足,不断提升网络文化发展水平,努力使全体人民共建、共享中国特色社会主义网络文化,是促进我国网络文化繁荣和发展的现实需要,是推进社会主义文化事业和文化产业健康发展的必然要求。

一、共享性匮乏:问题分析的三重维度

网络文化是指建立在计算机网络技术基础上的精神创造活动及其各种文化现象的总称[②],主要包括网络新闻、游戏、视频和音乐、文学等网络信息。网络文化是人类传统精神文化的延伸和多样化,是人类文化

---

　* 本文为江苏省社会科学基金项目"网络反腐的法律规制研究"(13FXD015)阶段性研究成果。

① 参见《习近平主持召开网络安全和信息化工作座谈会》,http://news.xinhuanet.com/politics/2016-04/19/c_1118670958.htm? from＝timeline&isappinstalled＝0,新华网,最后访问时间:2016-4-22。

② 李泾一:《以创新的精神加强网络文化建设和管理》,《求是》2007年第8期。

发展的新形态,是文明进步的新趋势。作为一种人文与技术结合的独特文化,网络文化具有技术性、虚拟性、快捷性、交互性、开放性、多元共生性、内容的海量性、价值的多向性、管理的弱可控性和被引导的诉求性等诸多自身特性。我国自1994年全功能接入国际互联网以来,按照积极利用、科学发展、依法管理、确保安全的方针,经过20多年的快速发展,我国网络文化从无到有、从小到大、从弱到强。党的十八大以来,以习近平同志为核心的党中央高度重视网络文化建设和管理,加强顶层设计,网络文化创作生产空前活跃,网络文化产品和服务日益丰富,网络文化阵地不断壮大,中国特色社会主义网络文化事业、文化产业取得积极进展和重大突破,我国正在从网络文化大国向网络文化强国迈进。党的十八届五中全会提出了包括共享在内的新发展理念,这是在深刻总结国内外发展经验教训、深入分析国内发展大势基础上提出的,集中反映了我们党对我国经济社会发展规律的新认识。在共享发展理念指引下,我国网络文化建设与人民共享网络文化成果的诉求相比,与全面实现文化强国和网络强国目标相比,网络文化的共享性还比较匮乏,主要表现在共享机会、能力、水平方面还存在一些欠缺。

1. 共享机会不平等。马克思主义认为,"人们的观念、观点和概念,一句话,人们的意识,随着人们的生活条件、人们的社会关系、人们的社会存在的改变而改变","不是意识决定生活,而是生活决定意识"。① 截至2017年6月,我国网民规模已达7.51亿,互联网普及率为54.3%,手机网民规模为7.24亿。② 换言之,我国非网民群体现在还有6亿多人。特别是生活在革命老区、民族地区、边疆地区、贫困地区的人民,由于当地网

---

① 《马克思恩格斯选集》第1卷,人民出版社1995年版,第98、73页。
② 2018年1月22日,中国互联网络信息中心(CNNIC)发布第37次《中国互联网络发展状况统计报告》。

络基础设施建设比较薄弱，他们即使有意愿分享现有的网络文化建设成果，可现实条件不允许。但随着经济社会发展水平持续提高，人们的精神文化需求也在发生变化，既有量的增多，也有质的提高；既有形式的需求，也有内容的需求。同时，经济发展决定了人们对实现包括网络文化在内的精神文化的共同进步、共同提升和共同发展的呼声不断增加。

2. 共享能力不足。网络文化共享的主体是网民，是"现实的人""实践的人"。① 如果主体在主观能力上有缺失或不足，共享也就失去了基础，纵使共享机会平等，也无法实现网络文化共享。比如老年人、残疾人、农民工、农村留守妇女儿童和生活困难群体，他们由于年龄、受教育程度、职业等因素的限制，参与网络文化建设的能力相对较弱。传播学上著名的"知沟理论"指出，"由于社会经济地位高者通常能比社会经济地位低者更快地获得信息，因此，大众媒介传送的信息越多，这两者之间的知识鸿沟也就越有扩大的趋势"②。也就是说，在经济文化化和文化经济化的今天，由于这部分主体共享能力缺失或不足，他们与一般主体在共享网络文化成果等方面的差距越拉越大。

3. 共享水平不高。网络文化共享的目的是人的真正的"自由全面"发展。恩格斯在《反杜林论》中说："文化上的每一个进步，都是迈向自由的一步"③。"人的自由全面发展必然是需要高水平的文化共享"④。然而，现实生活中，落后的网络文化还不同程度存在，严重影响人的自由全面发展，主要表现在拜金主义、享乐主义、极端个人主义，信仰缺乏、政治立场不坚定、崇拜西方价值观的现象在网络文化上常有表现；网上淫秽

---

① 王永友、史君：《"文化共享"理念的理论演进与实践逻辑》，《南京社会科学》2016 年第1 期。

② 王晓晴：《网络传播中的知沟理论再探》，《当代传播》2006 年第6 期。

③《马克思恩格斯全集》第3 卷，人民出版社1995 年版，第456 页。

④ [印]阿马蒂亚·森：《以自由看待发展》，北京：中国人民大学出版社2012 年版，第12 页。

色情等网络文化垃圾还没有得到根除,低俗的文字、图片、视频在网上随处可见,严重影响青少年身心健康发展;网络暴力和虚假信息存在,网络谣言屡禁不止;网络赌博、网络诈骗和网络侵权盗版等违法活动时有发生;网络安全受到威胁等。

共享机会、共享能力、共享水平三者是辩证统一的,既相互联系,又相互区别。共享机会属于客观因素,是共享能力、共享水平的前提。共享能力属于主观因素,是共享机会的展开,是共享水平的基础。共享水平是共享机会、共享能力的体现。[①] 在网络文化建设过程中,要贯彻落实共享发展理念,必须高度重视共享机会、能力、水平建设,使人们真正共建、共享网络文化。

二、我国网络文化建设的深层矛盾探源

我国仍处于并将长期处于社会主义初级阶段,同时经济社会发展又呈现鲜明的阶段性特征。人民日益增长的物质文化需要同落后的社会生产之间的矛盾仍然是社会的主要矛盾,同时矛盾的双方已经发生巨大的变化。这是我国最大的国情、最大的实际。从这一现实来看,加强网络文化建设,全面实现网络文化"人人参与、人人尽力、人人享有",还存在不容忽视的冲突和对抗。

1. 网络文化现实需求与基础设施落后之间的矛盾。目前,我国人均 GDP 达到53 817元,文化方面的支出大幅上升,文化消费进入快速增长期。人们对包括网络文化在内的文化休闲、文化娱乐、文化发展等个性化需求越来越多。另一方面,经过改革开放近 40 年的快速发展,我国互联网基础设施取得了巨大成就。但是,基础设施建设还不平衡,特别

---

① 刘武根、艾四林:《论共享发展理念》,《思想理论教育导刊》2016 年第 1 期。

是在革命老区、民族地区、边疆地区、贫困地区，网络基础设施还比较薄弱，需要持续加大投入，全面加快"宽带城市""无线城市"建设，进一步提升互联网覆盖率。如何加快适应人们的精神文化需求，让老年人、残疾人、农民工、农村留守妇女儿童、生活困难群众等全体人民共享丰富多彩的网络文化生活，有效缓解网络文化领域总供给与总需求的矛盾，成为摆在我们面前的一个重大现实课题。

2. 一元价值引领与多元思潮交融之间的矛盾。网络文化中，西方意识形态渗透常态化，不同民族文化在网络空间竞争的加剧，西方工具主义、操作主义、金钱文化泛滥，道德相对主义、极端私利主义盛行不仅导致我们网络话语权的弱化和舆论治理和引导的乏力，更是对马克思主义一元化指导的主流文化和传统文化形成巨大挑战。[①] 众所周知，互联网是美国在冷战时期的科技发明，目前全球共有 13 个域名根服务器，1个为主根服务器，放置在美国，其余 12 个均为辅根服务器，其中 9 个在美国，其他 3 个分别位于英国、瑞典和日本。[②] 从某种意义上说，进入互联网，就是进入了美国等西方国家文化霸权的万花筒。现在，我们面临的安全威胁，最现实的、日常大量发生的不是来自海上、陆地、领空、太空，而是来自被称为第五疆域的网络空间，互联网是我们面临的"最大变量"。

3. 网络言论自由与网络传播秩序之间的矛盾。网络文化是以网络为平台进行的人与人之间的交流，人们在网络上的交流不会受到现实角色的过多束缚，可以更加自由地表达言论，[③]加之网络管理制度的不健

---

① 云彬：《文化自觉文化自信文化自强——对繁荣发展中国特色社会主义文化的思考》，《红旗文稿》2010 年第 17 期。
② 张再兴等：《网络思想政治教育研究》，北京：经济科学出版社 2009 年版，第 308 页。
③ 林凌：《网络传播媒介导论》，北京：军事谊文出版社 2006 年版，第 186 页。

全和监督的局限性，导致网络文化的无序性。中国社科院新闻与传播研究所发布《新媒体蓝皮书》显示，近九成虚假新闻首发于微博、微信等新媒体，这与自媒体作者缺乏素养、新媒体平台推波助澜，缺乏审核监管机制相关。然而，网络是现实社会的一部分，互联网不能成为法外之地，网民也不是化外之民，要实现网络文化健康、可持续发展，切实提升网络文化共享水平，必须规范网络信息传播秩序。

4. 现代信息技术与传统管制理念之间的矛盾。网络信息技术日新月异，网络文化治理面临着许多新课题、新挑战，还存在用传统手段来管理互联网的现象。首先，治理理念仍然滞后。一些地方和部门还存在重建设轻管理现象，片面追求发展壮大网上"正能量"，忽视"管得住"这个硬道理。殊不知，建设离不开管理，管理本身也是一种建设。其次，治理主体比较单一。一些基层政府在网络文化治理中仍处于"单打独斗"局面，社会组织和网民参与不够充分。再次，能力素质不相适应。部分领导干部网络文化素养与日益发展的互联网信息技术不相适应，有的对网络文化建设认识不足甚至存在对立情绪，有的对网络文化发展规律把握不够。最后，管理部门还存在职责模糊交叉和多头管理的问题，以及互联网治理的开放和国际交流也不够。

三、共享视域下网络文化建设的系统建构

习近平同志在全国宣传思想工作会议上强调，"宣传思想工作一定要把围绕中心、服务大局作为基本职责，胸怀大局、把握大势、着眼大事，找准工作切入点和着力点，做到因时而谋、应势而动、顺势而为"①。笔

---

① 参见《习近平在全国宣传思想工作会议上强调胸怀大局把握大势着眼大事努力把宣传思想工作做得更好》，http://politics.people.com.cn/n/2013/0821/c 1024-22635998.html，人民网，最后访问时间：2016-4-22。

者认为,互联网作为宣传思想工作的主阵地,更应主动贯彻落实共享发展理念,积极开展网络文化建设系统建构,以大力培育和践行社会主义核心价值观为主心骨,努力把我国建设成为文化凝聚力和引领力强、文化事业和产业强、文化人才队伍强的网络文化强国,始终坚持文化自信,为全面建成小康社会、实现中华民族伟大复兴的中国梦提供强大的精神动力和文化支撑。

1. 以有效供给提升网络公共文化服务。增加有效供给是加强网络文化建设的核心要义。针对受众多元化需求旺盛的特点,大力实施供给侧改革,着力解决"网络文化产品"供给中存在的问题,增强亲和力、认同度,是实施网络文化共享的重要内容。首先,提升网络公共文化服务效能。[①] 贯彻中共中央办公厅、国务院办公厅《关于加快构建现代公共文化服务体系的意见》精神,推动网上图书馆、网上博物馆、网上展览馆、网上剧场等网络文化服务平台建设,拓宽网络文化的服务渠道,更好地保障公众共享网络文化发展成果。其次,丰富优秀网络公共文化产品供给。一方面,聚焦"互联网＋",促进优秀传统文化瑰宝和当代文化精品的网络传播;另一方面,继续实施少数民族新闻出版"东风工程"[②],加强少数民族文字及双语网络出版发行和少数民族语言文字作品的网络创作。再次,活跃群众网络文化生活。随着社交网络的发展,网络社群已经成为线下人与人之间沟通的重要支撑,众多网络社群越来越像互联网上的部落,成为聚合人群、传播文化、沟通情感的重要场所。我们应把握这一趋势,广泛开展网络社群大会。同时,推动各地深入开展"网友节""我为核心价值观代言""阳光网络伴我成长""全民微电影大赛""公益网

---

① ［美］坦尼·哈斯:《公共新闻研究:理论、实践与批评》,北京:华夏出版社 2010 年版,第 48 页。
② 石永强:《实施"东风工程"造福各族群众》,《新疆新闻出版》2011 年第 4 期。

络短片大赛"等网络文化活动。继续实施基层特色网络文化品牌建设项目,以富有时代感的内容形式,吸引更多群众参与网络文化活动。

2. 以市场导向激活网络文化新业态。市场在网络文化资源配置中具有决定性作用。艾瑞咨询公布的数据显示,中国网络经济规模 2016 年已达 14 707 亿元。① 遵循网络文化市场规律,充分发挥市场导向作用,既是培育、激活网络文化新业态的必由之路,更是让人们共享更多优秀网络文化的重要前提。其一,充分调动原创网络文化的积极性和主动性,重点抓好一批具有示范性、带动性的网络文化项目,打造一批格调健康、品位高雅、具有中国气派的优秀网络文化品牌,积极推动优秀传统文化瑰宝和当代文化精品的数字化、网络化传播,努力实现经济效益和社会效益的有机统一。充分利用各类文化博览会等平台,做好网络文化品牌的推介和营销,扩大中国特色社会主义网络文化产品的影响力和市场占有率。其二,推动政府进一步简政放权,减少行政审批项目,吸引社会资本投入到网络文化建设领域,努力将宽带网络覆盖所有行政村,打通网络基础设施"最后一公里"。建立健全政府向社会力量购买网络文化的机制,通过委托或招投标等方式,引导有实力的社会组织和企业参与开展网络文化创作。其三,在媒体融合发展方面,推动传统新闻媒体在"融为一体、合而为一"上狠下功夫,尽快从相"加"阶段迈向相"融"阶段,着力打造一批形态多样、手段先进、具有竞争力的新型主流媒体,努力建成拥有强大实力和传播力、公信力、影响力的新型媒体集团,从而实现网络新闻在内的网络文化持续繁荣发展。

3. 以价值认同汇聚网络文化正能量。核心价值观是决定网络文化

---

① 参见《报告:2016 中国网络经济规模达 14 707 亿 电商占比超 60%》,http://lady.people.com. cn/n1/2 017/0 613/c 1014-29334990.html,人民网,最后访问时间:2017-9-12。

性质和方向的最深层次要素。加强网络文化建设，推进网络文化共享，首要任务就是紧扣网络文化建设的主心骨，大力弘扬社会主义核心价值观，以价值认同汇聚网络文化正能量，形成网上"同心圆"。面对文化发展多元化、文化冲突激烈化、文化消费快餐化、对外文化交流失衡的网络文化生态，在坚持以社会主义核心价值观引领各种社会文化思潮的前提下，应更加尊重不同文化的意见，倾听不同文化的声音①，摒弃那种非己必伐的阶级斗争思维，增加核心价值观对不同文化的包容度，以"百花齐放、百家争鸣"的开放姿态和高度的理论自信、制度自信、道路自信引领网络文化真正为人民服务，为社会主义服务。积极抢占人类文明的制高点，敢于并善于同西方主导的网络文化样态竞争，在竞争中拓展社会主义核心价值观的网络文化阵地，增强社会主义核心价值观的凝聚力、影响力和引导力，为人类文明发展作出应有贡献。突出用社会主义核心价值观占领青少年网络文化阵地，推动社会主义核心价值观在青少年中入脑入心、落地生根，为社会主义现代化事业兴旺发达、后继有人提供坚强保障。

4. 以法治思维引领网络空间治理。网络空间治理成效直接关系到网络文化建设水平。互联网具有技术性、工具性、产业性与思想文化、意识形态的双重属性。在网络空间治理上，要坚持党管媒体原则，把所有从事新闻信息服务、具有媒体属性和舆论动员功能的传播平台纳入管理范围②，全面推进网络空间法治化，为实现更高水平的网络文化共享提供法治保障。首先，加快法制建设，使互联网治理有法可依。我国现有互联网相关法律、行政法规、司法解释和部门规章 30 多部，初步形成了

---

① ［英］安德鲁·查德威克：《互联网政治学：国家、公民与新传播技术》，北京：华夏出版社 2010 年版，第 113 页。

② 参见王燕文《切实提高党的新闻舆论传播力引导力影响力公信力》，《新华日报》2016 年 3 月 22 日。

专门立法和其他立法相结合、涵盖不同法律层级、覆盖互联网管理主要领域和主要环节的互联网法律法规体系。但是,要全面实现有法可依,还需进一步完善相关立法。建议全国人大尽快进行互联网基本法的立法,制定《互联网法》,明确互联网的统一领导和管理。加强专项法、配套法的制定和完善工作,完善《互联网信息服务管理办法》等,规范互联网管理程序,改变现行管理体制存在的"多头管理、职能交叉、权责不一、效率不高"等弊端。在中央网络安全和信息化领导小组的领导下,由网信部门统一协调、组织对互联网法律法规草案的制定和完善。其次,依法加强治理,规范互联网传播秩序。一方面,支持互联网管理部门敢于"亮剑"、公正执法,特别是对那些网络文化垃圾,应坚决、及时处置。另一方面,各级党委、政府要敢于站在风口浪尖上同不法行为作斗争,敢于在关键时刻站出来,带头支持严格执法。同时,着眼于互联网发展新趋势,用高科技手段管理高科技载体,加大技术、资金投入和研发力度,对网络新技术新应用进行安全评估[1],做到"配好刹车再上路"。充分调动行业协会等社会组织积极性,推进构建政府、企业、媒体和社会大众等共同参与的互联网协同治理体系。积极参与国际网络空间治理,努力推动全球网络文化繁荣发展,丰富人们精神世界,促进人类文明进步。再次,强化法律意识,营造依法治网良好生态。在全社会形成崇尚网络管理法律、遵守网络管理法律、维护网络管理权威的氛围。引导广大网民树立法律意识,理性认知社会,提高辨别能力,自觉抵制有害和不良网络文化。大力培育有高度的安全意识、有文明的网络素养、有守法的行为习惯、有必备的防护技能的新一代"四有"中国好网民,引导广大网民共建、共享积极健康、向上向善的网络文化。督促网站及其从业人员严格坚守法律法规

---

[1] 赵惜群等:《国外网络文化建设的经验及其启示》,《当代世界与社会主义》2013年第1期。

底线,不制作、不传播有害和不良网络文化。

四、结　语

按照共享发展理念推进我国网络文化建设,是当前和今后一个时期我国文化建设和网络建设的总要求。基于此,本文以共享发展理念为引领,指出在网络文化建设中,以市场导向激活网络文化新业态,为老百姓提供用得上的网络文化;以有效供给提升网络公共文化服务,为老百姓提供用得起的网络文化;以价值认同汇聚网络文化正能量,为老百姓提供用得好的网络文化;以法治思维引领网络空间治理,为老百姓用得上、用得起、用得好网络文化提供保障;让亿万人民在共享网络文化成果上有更多获得感。

（该文发表于 2017 年第 10 期《南京社会科学》,同年被第 24 期《新华文摘》摘编）

后　记

该书是我在博士学位毕业论文的基础上补充、修改完成的,是我在河海大学马克思主义学院攻读博士学位近五年时间的重要研究成果之一,也是对自己前后八年从事网络文化建设管理实践的理论总结。当交上这本书稿的时候,我内心有收获的喜悦,但不轻松。立足新发展阶段、贯彻新发展理念、构建新发展格局,如何充分发挥文化这一基本的、深沉的、持久的力量,如何把握互联网这一极富时代特征的新型变量,这都需要今后我们在理论和实践上持续探索、认真研究。

时间过得真快,回想起 2015 年回到河海大学读博,似乎就在昨天。回想起当年正月初一裹着毛毯到大学校园复习考博的日日夜夜,回想起一段时期凌晨三点起来修改论文的点点滴滴,回想起从确定博士论文题目到终于完成的难忘历程,我深深感谢那么多学识、人品都非常令人尊敬的领导和老师对我的关心、支持,感谢那么多同事和朋友对我的大力帮助。正是在良师和诤友们的关心、帮助下,使我在理论学习、工作研究上更上一层楼,并在一点点的进步中深刻体会到“幸福都是奋斗出来的”。

将博士毕业论文修改为专著书稿，我参考了大量国内外学者的相关研究成果。河海大学为课题研究创造了很好的条件，江苏省委宣传部提供了丰厚的实践素材，江苏人民出版社的编辑为该书出版付出了诸多辛苦，特别是孙伟平教授奖掖后学、百忙中为该书作序，在此一并表示衷心感谢。由于本人学术水平、理论深度、研究能力和研究时间等因素所限，本书疏漏、欠缺之处在所难免，还有不少需要改进之处，恳请各位专家、学者、朋友予以指正。

"吾生也有涯，而知也无涯"。在未来的日子里，我将以更大的勇气和力量，争做一名文化理论创新和实践创新的"求索者"，与有志于推动文化建设高质量发展的业界、学界同仁一道，为建设社会主义文化强国贡献自己的一份绵薄之力。

是为后记。

邓海林

2021 年 3 月于南京长江之畔